浙江省哲学社会科学重点研究基地浙江大学地方文化遗产研究中心资助出版

浙江学者学术年谱

王国维戏曲学术年谱

袁　睿／著

浙江大学出版社
ZHEJIANG UNIVERSITY PRESS

前　言

　　王国维先生是我国近代文化史、学术史上最重要的大师之一。关于他的专著、年谱和各类研究成果层出不穷，这本"戏曲学术年谱"又有哪些新意呢？

　　首先，从研究视角而言。这本小书是针对先生的戏曲学术思想、戏曲学术著述、戏曲研究经历等方面的专门性梳理和挖掘。王国维先生以天才之资，纵横于国学各领域，他的每一门研究都为后世学者开掘了一座富矿。戏曲研究发轫于先生的而立之年，兼收其青年时代的西学畅想、承接其中年以后的厚重朴学，堪称其一生中最具创作力与想象力的学术高峰。

　　在广泛的学术认知中，先生于戏曲的研究仅集中在几年光阴内。诚然，先生的学术兴趣点几经转易，戏曲只是其学术版图之一角。但治学绝非朝夕之事，前期的学理积淀，后期的温故知新，皆是学术道路上不可或缺的阶段。在其青年求学之际、晚年校书之余，均有戏曲学术的发见。遑论先生以戏曲研究蜚声海内外，问学求教者熙攘不绝，其于戏曲之思考或有疏冷，却从未断绝。故本书将先生致力戏曲之经历分为"蓄势期""迸发期""大成期""余势期"四个阶段，各以简短按语概括。通过这一特殊的学术视域纵贯其生平,补充既往学界忽视的治学片段,力求完整呈现其戏曲学术历程。此外,本书虽云"戏曲学术年谱",但对于先生的生平及其他领域之著述亦一并考订,以实现专业突出、内容全面的写作初衷。

其次,从著述体例而言。笔者以时、事为经纬,勾勒出纵横兼顾的叙述网络。纵向上依然延续了年谱写作的时序传统,考虑到先生所处的具体年代和其偏好的计时习惯,特选定农历月日,以尊重前人习惯、便于读者查阅史料。横向上以"事迹""学术著述""主要戏曲学术成果"为条目,进行分类梳理,以期呈现清晰易读的阅览效果。尤其对一些创作时间跨度较大、成书过程较为复杂的著述,采取以事为纲的原则,打破时序束缚。将创作动意、草创、修订乃至刊刻出版等过程纳入一段按语中完整表述,为读者提供清楚、完备的历史信息。

另外,由于著述习惯不同,有些年谱类著作引文并不标注出处,学人欲确证文献却难寻鹄的,或以此为苦。这本小书旨在便利同好,窃以"无一字无来处"为准绳,直录原文,详注文献信息,以应读者查验、转引之需。在文献材料的选取中,以先生原文自述为优先,以他人之述为补充。同一材料而多种版本时,以现出最新、最全之本(谢维扬、房鑫亮主编《王国维全集》,浙江教育出版社 2009 年版)为准,方便读者查引。至于戏曲文献,则汇校各版,重新标点,并于按语中介绍作品版本情况、加入内容导读等。以便于读者更直观、便捷地了解这些戏曲著述,突显本书的戏曲学术功能。

最后,从发见新思来看。先生的年谱、总集累年迭出。既有赵万里、王德毅、袁光英、陈鸿祥诸前辈大作光耀于前,亦有各版《王国维全集》皇皇俱在。这本小书尊重前人之智慧,亦借助新时代之优势，以更详备的新材料、更前沿的新成果修订，增补前人之未备。对于明显的错误（如历法错算、日期误判等）和缺失，直接改正和补充；对于存在争议的问题（如先生几次赴日之日期、任爱俪园教授之年份、个别著述的作期等）援引原始文献、补充辅证材料，予以辨明；对于前人猜测而无确证之结论（如《教育世界》部分论文之作者归属等），补录于正文之后，以备读者参考。因此，对先生经历、著述的几处考证，与前人年谱略有出入，尚有待方家评说。

总之，这本小书的写作，仰赖着前辈学者的奠基，借重于今人的优秀成果，吸收了数位好友的修改建议，托福于日本文献考察的机会，经历了闭门自肃、"发奋刻苦"的漫长书写，终于在疫情明朗、春回大地之际略略写成。感谢我院学术研究基地的前辈和同仁在各方面的大力支持，希望这本小书可以成为读者了解王国维先生、了解近代戏曲学术史的捷径。当然，由于本人学力所限，书中难免有错误、不足之处，恳请专家学者赐教指正。

庚子年防疫自肃解禁日于东京寓庐

目　录

第一章

蓄势期

光绪三年（1877）至光绪三十三年（1907）

笔者按:这一段以先生出生至三十一岁为起讫点,此间经历了承继家学、私塾教育、学习外语及西方诸学等全面而复杂的教育过程。先生青年时代虽体弱颠沛,然治学之精神不辍。而立之年所著的《自序》二篇便是对这段学术历程的最佳总结,展现了一位青年学者的彷徨、困惑和坚韧、奋斗,也传递出不凡的学术眼光和勇于挑战、敏感果决的学术魄力。这段艰辛却丰沛的学习光阴为先生提供了扎实的理论基础和广阔的学术视野。哲学、美学、社会学、心理学等多维知识的积淀使其得以在未来的学术道路上纵横捭阖。

先生从江南小镇的旧式文人迅速成长为沪上知名的翻译家、教育家。司编《教育世界》是其学术兴趣向文学、戏曲转向的开始。以西方戏剧研究为起点,他开始关注中国古典戏曲的成就与价值,进而开启了中国戏曲学术史的崭新一页。

光绪三年(**1877**),一岁。

事迹

十月二十九日辰时,先生生于浙江海宁州城(今海宁市盐官镇)双仁巷。初名国桢,字静庵(安)①、伯隅。后改名国维,号礼堂、观堂、永观。

赵万里《王静安先生年谱》云:"清德宗光绪三年丁丑十月二十九日,先生生于浙江海宁州城内双仁巷之寺第。先生讳国维,初名国桢,字静安,亦字伯隅,初号礼堂,晚号观堂,又号永观。"(20卷,403页)②

先生致罗振玉书信云:"维之八字为丁丑十月廿九日辰时。"(15卷,513页)

王氏出开封,以忠烈传家。宋高宗时迁海宁,渐成书香大族。父乃誉,弃儒业贾,然诗书不辍,有诗文传世。

先生《补家谱忠壮公传》云:"公讳禀,子正臣(据旧《谱》引宋《海昌图经》)。开封人(据王朝清③《挥麈三录》及《海昌图经》)。大父珪(据《海昌图经》),官至泾原路行营都监。"(8卷,588页)

先生《先太学君行状》云:"曾祖,国学生,貤封朝议大夫建臣。祖,国学生溶;本生祖,国学生瀚。父,国学生嗣铎;本生父,国学生嗣旦。君姓王氏,讳乃誉,字与言,号蓴斋,晚字承宰,号

---

① 先生字"静庵",或简写作"静安"。本书为方便读者查阅,据各文献直录,两字皆取。

② 正文部分引文多出自谢维扬、房鑫亮主编《王国维全集》,浙江教育出版社2009年版。后文凡出此书者,皆于引文后标注卷数、页码,不出脚注。该书亦简称"谢、房本《全集》"。

③ 王朝清,原文误,当为王明清。

娱庐,浙江海宁州人。远祖禀,宋靖康中以总管守太原,城陷,死之,赠安化郡王。孙沆,随高宗南渡,赐第盐官,遂为海宁人焉。自宋之亡,我王氏失其职,世为农商,以迄于府君。"又,"'粤匪'既平,其肆自上海迁于宁之硖石镇,君(按:王乃誉)始得于贸易之暇攻书画、篆刻、诗、古文辞。"又,"(王乃誉)就平生所见近人书画,考其姓氏爵里,且评骘其所诣,为《游目录》十卷。又有诗集二卷,文若干篇,稿藏于家。"(14卷,67—68页)

赵万里《王静安先生年谱》云:"父乃誉,字与言,号蓴斋。值赤杨之乱,弃儒而贾,于贸易之暇,攻书画、篆刻及诗、古文辞。著《游目录》①十卷,《娱庐诗集》二卷。"(20卷,403页)

按:王乃誉(1847—1906),字与言,号蓴斋,晚字承宰,号娱庐,浙江海宁(浙江省海宁市)人,先生父。少"习贾于茶漆肆"②,后任江苏溧阳县幕,四十岁后家居。工书法绘画,有书画录《游目录》、诗文稿传世。

光绪六年(1880),四岁。

事迹

九月十四日,母凌氏病殁,留蕴玉、国维姊弟。凌氏者,同邑凌岫云女也。

赵万里《王静安先生年谱》云:"母凌孺人,同邑三里桥凌岫云先生之六女。凌孺人生子女各一,先生其仲也。"又,"(六年庚辰四岁)九月十四日凌孺人病卒。时先生甫离襁褓,姊蕴玉亦仅年九岁,赖祖姑母范氏及叔祖母提携抚养,至于成立。"(20卷,

---

① 游目录,赵《谱》作"游月录",今人多直录赵《谱》,为传讹之误。
② 陈左高:《王乃誉日记未刊稿》,《社会科学战线》1986年第2期。

403—404 页)

王国华《海宁王静安先生遗书序》云:"光绪庚辰,先兄生母凌太夫人弃养。"(20 卷,215 页)

光绪九年(1883),七岁。

事迹

入塾开蒙,师从潘绶昌。泛览书籍,惟不喜《十三经注疏》。

赵万里《王静安先生年谱》云:"(九年癸未七岁)是岁先生始就传于邻塾潘紫贵绶昌先生处。"(20 卷,404 页)

先生《自序》(《教育世界》第 148 号)云:"余家在海宁,故中人产也,一岁所入,略足以给饔飧。家有书五六篋,除《十三经注疏》为儿时所不喜外,其余晚自塾归,每泛览焉。"(14 卷,118 页)

光绪十一年(1885),九岁。

事迹

父续弦同邑叶氏。叶氏者,同邑叶砚耕女也。

先生《先太学君行状》云:"君(王乃誉)娶凌氏,生子国维。继娶叶氏,生国华。"(14 卷,68 页)

赵万里《王静安先生年谱》云:"(十一年乙酉九岁)是岁尊斋公娶同邑叶砚耕先生女为继室,时尊斋公年已三十八岁矣。"(20 卷,404—405 页)

光绪十三年(1887),十一岁。

事迹

正月二十日,祖父嗣铎殁,父自溧阳幕僚任归,服丧不出。

遂居家课子,并令国维改塾就学,师从陈寿田。先生诗文制艺大进。

先生《先太学君行状》云:"会戚属有令江苏之溧阳县者,延府君往佐之,前后凡十余年。"又,"年四十归,遂不复出。"(14卷,67—68页)

王国华《海宁王静安先生遗书序》云:"丁亥,先大父嗣铎公弃养。先君遂里居不出,以课子自娱。发行箧书,口授指画,每深夜不辍。时先兄才十一耳,诗文、时艺早洛洛成诵。复令从同邑陈寿田先生读,月必课骈散文、古今体诗若干首,是为先兄治诗文之始。"(20卷,215页)

四月,异母弟国华生。

赵万里《王静安先生年谱》云:"(十三年丁亥十一岁)四月弟国华(字健安,后字哲安)生。"(20卷,405页)

按:王国华(1887—1979),字哲安,浙江海宁(今浙江省海宁市)人,先生异母弟。毕业于圣约翰大学,曾任教于海宁州中学堂、嘉兴第二旧制中学、杭州女子高中等。后任青岛大学、台湾大学英语教授。

光绪十八年(1892),十六岁。

事迹

六月,以二十一名入州学。

赵万里《王静安先生年谱》云:"(十八年壬辰十六岁)六月入州学。朱逢辰《海宁州采芹录》(下)云:'光绪十八年壬辰岁试,为陈宗师彝题为"季氏富于周公而求也",七八月之间雨集,夜归

读古人书生",第二十一名王国维静庵。'"(20 卷,406 页)

好《史记》《汉书》《三国志》,与褚嘉猷、叶宜春、陈守谦并称"海宁四才子"。

先生《自序》云:"十六岁,见友人读《汉书》而悦之,乃以幼时所储蓄之岁朝钱万,购前四史于杭州,是为平生读书之始。"(14 卷,118 页)又,王国华《海宁王静安先生遗书序》云:"年十六入州学,好《史》《汉》《三国》,与褚嘉猷、叶宜春、陈守谦三君上下议论,称'海宁四子'。"(20 卷,215—216 页)又,陈守谦《祭王忠悫公文》云:"忆余与君之订交也,在清光绪辛卯岁,君年才十五耳。余长君五岁,学问之事,自愧弗如。时则有叶君宜春,褚君嘉猷者,皆朝夕过从,商量旧学,里人目为'四才子',而推君为第一。"(20 卷,244 页)

按:褚嘉猷,先生同窗,浙江海宁(今浙江省海宁市)人,曾就读于日本早稻田大学法政科,译有《澳洲历险记》《秘密电光艇》等日文小说。叶宜春,生平不详。陈守谦(1872①—?),先生同窗,浙江海宁(今浙江省海宁市)人,附页,曾任江西石城、大庾县知县等。

光绪十九年(1893),十七岁。

事迹

七月,杭州敷文书院肄业,应乡试不售,好考据而无意科名故也。

樊炳清《王忠悫公事略》云:"君生而颖异,家贫,攻苦读书,

---

① 据陈守谦《祭王忠悫公文》可知其年长先生五岁,生于 1872 年。

究经史大义，不专事帖括。弱冠游庠，寻肄业杭州之敷文书院，两应乡举不售。"（20卷，224页）又，陈守谦《祭王忠悫公文》云："其时君专力于考据之学，不沾沾于章句，尤不屑就时文绳墨。故癸巳大比，虽相偕入闱，不终场而归。以是知君之无意科名也。"（20卷，245页）

光绪二十年（1894），十八岁。

事迹

四月，再赴乡试不中。

罗振玉《海宁王忠悫公传》云："以不喜帖括之学，故再应乡举不中程，乃益肆力于诗古文。"（20卷，227页）又，王乃誉《日记》（光绪二十年四月二十五日）云："责静儿以不合数借书画与人，并责其不用功，而心地未明白此时极好机会，再不努力，惜知阴以从事，后日何所望。于是时老大伤悲，犹小无学、无业、无功名，不振家声，不能顾家处世，胥在此偷闲好逸，自是之弊耳，可不戒哉！"①

六月，甲午战败，始知新学，心向往之。

先生《自序》云："时方治举子业，又以其闲学骈文、散文，用力不专，略能形似而已。未几而有甲午之役，始知世尚有所谓学者。家贫不能以资供游学，居恒怏怏，亦不能专力于是矣。"（14卷，119页）又，王国华《海宁王静安先生遗书序》云："十八丁中日之战，变政议起，先君以康、梁疏论示先兄，先兄于是弃帖括而不为。"（20卷，216页）

---

① 王乃誉著、海宁市史志办公室编：《王乃誉日记》，中华书局2014年版，第341—342页。

光绪二十二年(1896),二十岁。

事迹

七月,设馆于同城沈氏,八月辞馆。

王乃誉《日记》(光绪二十二年七月初二日)云:"大儿馆于同城沈都戎,许教授。"又,(光绪二十二年八月初十日)云:"静归云馆中大不洽,遂将辞去。"①

十月二十四日,发妻莫氏来归。莫氏者,同邑贾家女也。

赵万里《王静安先生年谱》云:"(二十二年丙申二十岁)十月二十四日,夫人莫氏来归。夫人为同邑春富庵镇莫寅生先生孙女,世业商。"(20卷,407页)

光绪二十三年(1897),二十一岁。

事迹

三月,设馆同邑陈氏。

赵万里《王静安先生年谱》云:"(二十三年丁酉二十一岁)三月为同邑陈枚肃汝桢权家塾。"(20卷,407页)

八月,三赴乡试不就,自是遂绝。旋设馆同邑沈氏。

赵万里《王静安先生年谱》云:"(二十三年丁酉二十一岁)八月赴杭垣应乡试,又不售,归就馆于同邑沈冕甫冠英家。"(20卷,407页)

年底,论开设师范学堂事。后未果。

---

① 王乃誉著、海宁市史志办公室编:《王乃誉日记》,中华书局2014年版,第680、709页。

先生致许家惺书信(约光绪二十四年二月)云:"去年抄与张英甫、钱东府论海宁可设一师范学堂,以丝捐、湖北赈捐之款(每包八角,湖北今年想可不必捐矣)作为开学堂之款,绰有余裕,其益可递演于无穷。(弟有详细想法,拟小学生酌收修金,即以此项津贴大学生,堂中只须请教习及办膳而已。)伊等颇以为然,而未肯竭力设法。此事可于公桓公祖前说之,若能办此事,则莫大之功德也。"(15卷,3—4页)又,先生致许家惺书信(约光绪二十四年五月十六日)云:"国维前思于海宁开一师范学堂,缮禀具述筹款缘由,托穰卿先生面递省中大府,已交林大尊。是事州中有无信息? 至今札未下,谅不能成。"(15卷,10页)

光绪二十四年(1898),二十二岁。

事迹

正月,经许家惺引荐入上海《时务报》馆任职。

先生致许家惺书信(光绪二十四年正月二十七日)云:"别后次晨到硖,乘王升记轮船,午刻开行,晚抵平湖,次日巳刻始达上海,谒见穰卿(按:汪康年)、颂阁(按:汪诒年)两先生。途中平善,堪慰垂注,辰维起居佳畅为颂。弟在此间得从诸君子后,与闻绪论,甚幸甚幸。足下为我导夫先路,感何可言。云樵先生人极平和,惟言语不通,无从请益。恺君、敬堂二先生亦待弟甚周到,堪告慰耳。"(15卷,1—2页)

按:许家惺(1873—1925),字警叔,号默斋、东雷,浙江上虞(今属浙江省绍兴市)人,先生同窗。光绪庚子辛丑(1900、1911)并科举人,前后任《时务报》《中外日报》编撰及主笔。有《中国历代党派考》《女子国文读本》《许东雷诗存》传世。汪康年(1860—

1911），字穰卿，晚号恢伯、醒醉生，浙江钱塘（今浙江省杭州市）人，出身振绮堂汪氏。光绪二十年（1894）进士，官至内阁中书。报业活动家，有《汪穰卿遗著》《汪穰卿笔记》传世。汪诒年（1866—？），字颂阁、仲谷，汪康年胞弟。报业活动家。

又按：《时务报》，1896 年 8 月 9 日创刊于上海，1898 年 8 月 8 日停刊，旬刊，共出版 69 期。晚清维新运动中影响较大的国人自办报刊。总理汪康年，先后由梁启超、康有为主持。1898 年 8 月 17 日汪康年改名《昌言报》。

二月初六日，忧西方禁译之说，入东文学社习日文。

先生致许家惺书信（约光绪二十四年二月）云："蒋伯斧（按：蒋黼）先生说，西人已与日本立约，二年后日本不准再译西书。然日本通西文者多，不译西书亦无妨。此事恐未必确，若禁中国译西书，则生命已绝，将万世为奴矣。此等无理之事，西人颇有之，如前年某西报言欲禁止械器入中国是也，如此行为，可惧之至。东文学社于六日开馆，弟拟往学，已蒙仲阁先生允许。每日学三点钟，馆在农报馆对门苹报馆内。"（15 卷，4 页）又，先生《自序》云："二月而上虞罗君振玉等私立之东文学社成，请于馆主汪君康年，日以午后三小时往学焉。"（14 卷，119 页）

按：光绪二十四年（1898）至二十八年（1902）年间，我国出现日语教育之高潮。蒋黼、汪康年、罗振玉等人创办的上海东文学社是首家有影响力的专业学堂，以培养日语翻译人才为目的。受"庚子事变"影响，该社办学不足三载，然培养多位英才，尤以"东文学社三杰"王国维、沈纮、樊炳清最为知名。

报馆琐事繁重，兼薪酬之微，日渐烦闷。

先生致许家惺书信（光绪二十四年三月初三日）云："弟在此办事外，颇有暇晷，读东文后颇觉不易，苦无记性，不能从事他学,又不能半途而分,殊闷。"又,(光绪二十四年三月二十三日)云:"今日账房戴恺翁致送正月、二月两月薪水,除阁下还仲阁先生六元及阁下年底赏项一元,弟支过六元外,仅洋十一元。弟不胜惊异,诘以何故,伊云阁下确系每月二十元,弟则每月十二元。弟当时唯唯,惟念阁下与弟所办之事固属不殊,况弟系为阁下代庖,原与一人无异,何以前后多寡悬殊若此? 即使弟办事或有不妥,亦应函告足下,申明当酌减之处,弟亦可以自定去留,未有追减前月薪水者。现在弟学东文,势难间断,已成骑虎之势,馆中可谓计之得矣。弟所办事,除删东文、校报外,尚须写信(此事阁下订弟时已言及),或代作文及复校书籍(及又须代翻译作表,及五十六、七等期《论说》中之表亦须弟所作),现在除读东文三点钟外,几无眼暇,于学问丝毫无益,而所入不及一写字人,又奚为哉! 此事弟实深负阁下,在弟既作无谓之冗忙,阁下亦费一番之筹画。现在弟已进退两难,有如何可以设法之处,祈筹之。"又,(光绪二十四年四月十七日)云:"弟近来事较多于兄所言数倍,唯改东文事略减,而写信反为弟专职(穰先生之信大半归弟写,伊自写甚寥寥)。又须校书,校书人祝心渊去,事又归弟办;又须代作文。此事不多,至今共四五篇,而薪水一切如旧,反加减焉。心恒不乐,辄思与兄一谈,拟于廿三日回里(未与颂先生说,未知能否)。"(15卷,5、6、15页)

四五月间,光绪帝行"戊戌变法",改革科举,先生以为"数百年来一大举动"。

先生致许家惺书信(光绪二十四年四月十二日)云:"诏废八股,实为数百年来一大举动,唯易以策论亦终无济,非学校、贡举合而为一,终不能得人材而用之也。"又,(光绪二十四年四月十七日)云:"来日大难,非有专门之学恐不能糊口。"(15卷,14、15页)

五月,以《咏史》诗得罗振玉知遇。

罗振玉《海宁王忠悫公传》云:"以乏译才,明年戊戌夏,遂立东文学社造就之,聘日本藤田博士丰八为教授,公来受学。时予尚未知公,偶于其同舍生扇头读公《咏史》绝句,乃知其为伟器,遂拔之俦类之中,为赡其家,俾力学无内顾忧。"(20 卷,228 页)又,赵万里《王静安先生年谱》(二十四年戊戌二十二岁)云:"(五月朔),时同学仅六人,罗先生偶于其同舍生扇头,读先生《咏史》绝句有'千秋壮观君知否?黑海西头望大秦。'之句,乃大异之。月末甄别,先生与嘉兴沈昕伯纮、山阴樊少泉炳清皆在不及格之列,罗先生为言于藤田博士,乃许入学。"(20 卷,408 页)

按:罗振玉(1866—1940),初名宝钰,字式如、叔蕴、叔言,号雪堂,晚号贞松老人,浙江上虞(今属浙江省绍兴市)人,先生之知己、师友、儿女亲家,二人晚年交恶。金石学家、敦煌学家,"甲骨四堂"之一,有《殷墟书契考释》等多种著述传世。

五月晦,报社、课业压力累发足疾,归海宁疗养。

先生致许家惺书信(约光绪二十四年六月)云:"弟患足疾甚剧,至寸步不能行动。于上月晦日抵舍,知兄至省,故未函知。"(15 卷,16 页)又,先生《自序》云:"然馆事颇剧,无自习之暇,故半年中之进步不如同学诸子远甚。夏六月,又以病足归里,数月而愈。"(14 卷,119 页)

九月,返沪,然《时务报》馆闭。旋入东文学社半工半读,于日本教员处始见康德、叔本华之哲学。

先生致许家惺书信(光绪二十四年九月初九日)云:"犹忆今岁夏间穰公以藤田师之荐,为国维成就学问计,格外垂爱,令国维为《日报》馆译东文,甫有成言而国维以足疾归里。嗣后颂公来书,犹殷殷垂念,嘱国维痊后无论何时总可来沪,改译东报,国

维铭感无地。逮此次出沪,闻《日报》已归曾君办理,穰公又新遭家国之变,未敢以此等事相渎。"(15卷,22—23页)

先生《自序》云:"愈而复至沪,则《时务报》馆已闭。罗君乃使治社之庶务,而免其学资。是时,社中教师为日本文学士藤田丰八、田冈佐代治二君。二君故治哲学,余一日见田冈君之文集中有引汗德①、叔本华之哲学者,心甚喜之,顾文字睽隔,自以为终身无读二氏之书之日矣。"(14卷,119页)

按:藤田丰八(1869—1929),号剑峰,日本德岛县人,先生之日文老师。史学家、文学家,曾在中国创办师范学堂、担任京师大学堂(今北京大学)教习等,有《东洋史》《东西交涉史の研究》②等传世。另,其生平收藏的1700余部汉文典籍遗赠日本东洋文库,具有重要文献价值,世称"藤田文库"。田冈佐代治(1871—1912),又名田冈岭云,日本高知县人,先生之日文老师。毕业于东京帝国大学(今东京大学)文学部汉学科,有《霹雳鞭》《明治叛臣传》③等传世。

光绪二十五年(1899),二十三岁。

事迹

春,于日文外,兼习英文及理科。

赵万里《王静安先生年谱》(二十五年己亥二十三岁)云:"罗先生任先生为学监,同学多与之不洽,遂罢职,而致月廪如在职时。是岁先生始从日人田冈佐代治君读欧文。"(20卷,408页)

---

① 汗德,即康德。
② 《东洋史》《东西交往史的研究》——笔者译
③ 《霹雳鞭》《明治叛臣传》——笔者译

又，先生《自序》云："次年（光绪二十五年，1899）社中兼授数学、物理、化学、英文等，其时担任数学者即藤田君。君以文学者而授数学，亦未尝不自笑也。顾君勤于教授，其时所用藤泽博士之算术、代数两教科书，问题殆以万计，同学三四人者，无一问题不解，君亦无一不校阅也。"（14卷，119页）

十月，长子潜明生。

赵万里《王静安先生年谱》（二十五年己亥二十三岁）云："十月长子潜明（字伯深）生。"（20卷，409页）

按：王潜明（1899—1926），字伯深，浙江海宁州城（今海宁市盐官镇）人，先生之长子，罗振玉之婿。于兄弟间最受器重，擅英文，考入海关，先后供职天津、上海。娶罗振玉三女罗孝纯为妻，后因伤寒英年早逝。

学术著述

三月，代罗振玉为《重刻支那通史》序。

甘孺《永丰乡人行年录（罗振玉年谱）》云："（清光绪二十五年己亥，乡人三十四岁）学社影印日本那珂通世支那通史，乡人为序之（文实王静安代作）。"[1]

按：《支那通史》（4卷），[日]那珂通世著，全书由文言汉语写成，明治二十一年（1888）至二十三年（1890）间东京中央堂陆续刊印。光绪二十五年（1899）罗振玉引入上海东文学社重刻，是为《重刻支那通史》。原署"光绪己亥三月上虞罗振玉序"。

十一月，为《东洋史要》序。

先生《东洋史要序》落款云："光绪二十五年十一月海宁王国

---

① 甘孺：《永丰乡人行年录（罗振玉年谱）》，江苏人民出版社1980年版，第19页。

维述。"(14卷,3页)

按:《东洋史要》,[日]桑原骘藏著,樊炳清译,王国维序,上海东文学社光绪二十五年(1899)印行,为我国近代首部日文史书译著。

光绪二十六年(1900),二十四岁。

事迹

夏,"庚子事变"起,东文学社解散。归家自修英文。

先生《自序》云:"又一年(光绪二十六年,1900)而值庚子之变,学社解散。盖余之学于东文学社也,二年有半,而其学英文亦一年有半,时方毕第三读本,乃购第四、第五读本,归里自习之。日尽一二课,必以能解为度,不解者且置之。"(14卷,119页)

八月,返沪。

赵万里《王静安先生年谱》(二十六年庚子二十四岁)云:"先生毕业后,即返里。后又赴沪,仍住①罗先生家。罗先生请译《农报》,先生自谓译才不如沈君昕伯,乃让沈任之。"(20卷,409页)

十二月十九日,得罗振玉资助留学日本东京物理学校。

罗振玉《海宁王忠悫公传》云:"是年(按:光绪二十六年,1900)秋,资公东渡,留学日本物理学校。"(20卷,228页)又,王乃誉《日记》(光绪二十六年十二月二十三日)云:"接静十九笔,知藤田已到,伊共启程。有甬人周偕一路至东京,皆有照应,可

---

① 住,谢、房本《王国维全集》误作"主"。

放一放心。"①又,先生《自序》云:"而北乱稍定,罗君乃助以资,使游学于日本。亦从藤田君之劝,拟专修理学,故抵日本后,昼习英文,夜至物理学校习数学。"(14卷,119页)

按:先生赴日之事,于光绪二十六年(1900)秋议定,然出发之时已在年底。

又按:东京物理学校,前身为东京物理学讲习所,现名为东京理科大学。创办于明治十四年(1881),是日本著名私立理工科大学,校本部位于日本东京都新宿区神乐坂。

学术著述

六月,译《势力不灭论》。

先生《势力不灭论译例》落款云:"光绪二十六年夏六月。"(17卷,539页)

按:《势力不灭论》,[德]海尔模鏊尔兹著,[英]额金孙译,王国维自英译本重译。收入樊炳清辑《科学丛书》(第二集),上海教育世界出版社光绪二十九年(1903)发行。海尔模鏊尔兹(Helmholtz),今译"赫尔姆霍茨";势力不灭论(The Theory of the Conservation of Energy),今译"就自然力交互之关系"。

八月,译《农事会要》连载于《农学报》。

按:《农事会要》,[日]池田日升三著,王国维译,连载于《农学报》第118—120册(八月间刊出)。

十二月,为《欧罗巴通史》序。

先生《欧罗巴通史序》落款云:"光绪二十六年十二月。"(14

---

① 王乃誉著、海宁市史志办公室编:《王乃誉日记》,中华书局2014年版,第1364页。

卷,4 页)

按:《欧罗巴通史》,原名《西洋史纲》,［日］箕作元八、峰岸米造著,徐有成译,上海东亚译书会光绪二十六年(1900)铅印本。

光绪二十七年(1901),二十五岁。

事迹

夏,以病归国。

先生《自序》云:"留东京四五月而病作,遂以是夏归国。"(14卷,119 页)

秋,随罗振玉赴武昌,任农校译授。闲时为《教育世界》译稿。

甘孺《永丰乡人行年录(罗振玉年谱)》云:"(清光绪二十七年辛丑,乡人三十六岁)本年乡人长鄂农局校,事甚简,王、樊除讲译亦多暇,乃移译东西教育规制学说为《教育世界》。初为旬刊,后改半月刊。"①

是年,日本学者狩野直喜留学上海,初闻先生大名。

［日］狩野直喜《回忆王静安君》云:"我第一次听到他的名字是很早以前的事了。大概明治三十四年(1901)左右,我到中国留学,在上海逗留的时候,我的友人藤田博士(现东京大学教授藤田丰八君)正好在罗叔韫君管理的东文学社执教,学校用日语教学,藤田博士说他的学生中有某生,头脑极明晰,且擅长日文,英语也很不错,对研究西洋哲学也颇有兴趣,这个学生的前途令人瞩目。我留学时的情形和现在的中国一样,中国青年中所谓

---

① 甘孺:《永丰乡人行年录(罗振玉年谱)》,江苏人民出版社 1980 年版,第 20 页。

有志于学问者,大多对政治学、经济学抱有兴趣,而试图研究西洋哲学的非常罕见。藤田博士对该生评价极高,说了一大堆赞赏他的话,可是我却始终没和他见上面。该生,就是王静安君。"（20卷,369—370页）

按:狩野直喜(1868—1947),字子温,号君山,日本汉学家,"京都支那学"创始人,被先生誉为"当代儒宗",引为知己。毕业于东京帝国大学(今东京大学)文学部汉学科,京都文科大学(今京都大学)首任校长。有《中国哲学史》《两汉学术考》等传世。

学术著述

四月初六日,译著《日本地理志》付梓。五月二十三日,再版。

按:《日本地理志》,[日]中村五六著,[日]顿野广太郎补,王国维译。初版为上海金粟斋书局光绪二十七年(1901)四月铅印本。同年五月二十三日,上海商务印书馆再版。

秋冬间,译著《教育学》《算术条目及教授法》连载于《教育世界》。

按:《教育学》,[日]立花铣三郎口述,王国维译,初刊于《教育世界》第9—11号(八月至九月刊出)。后收入罗振玉辑《教育丛书》初集,上海教育世界社光绪二十七年(1901)出版。

《算术条目及教授法》,[日]藤利喜太郎著,王国维译,初刊于《教育世界》第15—18号(十月至十二月刊出)。后收入罗振玉辑《教育丛书》初集,上海教育世界社光绪二十七年(1901)出版。

光绪二十八年（**1902**），二十六岁。

事迹

春起，自学西方社科诸学。

先生《自序》云："（按：前文述光绪二十七年（1901）夏自日本归国事）自是以后，遂为独学之时代矣。体素羸弱，性复忧郁，人生之问题，日往复于吾前，自是始决定从事于哲学。而此时为余读书之指导者，亦即藤田君也。次岁（光绪二十八年，1902）春，始读翻尔彭之《社会学》及器文①之《名学》、海甫定《心理学》之半，而所购哲学之书亦至。于是暂辍《心理学》而读巴尔善之《哲学概论》、文特尔彭之《哲学史》。当时之读此等书，固与前日之读英文读本之道无异，幸而已得读日文，则与日文之此类书参照而观之，遂得通其大略。"（14 卷，119—120 页）

二月，次子高明生。

赵万里《王静安先生年谱》云："（二十八年壬寅二十六岁）二月次子高明（字仲闻）生。"（20 卷，410 页）

按：王高明（1902—1969），字仲闻，以字为笔名，浙江海宁州城（今海宁市盐官镇）人，先生之次子。中学时因罢课退学，任职于邮政局。1957 年，被划为右派开除公职，转任中华书局临时编辑，1969 年受迫害服毒自杀。擅词学，参与校订《全宋词》，有《李清照集校注》《唐五代词》《南唐二主词校订》等传世。

三月二十六日，赴日为罗振玉大开译局请译手。五月初七日，归国。

---

① 器文，《王国维全集》脱"器"字。

王乃誉《日记》(光绪二十八年三月十六日)云:"接静笔谓叔蕴于大开译局需东译三四十人,嘱静赴日本请通汉文译手。月内动身,一月可归。"又,(光绪二十八年三月二十三日)云:"接静笔云廿六乘□□①丸道东。"又,(光绪二十八年五月初十日)眉注云:"接静到申笔,初七。"②

十月,就通州民立师范学校教员聘。

王乃誉《日记》(光绪二十八年九月十四日)云:"接静初八禀,言近身体瘦弱,为系漫病,已医治非能骤愈,颇为悬念。而后言张冶秋尚书托叔蕴招其至京师大学堂任东文教习;又张季直通州师范学校亦敦请极挚。而伊以所习未半,于心理、物理、哲学三项半途未竟,不肯弃置,故许迟一二年后而出。然失此机会不免可惜,而更虑其身弱,只能听其自为而已。"又,(光绪二十八年十月三十日)云:"接静二十四禀,静已就通州学校,明春开堂。"③又,赵万里《王静安先生年谱》云:"(二十九年癸卯二十七岁)罗先生是岁有粤东之行,会通州师范学校欲聘心理学、伦理学教员,罗先生荐先生往,主其事者欲与订三年契约,先生商之罗先生,乃定一年期。"(20卷,411页)

按:通州民立师范学校,光绪二十八年(1902)由近代实业家、教育家张謇创办,位于江苏省南通市。1953年改名"江苏省南通师范学校",2005年合并为"南通高等师范学校",2014年升格为"南通师范高等专科学校"。

---

① 原文空两格。
② 王乃誉著、海宁市史志办公室编:《王乃誉日记》,中华书局2014年版,第1609、1612、1631页。
③ 王乃誉著、海宁市史志办公室编:《王乃誉日记》,中华书局2014年版,第1688、1711页。

学术著述

三月,译著《法学通论》出版。

按:《法学通论》,[日]矶谷幸次郎著,王国维译,上海金粟斋书局光绪二十八年(1902)三月铅印本。

六月,译著《教育学教科书》连载于《教育世界》。

按:《教育学教科书》,[日]牧濑五一郎著,王国维译,初刊《教育世界》第 29、30 号(六月上、下旬刊出),后收入罗振玉辑《教育丛书》二集,上海教育世界社光绪二十八年(1902)出版。

是年,译著《哲学概论》《心理学》《伦理学》辑为《哲学丛刊》出版。

按:《哲学丛书》初集,王国维辑,含《哲学概论》《心理学》《伦理学》《社会学》四种著述,上海教育世界社光绪二十八年(1902)出版。《哲学概论》,[日]桑木严翼著,王国维译;《心理学》,[日]元良勇次郎著,王国维译;《伦理学》,[日]元良勇次郎著,王国维译;《社会学》,[日]岸本能武太著,樊炳清译。

光绪二十九年(1903),二十七岁。

事迹

读康德哲学原典,未几,辍而改读叔本华。

先生《自序》云:"既卒《哲学概论》《哲学史》,次年(光绪二十九年,1903)始读汗德之《纯理批评》,至《先天分析论》,几全不可解,更辍不读,而读叔本华之《意志及表象之世界》一书。"(14 卷,120 页)

十二月,返家,因行李遗失滞沪。

先生致父王乃誉书信(光绪二十九年十二月十四日)云："男十一日寄一禀,亮已收到。男十二日由通动身,昨抵沪时已昏黑。是日无三公司轮船,即搭美最时行之美顺轮船。船停浦东,因嘱长春栈接客将行李等用船运至该栈。迨至码头检视行李,则已箱锁已断,衣裳尽湿。细行查检,失去整包英洋一百元及纸卷等物(内有张季直联等),唯另包洋十六元及陈枚叔托带洋十二元未失(此箱旁人见系落水,其洋或落水或拾起后藏匿虽不可知,唯箱已交该伙,则其责任自全在该栈也)。昨晚一面报明捕房请缉(该栈不可,亦已报捕),今日托汤蛰仙(枭署两淮运使,不往)函请沪道饬会审公堂提该栈主索赔。男为此事不搬农馆,仍住栈中。"(15卷,31—32页)

学术著述

六月,所撰《哲学辨惑》《论教育之宗旨》,载于《教育世界》。

按:《哲学辨惑》,刊于《教育世界》第55号(六月上旬出版),为先生首篇哲学论文。《论教育之宗旨》,刊于《教育世界》第56号(六月下旬出版),为先生首篇以西学理论阐释教育主张之论文。

八月,译《西洋伦理学史要》,载于《教育世界》。

按:《西洋伦理学史要》,[英]西额唯克著,王国维译,刊于《教育世界》第59—61号(八月上旬至九月上旬出版)。西额唯克(Henry Sidgwiek),今译"亨利·西奇威克"。

撰《叔本华象赞》《汗德象赞》,次年刊行。

《叔本华象赞》落款云:"光绪二十九年八月",刊于《教育世界》第77期(光绪三十年五月上旬出版)。又,《汗德象赞》落款云:"光绪二十九年八月",刊于《教育世界》第81期(光绪三十年七月上旬出版)。

光绪三十年(1904),二十八岁。

事迹

正月,积劳成疾。

王乃誉《日记》(光绪三十年一月二十四日)云:"接静二十二禀,陈患恐成瘰疬,系劳致,非二三月不可,日费元余。"[1]

九月,先生随罗振玉赴江苏师范学堂教员任,教授修身、文学、心理学等。

按:据佛雏《王国维与江苏两所"师范学堂"》考证,先生"是年夏季可能在家养病,其后当仍赴沪,为罗编译《教育世界》。另据王氏《九日游留园》诗,此诗正作于1904年秋",所讲课程为"修身、中国文学、中国历史等课"。[2] 又,赵万里《王静安先生年谱》云:"三十年甲辰二十八岁,是岁秋,罗先生被任为苏州师范学校监督。延先生自通往苏,主讲心理学、伦理[3]、社会诸学。"(20卷,413页)此说为后世学者驳斥,一为先生非直接由通往苏,二为先生所授课程不含心理学等。此观点先由佛雏提出,学界均采用是说。第一点可证,上文已转述,然第二点并不准确。据郁国义最新整理出版的《王国维早期讲义三种》(中华书局2018年版)证实,先生在江苏师范学堂时的讲义至少存《心理学》《教育学》《教授法》三种,可证赵说为是。

---

[1] 王乃誉著、海宁市史志办公室编:《王乃誉日记》,中华书局2014年版,第1867页。

[2] 详见佛雏:《王国维与江苏两所"师范学堂"》,《扬州师院学报(社会科学版)》1990年第1期。

[3] 伦理,《王国维》全集作"论理"。

按:江苏师范学堂,我国最早的官办师范学校,即今之苏州中学,位于苏州市三元坊。前身为苏州府学(宋)、紫阳书院(清)。光绪三十年(1904)时任江苏巡抚的端方改革新学、委派罗振玉出任校长。

是年起,任《教育世界》主编。

按:《教育世界》杂志创办于光绪二十七年(1901),光绪三十四年(1908)年停刊,共刊行166号。光绪二十九年(1903)以前出版的1—68号主编为罗振玉,采用线装;光绪三十年(1904)第69号开始,主编为王国维,采用新式装订,栏目、内容、篇幅发生较大改革。

学术著述

是年,先后于《教育世界》发表论文11篇。

按:本年论文计有:

《孔子之美育主义》,第69号(正月上旬),为先生首篇谈及"境界说"之论文。

《就伦理学上之二元论》,第70—72号(正月下旬至二月下旬),收入《静庵文集》时,改名《论性》。

《叔本华之遗传说》,第72号(二月下旬)。

《教育偶感》(二则),第73号(三月上旬),收入《静庵文集》时,与又二则(第81期)合为《教育偶感四则》。

《论叔本华之哲学及其教育学说》,第75、77号(四月上旬、五月上旬),收入《静庵文集》时,改名《叔本华之哲学及其教育学说》。

《国朝汉学派戴阮二家之哲学说》,第76号(四月下旬)。

《红楼梦评论》,第76—78、80—81号(四月下旬至五月下旬、六月下旬至七月上旬)。

《书叔本华遗传说后》,第 79 号(六月上旬)。

《教育偶感》(又二则),第 81 号(七月上旬),收入《静庵文集》时,与前二则(第 73 期)合为《教育偶感四则》。

《释理》,第 82—83、86 号(七月下旬至八月上旬、九月下旬)。

《叔本华与尼采》,第 84—85 号(八月下旬至九月上旬)。

补:本年《教育世界》所刊之《德国文豪格代希尔列尔合传》(第 70 号)、《尼采之教育观》(第 71 号)、《汗德之哲学说》(第 74 号)、《德国文化大改革家尼采传》(第 76 号)、《荀子之名学说》(第 77 号)、《德国哲学大家叔本华传》(第 84 号)等文,陈鸿祥《王国维年谱》疑为先生之作并以其文风、内容等作为证据。[①] 然诸篇未署作者,且《静庵文集》亦未收录,尚乏确证。兹补录于此,待方家评说。

光绪三十一年(1905),二十九岁。

事迹

春,再读康德,已无窒碍。

先生《自序》云:"至二十九岁,更返而读汗德之书,则非复前日之窒碍矣。嗣是于汗德之《纯理批评》外,兼及其伦理学及美学。"(14 卷,120 页)

三月,三子贞明生。

赵万里《王静安先生年谱》云:"三十一年乙巳二十九岁,三

---

① 详见陈鸿祥:《王国维年谱》,齐鲁书社 1991 年版,第 64—76 页。

月,三子贞明(字叔固)生。"(20卷,414页)

　　按:王贞明(1905—1997),字叔固,浙江海宁州城(今海宁市盐官镇)人,先生之三子。毕业于燕京大学,供职上海海关,后移居台湾高雄。

学术著述

　　四月,译著《动物学》,载于《农学报》。

　　按:《动物学》,「日〕饭岛魁编,王国维译,连载于《农学报》第289—292册(四月间刊出)。

　　八月,刊《静庵文集》①。

　　按:《静庵文集》,先生自编之文集,光绪三十一年(1905)出版。收录《教育世界》所刊论文12篇。后附《静庵诗稿》,收录先生早年诗歌五十首。

　　另附先生《〈静庵文集〉自序》(1卷,3页)

　　余之研究哲学,始于辛、壬之间。癸卯春,始读汗德之《纯理批评》,苦其不可解,读几半而辍。嗣读叔本华之书,而大好之。自癸卯之夏以至甲辰之冬,皆与叔本华之书为伴侣之时代也。其所尤惬心者,则在叔本华之知识论,汗德之说得因之以上窥;然于其人生哲学,观其观察之精锐与议论之犀利,亦未尝不心怡神释也。后渐觉其有矛盾之处。去夏所作《红楼梦评论》,其立论虽全在叔氏之立脚地,然于第四章内已提出绝大之疑问。旋悟叔氏之说,半出于其主观的气质,而无关于客观的知识。此意于《叔本华及尼采》一文中始畅发之。今岁之春,复返而读汗德之书。嗣今以后,将以数年之力研究汗德。他日稍有所进,取前

---

　　① 《王国维全集》作"静安文集",然原刻本为"静庵文集",依原刻本。

说而读之，亦一快也。故并诸杂文刊而行之，以存此二三年间思想上之陈迹云尔。

光绪三十一年秋八月海宁王国维自序。

十一月，跋《词辨·介存斋论词杂著》。

先生《〈词辨·介存斋论词杂著〉跋》云："予于词，于五代喜李后主、冯正中，而不喜《花间》；于北宋喜同叔、永叔、子瞻、少游，而不喜美成；于南宋只爱稼轩一人，而最恶梦窗、玉田。介存此选颇多不当人意之处，然其论词则颇多独到之语。始知天下固有具眼人，非予一人之私见也。因书于后。光绪乙巳十一月，海宁王国维跋。"（14卷，527页）

按：《词辨》（2卷），清周济著，唐宋词选集。《介存斋论词杂著》（1卷），清周济著，词论。

是年，于《教育世界》发表论文6篇。

按：先生本年发表于《教育世界》之论文统计如下：

《论近年之学术界》，第93号（正月上旬）。

《论新学语之输入》，第96号（二月下旬）。

《论平凡之教育主义》，第97号（三月上旬）。

《周秦诸子之名学》，第98、100号（三月下旬、四月下旬）。

《论哲学家与美术家之天职》，第99号（四月上旬）。

补：本年《教育世界》所刊之《叔本华之思索论》（第94号）、《伦理学概论》（第101—116号）、《子思之学说》《孟子之学说》《荀子之学说》（第104号），陈鸿祥《王国维年谱》疑为先生之著述或译作，兹补录于此，待方家评说。[1]

---

① 详见陈鸿祥：《王国维年谱》，齐鲁书社1991年版，第77—82页。

光绪三十二年（1906），三十岁。

事迹

春，辞江苏师范学堂教职，随罗振玉入京。

赵万里《王静安先生年谱》云："三十二年丙午三十岁，罗先生奉学部奏调，春，谢苏校事，携家北上，先生与之偕。"（20卷，416页）

七月，父乃誉殁，归海宁奔丧，作《先太学君行状》。十月，父葬。

先生《先太学君行状》云："君生于道光二十七年丁未，卒于光绪三十二年丙午，得年六十岁。将以其年十月葬于海宁城北徐步桥之东原。"（14卷，67页）

学术著述

三月，辑近年词作为《人间词甲稿》，代樊炳清自序。四月上旬，刊于《教育世界》。

罗振常《〈人间词甲稿序〉跋》云："时，人间在吴门师范学校授文学。先期来书曰：词稿将写定，丐樊作序。樊应之，延不属稿。一日，词稿邮至。余于樊君开缄共读，而前已近有序。来书云：序未署名，试猜度为何人作，宜署何人名，则署之。樊读竟大笑，遂援笔书己名。"[1]又，先生《人间词甲稿序》落款云："光绪丙午三月，山阴樊志厚叙。"（14卷，681页）

按：《人间词甲稿》，共收先生词作 61 首，为光绪三十年

---

[1]　陈平原、王枫编：《追忆王国维》，中国广播电视出版社 1996 年版，第 17 页。

(1904)至光绪三十二年(1906)间的作品。初刊于《教育世界》第123号(四月上旬),罗振玉编辑《海宁王忠悫公遗书》、赵万里编辑《海宁王静安先生遗书》均有收录。

又按:樊炳清(1877—1931?),字少泉、抗父(甫),号志厚,浙江山阴(今浙江省绍兴市)人,先生东文学社时之同学、好友。诸生,"东文学社三杰"之一,曾任《教育世界》编译、商务印书馆编辑等。译有《东洋史要》等。

是年,于《教育世界》发表论文10篇。

按:先生本年发表于《教育世界》之论文统计如下:

《教自小言十二则》,第117号(正月上旬)。

《奏定经学科大学文学科大学章程书后》,第118—119号(正月下旬至二月上旬)。

《原命》,第127号(五月上旬)。

《去毒篇(雅片烟之根本治疗法及将来教育上之注意)》,第129号(六月上旬)。

《纪言》,第135号(九月上旬)。

《论普及教育之根本办法(条陈学部)》,第136号(九月下旬)。

《教育小言十则》,第137号(十月上旬)。

《文学小言》,第139号(十一月上旬)。

《屈子文学之精神》,第140号(十一月下旬)。

补:本年《教育世界》所刊之《教育家之希尔列尔》(第118号)、《德国哲学大家汗德传》(第120号)、《墨子之学说》(第121号)、《老子之学说》(122号)、《汗德之伦理学及宗教论》(第123号)、《汗德详传》(第126号)、《孟子之伦理思想一斑》(第130号)、《列子之学说》(第131—132号)、《周濂溪之哲学说》(第133

号)等,陈鸿祥《王国维年谱》疑为先生之著述或译作,兹补录于此,待方家评说。[①]

主要戏曲学术成果

论文《文学小言》,论及中国戏曲,以作品叙事未及西欧,然犹以《桃花扇》写人最为称道。于中国曲家,则以"专门之诗人"目之。

先生《文学小言》云:"上之所论,皆就抒情的文学言之(《离骚》、诗词皆是)。至叙事的文学(谓叙事传、史诗、戏曲等,非谓散文也),则我国尚在幼稚之时代。元人杂剧,辞则美矣,然不知描写人格为何事。至国朝之《桃花扇》,则有人格矣,然他戏曲则殊不称是。要之,不过稍有系统之词,而并失词之行者者也。以东方古文学之国,而最高之文学无一足以与西欧匹者,此则后此文学家之责也。"(14卷,96页)又,"《三国演义》无纯文学之资格,然其叙关壮缪之释曹操,则非大文学家不办。《水浒传》之写鲁智深、《桃花扇》之写柳敬亭、苏昆生,彼其所为固毫无意义,然以其不顾一己之利害,故犹使吾人生无限之兴味,发无限之尊敬,况于观壮缪之矫矫者乎? 若此者,岂真如汗德所云,实践理性为宇宙人生之根本欤! 抑与现在利己之世界相比较,而益使吾人兴无涯之感也。则选择戏曲小说之题目者,亦可以知所去取矣。"(14卷,97页)又,"吾人谓戏曲小说家为专门之诗人,非谓其以文学为职业也。以文学为职业,餔餟的文学也。职业的文学家以文学得生活,专门之文学家为文学而生活。"(14卷,97页)

---

① 详见陈鸿祥:《王国维年谱》,齐鲁书社1991年版,第84—95页。

光绪三十三年(1907)，三十一岁。

事迹

三月，由罗振玉举荐，为学部总务司行走，充学部图书馆编译任。

赵万里《王静安先生年谱》云："三十三年丁未三十一岁，春，罗先生荐先生于蒙古容文恪公庆。三月北上，命在学部总务司行走，充学部图书馆编辑。"(20卷，416页)

六月二十六日，夫人莫氏殁。七月，治丧后返京。

赵万里《王静安先生年谱》云："(三十三年丁未三十一岁)六月，莫夫人婴病危，先生于十六日抵里门，二十六日莫夫人卒(年三十四岁)。七月，又北上。"(20卷，416页)

十二月二十日，继母叶氏殁。

赵万里《王静安先生年谱》云："(三十三年丁未三十一岁)十二月二十日，继母叶孺人病卒于家。"(20卷，417页)

是年，复读康德，始觉通达，又兼治洛克、休蒙之书。

先生《自序》云："至今年从事第四次之研究(按：即康德研究)，则窒碍更少，而觉其窒碍之处，大抵其说之不可持处而已。此则当日志学之初所不及料，而在今日亦得以自慰藉者也。此外如洛克、休蒙之书，亦时涉猎及之。"(14卷，120页)

嗣后，以填词故，兴致渐移文学，更欲向戏曲发轫。

先生《自序二》云："余疲于哲学有日矣。"又，"近年嗜好之移于文学，亦有由焉，则填词之成功是也。余之于词，虽所作尚不及百阕，然自南宋以后，除一二人外，尚未有能及余者，则平日之所自信也。虽比之五代、北宋之大词人，余愧有所不如，然此等

词人亦未始无不及余之处。因词之成功，而有志于戏曲，此亦近日之奢愿也。"（14 卷，121—122 页）

学术著述

五月，跋清刘履芬钞本《南烬纪闻·窃愤录·续录》。

先生《〈南烬纪闻·窃愤录·续录〉跋》云："此江山刘彦清大令履芬手写本。泖生，其别字也。光绪丁未夏五，海宁王国维记。"（14 卷，527 页）

按：《南烬纪闻》（1 卷），宋黄冀之著，笔记。《窃愤录》（1 卷）、《续录》（1 卷），宋辛弃疾著（存疑），笔记。

六月，译著《心理学概论》出版。

按：《心理学概论》，［丹］海甫定著，［英］龙特译，王国维转译，商务印书馆光绪三十三年（1907）六月出版。海甫定（Harald Hoffding），今译"哈格尔德·霍夫丁"。

十月，汇近一年间词作，编定《人间词乙稿》，再代樊炳清为序。

赵万里《王静安先生年谱》云："十月中，又汇集此一年间所填词为《人间词乙稿》，入《教育世界》杂志中刊之。"（20 卷，417页）又，"此《序》（按：指《人间词甲稿序》）与《乙稿序》，均为先生自撰，而假名于樊君者。"（20 卷，415 页）又，先生《人间词甲稿序》落款云："光绪三十三年十月，山阴樊志厚叙。"（14 卷，684页）

按：《人间词乙稿》，共收先生词作 61 首，为光绪三十二年（1906）间的作品。初刊于《教育世界》第 161 号（十月上旬），《海宁王忠悫公遗书》《海宁王静安先生遗书》均有收录。

是年，译著《欧洲大学小史》刊于《学部官报》，另于《教育世界》发表论文 7 篇。

按：《欧洲大学小史》，刊于《学部官报》第 15、21—23、25、27、29、31、33、34 号。

又，先生本年发表于《教育世界》之论文统计如下：

《教育小言十三则》，第 143 号（正月上旬）。

《古雅之在美学上之位置》，第 144 号（正月下旬）。

《人间嗜好之研究》，第 146 号（二月下旬）。

《戏曲大家海别尔》，第 145、147、148 号（二月上旬、三月）。

《自序》，第 148 号（三月下旬）。

《教育小言十则》，第 150 号（四月下旬）。

《自序二》，第 152 号（五月下旬）。

《莎士比传》载于第 159 号（九月上旬）。

《书辜氏汤生英译〈中庸〉后》，第 160、162—163 号（九月下旬、十月下旬至十一月上旬）。

补：本年《教育世界》所刊之《脱尔斯泰传》（第 143—144 号）、《莎士比传》（第 159 号）、《孔子之学说》（第 161—165 号）、《英国大诗人白衣龙小传》（第 162 号）等，陈鸿祥《王国维年谱》疑为先生之著述或译作，兹补录于此，待方家评说。①

主要戏曲学术成果

论文《人间嗜好之研究》，以"势力之欲"释常人对戏剧之嗜好。

先生《人间嗜好之研究》云："常人对戏剧之嗜好，亦由势力之欲出。先以喜剧（即滑稽剧）言之。夫能笑人者，必其势力强

---

① 详见陈鸿祥：《王国维年谱》，齐鲁书社 1991 年版，第 96—108 页。

于被笑者也。故笑者，实吾人一种势力之发表。然人于实际之生活中，虽遇可笑之事，然非其人为我所素狎者，或其位置远在吾人之下者，则不敢笑。独于滑稽剧中，以其非事实，故不独使人能笑，而且使人敢笑，此即对喜剧之快乐之所存也。悲剧亦然。霍雷士曰：'人生者，自观之者言之，则为一喜剧。自感之者言之，则又为一悲剧也。'自吾人思之，则人生之运命固无以异于悲剧，然人当演此悲剧时，亦俯首杜口，或故示整暇，汶汶而过耳。欲如悲剧中之主人公，且演且歌，以诉其胸中之苦痛者，又谁听之，而谁怜之乎！夫悲剧中之人物之无势力之可言，固不待论，然敢鸣其苦痛者与不敢鸣其痛苦者之间，其势力之大小必有辨矣。夫人生中固无独语之事，而戏曲则以许独语故，故人生中久压抑之势力独于其中筐倾而篋倒之，故虽不解美术上之趣味者，亦于此中得一种势力之快乐。普通之人之对戏曲之嗜好，亦非此不足以解释之矣。"（14 卷，114—115 页）

《戏曲大家海别尔》《莎士比传》皆介绍欧洲戏剧家事迹、作品。

按：海别尔，即德国剧作家、诗人弗里德里希·黑贝尔（Christian Friedrich Hebbel，1813—1863）事迹。莎士比，即英国戏剧大师威廉·莎士比亚（William Shakespeare，1564—1616）。

兹录原文如下（引文据《教育世界》摘录，笔者重新标点）。

戏曲大家海别尔

德意文学，自奈新格始立国民之基础，由是而入格代与希尔列尔之黄金时代，迭产出世界之大杰作。至克来斯脱，而完全性格之剧曲于以出焉。自斯厥后，暂时蒙"罗曼齐克"之影响，而陷入"运命剧"之歧途。既而有"少年派"之跋扈，文学界从风而靡，戏曲之机运亦大衰。至三四十年代德国文学有日就卑污之势。于斯时也，北德忽崛起二大家，挥只手以挽狂澜，一曰路德维，工小说；一曰海别尔，则戏曲作家也。前者当世知者多，而后者则较少，用述此篇，介绍于世，俾得窥其文学之一斑云。

佛利特利·海别尔（Friedrich Hebbel）（一八一三至一八六三）霍秀吞之人也，以戏曲言，则直薄克来斯脱之垒；以诗歌言，则与海迭林相颉颃。其对纯美之感情，仿佛海氏，而欲别抉人生之生活及性情之真相以描出之，其思想之深又仿佛克氏也。彼以文艺之根本问题为意识，且伦理观又极严密，此其与罗曼齐克之末流相异者也。其艺术观之真面非常深远，其空想力及诗之形成力非常伟大不独为十八世纪中叶之首屈，抑亦全德文学史上之伟人也。

今就海氏悲剧观之大意述之。海氏以为戏曲乃表人生之处置者，人生处置者非人生之本物，实个人生活行为之葛藤也。故彼之对罪科及悲剧想之观念，皆从此点着眼。盖谓戏曲之罪科不在人间之欲望中，而直接在其意志中也。故主人公为秀拔之努力与否，于戏曲初无损益。欲望之为物，乃一罪恶。盖个我之陷于迷蒙，由于世界者少，而由于欲望者多，而罪恶之成立，亦须个我。故真正之悲剧想，亦个我行事物之完成。既完成时，遂没却个我之一点者也，云云。此其所持之大旨也。故从前悲剧观仅注意于人间精神之外面，而海氏则就人间内面心之实在地位注目，故其剧曲皆属于心理者。其曲中人物皆具特殊之深面目，永与读者以强盛之印象。盖能擒捉复杂之心之实在，而为戏曲推移之动机者也。此岂平凡戏曲家所得望其肩背耶？其所著戏曲甚多，兹记其名目及出版年如下：

曲名	出版期
Judith	一千八百四十一年
Genoveva	一千八百四十三年
Maria Magdalene	一千八百四十四年
Der Diamant	一千八百四十七年
Julia	一千八百五十一年
Trauerspiel in Sizilien	一千八百五十一年
Herodes und Mallamne	一千八百五十年
Der Rubin	一千八百五十一年
Michelangelo	一千八百五十五年
Agnes Bernauer	一千八百五十五年
Gyges und sein Ring	一千八百五十六年
Die Nibelelungen	一千八百六十二年

以上之戏曲皆为名著，不及一一说明。兹第就其青年时代之三戏曲，述之如次，以见一斑。

(一)《由低脱》

海氏之为著述，多在冬期，盛夏之时则文兴索然，亦一种之特性也。彼之欲作戏曲之念，实起于一八三七年一月。是年十一月，偶游米雍亨画廊，见罗玛劳所绘之由低脱像，有感于中，遂决定以为诗材。顾此像为传说拟古之作，固不能指示戏曲动作之推移者。然海奈氏于一八三一年曾题爱尔奈所绘由低脱之像曰："此妙龄之美妇，颜稍带昙，实与观者以甘美之感，其亲切之表情带一种之阴郁气，又稍含怒意，其目中宿残酷之光，同时似又希复仇之快乐者然"云云。海氏之作此戏曲，似读此题语而有感者。其始着手在三十九年一月，而成于四十年之春。是年六月六日始演于柏灵之宫廷剧场，出版则在其次年云。

此故实原出于《圣经》。由低脱者，乃别脱林国之一寡妇也。时该国为异教徒军所围攻，敌将霍罗斐尔奈斯极勇敢，城破在旦夕。此妇忧之，乃突围出，至敌营，侍其宴，以貌美，故将惑之，因伺其睡，剚殊之于床，携首以归祖国。国民欢迎之，赞以诗歌，陆续飨之，过三阅月云。

就此事实观之，由低脱不过一勇敢之妇，以之为戏曲材料，似犹不足。海氏乃出以深奥之理想，与个人心理之必然性，以曲曲写出之，足令人神往焉。据其所演，则由低脱者，乃一寡妇，其前夫曰马那赛，结婚之夕，觌一种奇现象，由是六阅月间，初未与新妇一同枕席，故该妇犹为处女，诸人敬之，皆呼之为"圣女"云。其祈祷之语曰："吾之祷，乃沉于神之中者也。绝望之人则跃入于深渊，我则永远跃身于神之中耳"云云，可见海氏纸上之由低脱，较之《圣经》中之由低脱之人格为甚高也。

霍罗斐尔奈斯者，一暴戾之勇夫也。今率大军而来，包围别脱林。女以祖国之危机，在一发间，奋起欲救之，乃断食祈祷三昼夜，豁然开朗，得强大之信念，其身如具神之全能者然。于是着美服，靓妆如新妇，与侍女米尔查相将入敌营。敌将感其美，为之颠倒。其对由低脱也，除情欲之发动以外，别无他种精神之要素，以为彼国一女子耳，故无尊敬、无恐怖、亦无真面目，恰如吾人之见小犬然者。虽由低脱告以行将杀汝，在彼视之，亦不过如笼中之鸟，啄其主人之指头，亦何伤哉！彼女既处此暴力之下，无术抗之，竟破处女之操，其肉体及精神蒙垢莫大，因此侮辱之感情，与自我之没却，遂令彼女生反动力，而如猛狮之击敌，奋勇直前矣。

此际读者当注意者，则彼瞬间之挟刃蹶起，初非由神之命令，亦非出于爱国心，乃以人毁损一己之品位，而起复仇心也。时见霍方酣眠，女挟刃于手，不得不暂时踌躇，忽见霍梦中作笑靥，似得欢乐之梦，而预想情欲之满足者。女乃不少待，直前而刭其头。吾人读此节，当知《圣经》所述，谓女全感信仰于神而出此，而海氏则不取此旨也。

既达其目的，女乃弛厥心意，怅惘而归，众人虽欢迎之，然非其本意。彼谓妾身既辱于敌，愿国人速杀我可也。观其言曰："妾之身中可留敌将之胤乎？若不幸而妊娠，则祈我神，使之为不生女也。"其言亦何痛乎！

海氏述此女刺敌将之直接动机，与《圣经》不同。观其论希尔列尔之戏曲可见矣。希氏戏曲中有曰《奥尔量小女》者，海氏读之，亦着笔及此，因纡其意曰："神若为成就大目的而行其作用于一人，虽必使之果其使命，然不过以之为器械耳。至其目的完成，此物亦不免灭却矣"云云。

由是观之，由低脱者，亦完成自己之动作，共其灭却者也。夫霍之见杀于一少妇，或为神之摄理，女之敢入敌营而杀敌将，亦或为神之使命，然不过神完成其目的之手段，至摄理实现以后，则此手段物亦不可不灭亡。此海氏之所信仰也。《圣经》全以为神之使命，而海氏则以个人之倾向出之。盖此女虽奉神之使命，然果此使命之时，则以个人之原因为直接动机也。因特别之个人动机而成普遍之大事业者，其例不乏。观希尔列尔之《台尔》，可以知之。夫台之以救祖国为使命，固不待言，然欲完成其使命而发为实现事业时，则非借射落林檎之惨事不可。海氏此篇亦犹是例。其主人公所以借用女子者，盖欲于心理之径路收得伟大效果也。

然则彼写主人公为处女又何故乎？如希尔列尔，固亦写玉寒娜为永贞处女者，然海氏则与之大异其趣。希氏之意，谓惟纯粹贞洁之处女乃得成大事业，故特笔写此，实中古之平凡思想，用以为戏曲之契机，不免落套。海氏为近世作家，故力脱窠臼。其自言曰："破操之苦痛，处女感之尤较寡妇为甚。由低脱既为处女，则其遭敌将之强暴，污其身体及名誉，必痛增仇恶之念，而其强烈之杀机自然诱起矣。"其思想之精透远过希氏，亦可见德国戏曲之发达矣。

　　敌将罗斐尔奈斯决非如历山大王之英雄，惟形式上之巨人而已。其欲他人崇拜一己为神，则其特殊之性格也。而海之所以取此极端傲慢人物入戏曲者，乃对其少年时所受侮辱一种之反抗耳。盖海氏亦非如霍之好以一己之本性示人者，彼此固大相反对也。

　　霍罗尔奈斯者力之权化也。而曲中表此性格之处太多，颇嫌繁冗，故评家讥之。盖借曲中人物之口，以自道其性质，俾吾人易下判断，此作家之惯态。故布脱好普特评之曰："描写性格之冗蔓如此，虽足杀观者之兴，是亦自作者之个人性中涌出之缺点也。然实际欲以他种方法描出霍之人物，而与以感兴，亦不易耳。"

　　霍虽不过一暴物，然亦不愧为通常之勇者。作者欲表其伟大，故别以一人衬出之，即爱夫来姆是也。爱虽为恋由低脱之人，然其温和厚静之人格为彼女所不喜。观其所言，可知男子之怯懦而乏精力无勇气者，决不许之。其报爱也，谓如能入敌阵而杀敌将，乃可从其所请。爱欲达其目的，非不愿之，然单身而入敌阵，实如飞蛾之投焰，断无生理。其所以奋往者，欲将遂其恋爱也。生命既失，恋爱何有？明知故蹈，岂为得策。此其所以不得不踌躇也。女见其状，乃痛詈其恇怯。爱为所激，始悟欲得其爱，必先鼓勇，乃奋身入营，事果失败。时女亦既在营中目睹其恋人之遭耻辱，因欲自刎，然此时女之心中，既见爱之懦弱，又见霍之尊大态度，具男性之极致，两两相形，其私萌尊敬之念所不免也。故其祷神曰："吾乃尊敬可憎之敌，此心何迷惘耶！"由此可见，由低脱心理之多方面矣。

此剧曲性格之成功者，仅一敌将与一女子。如爱夫来姆，不过烘衬人物，其余如侍女米尔槎，如阿利西亚之上长官，如马比台尔之上长官等，皆非悲剧进行时之重要人物也。观其以二三主人公负担全曲动作，似与希腊悲剧相类，然其剧曲之内容、精神、性格、契机、动机等，则全然近世作，与琐士比亚之剧曲无异，所谓传人生之真相者也。琐氏曲中之人物，无论为宫人，为兵士，其所写出之人格，皆世间可得发见者，无神奇荒诞之谈也。其思想、行为、苦乐，皆有特殊之个性，故能跃然纸上。又琐氏曲中之群众，非仅为西班牙流装之饰，而为包戏曲之进行一个之境遇。此境遇至后虽分写实派及自由派而用至极端，然其所滥觞，则在格代与希尔列尔。其戏曲中之所谓民众大势之场即是也。又克来斯脱之剧曲，民众大势之场已得充分使用之。然欲使读者之注意，离人物心理之葛藤，以移于周围之外境，则自海氏始也。海氏于由低脱曲中即以此旨使用民众之场，此非无味之恒钉补缀也，实本有力之理由为之，即就别脱林国水源为敌所绝，而极力写其苦渴之状是也。写此种惨淡光景者决非衬笔，盖必如此情景，乃足促彼女之决心也。此一场，其人物之明确，动作之活泼，乃读者所惊叹不置者也。

此剧曲之用语，乃豪快之散文，动作之进行，亦可谓急速大胆。其形式之谨严，文体之统一，虽有经验作者，未易与比肩也。

诗人海奈大赏斯剧，尝叹曰："当此时代而出此作，不可谓不奇，谓其较琐士比亚、克来斯脱、格拉别诸氏，为尤精进可也。"

(二)《格陆斐法》

历史中丑陋阴怪之事实，而为文艺创作之对象者，近世文艺之一特征也。其理由虽多，然其最重要者，则通例，知为恶人之性格，惹起心理派之兴趣是也。盖在善人，每有型式一定之倾向，而异分子多综合之际，所生之明确个人性格，则宁存于恶人身中而不存于善人也。

此曲中之事迹，即西洋普通流传所谓格陆斐法之故实是也。格为一女子，其夫曰几格夫利特，当从十字军时，托其妻与其家扶高罗。高涎其美，欲通之，妇固贞烈，拒不可。高大恚，遂谮之于其夫，夫信之，妇与其子遂皆得罪，当处死刑。当行刑日，送之于森林，执刑者不忍杀，因与女约，令终生不得出森林一步，而私纵之。后高之罪状既明，乃杀之于加斯哈尔。妇负其子居岩穴中，哺以山羊之乳。既七年，几格夫利特出猎，途次入此森林，偶觐旧妻，知其无罪，赦之。乃未几，而其妇竟死。

海氏者，固以发挥个人性为天职者也。其所以取物语中之人物为戏曲之人物者，盖以看破格之不与高罗所致，以为高罗胸中之葛藤，即作彼之罪科者也。在国民丛书中，高虽为丑恶人物，海氏则变化之，以最大之肉欲热情，为其罪业之动机，而列作戏曲之人物焉。曲中之高罗，乃一渴于官能欲之青年，要之，不外于作者之反省的性格而已。彼亦如海氏，苦于一己之相矛盾，一方有高洁之精神，一方则又抱情欲，不啻一手与天使把握，一手又与恶魔相携也。既有高洁之精神，故虽微细之罪恶皆感知之，而生炽烈之后悔。高罗者，即海别尔之血之血也。彼既乏克己之心，又无酬得爱恋之力。海氏"善恶随时代为区别"之思想，彼亦有之，所谓罪恶从肉体之同情过强而生者是也。

要之，高罗绝非低性格之人，既非无天，亦非无教育，其所以陷于灭亡者，全在其情质之优柔而已。当于其篱间见格时，未尝不动热情，但其时尚知立于圣像之前而犯罪，则厥罪二重。至见格与其夫诀别时，情绪缠绵之状，爱恋遂勃然而兴，不可抑制矣。于是格一痛而晕，其夫乃属之于高，使凭于其腕，而自出阵。此时高密与接吻，是实其第一次之罪科也。此时高亦自知之，不观其祈之于神乎？曰："吾试往高塔之外侧，而取其鸟巢。若神罪之，则颠；不颠，则神不之咎也"云云。

以心理上言之，凡人既犯罪恶一次，必不惮更为之，且其程度累积愈大。其第一罪恶不啻与为第二罪恶之权利。其每前一罪恶对后一罪恶之间，俨有发达史之关系者然。高既犯一次之罪，果益欲使其恋情满足，而续续为之。此亦人间之自然理法，不足怪耳。

高之恋爱乃肉欲之恋爱，亦目中之恋爱也。其观见格之肖像，而起爱情可以证之。此间消息，与海氏自身之性格阅历，颇有相通之处。彼为有专制精神之人，其名誉心与自负心，常较爱乐之情为盛。其最高之快乐，在存美于直观之知力的享乐之中。盖肉情而同时又有审美之情热，此海氏之特征，抑亦近世人之性质也。

格之受动道德，多不足为戏曲发展之资，故曲中不能演大役割。盖彼妇之道德乃忍耐之德也，纯粹之德也，非人间之伟大作用。其性格之可见者，因貌美而被他之作用，由受动之反抗，而与周围以小反动而已。其可生戏曲之葛藤者，殊不多也。

此乃读体戏曲，非为演之舞台上者。然一八五四年，曾一演之于维也纳剧场，大博佳评云。

就全体观之，则此作者非进步之剧曲也。其美不在全部统一，而在零星之部分。其韵文之美，实足令读者处处留情。惟以"格陆斐法"为题，不如径称为"高罗之热情史"，为正当耳。

德人之以此事实用为剧曲材料者甚多。当海氏以前，罗曼奇克派之骁将提伊克，有同名之作，又米由列尔亦有此作。然海氏痛诋米作，谓其全无价值。海之作此曲，着手于一八四〇年之春，次年完成，一八四三年出版，续篇成于五一年，五二年出版于《欧罗巴》中。

(三)《玛丽亚·马格达奈那》

本篇乃家庭悲剧，为悲剧中之最无遗憾者。剧曲名作中之可与抗衡者，仅奈新格之《爱米利亚》而已。此外如法之低导罗及其后继者之作，皆不足与比肩者也。本篇纯为近世作，故与《爱米利亚》[①]不同，不独发挥地方之光彩，且所谓地方之情绪，亦相应发其光彩焉。

其材料事实颇极单简，乃一少女与一青年相爱，后疑此青年，舍之，而契他男子，乃又为此男子所弃，遂自杀以脱其苦痛云。此本市井一小事件，而经海氏之橡笔演之，遂成妙文。作中诸人物之性格，皆自小市民社会之生活困难状况发展而来，而于性格之个性化，尽心理之委曲，有令人惊讶不置者焉。

作中女主人公，曰克拉拉。其父曰安敦，木器师也，甚朴茂，因生活困难之故，遂成一种执拗性质。彼甚重家族之名誉，而其一大重负，则营生是也。既为生存而苦斗，故其性格之坚韧如革，对一己周围之人，皆存敌视，殆成一厌世家云。

女既受此严父之教育，而日处于狭隘社会之中，其性情向生

---

① 原文作"阿"，疑误，据上文改作"亚"。——笔者注

活之一方发达,其为善良之处女,不待言也。由是养成一种卑屈之习惯,若无论何时,皆当从事逊顺,既放弃一己之趣味,更拒绝一己之正当感情。而此种习惯,遂不异第二之天性焉。

女自幼即与一青年相爱,其人曰佛利特利,既卒大学业,音问渺然,不知所之。女盼之切,久而益寂,不得已,从母之劝,又与一书记曰列雍哈脱者订婚约。母亦普通善良之人,列为人虽轻俊伶俐,然颇谲诈,好弄小术,女之与列订婚,一从母劝,一则愤旧人之无情也。盖此时女之心中,方以为正当之处置耳。

未几,彼之青年忽归故乡,为市府之书记。女闻之,方旁皇无措,诓列知之,恐有变更,因嫉妒与肉欲之奋兴乃求欢于女。女非猥贱辈,即有情欲之感,亦得以其克己之心抑之。顾女虽无情欲,然窃念己既许身于列,则此之要求,亦为其应有权利,而亦一己应尽之义务也,不得已,乃委身焉。然一方与旧时之恋人不能全忘,而一己之义务又不能不尽,感情与义务不克两全,亦不能两舍,此女之所大不堪者耳。然其委身于列,初非两相欢爱,特视为必然之命令,不得已而为之耳。其交列也,以形不以神,所谓无心之肉交耳。

海氏之写克拉拉破操之一事,读者颇讥议之,以为如女之谨直,当无此举,又剧台之上有此事实,亦有不合云。虽知名之评家某氏,亦谓此事与克拉拉之性格不合,然就文学之大势考之,固亦无妨。女之为此,虽不足赏,然其为此之动机,实本于义务之念、克己之情而出。其事虽疏,其情可谅。以此言之,殆亦并无不合耳。又一八四四年一月二十三日作者曾致一书与女优克列林格,以辨其事曰:

(前略)法唔斯特中之格奈奇因,非亦妊娠之女主人公乎?此妊娠之事实,实全剧之一大关纽。若无此,则法唔斯特之剧曲皆不足观。以此曲演之于剧场，亦初无人怪之，亦何独于鄙作而目为不然乎？

是可谓卓见。故以理想上言之，似彼少女无为此误举之理，若其有之，必出于情欲之炽烈无疑，彼法唔斯特中之格奈奇因，即此类也。然现代文艺所重，不在作一定之理想形式，而在描出人间心理之个性。海氏此作即本其旨。盖克拉拉女实由精神之葛藤，即彼之性格之特性，而陷于此误者也。故两者不能齐观。格奈奇因为一种之类型，克拉拉则一种之个性也。

以上所述，乃戏曲前记。本篇之动作，则起笔于克拉拉肉交可悲之结果，今述其概略如次。

第一幕：为礼拜日之事。时女之母患重病初愈，本日着嫁时之裳，而赴教会。女独居家，列雍哈脱访之。女自二星期以来，忧愁不去怀，其对列也，初无情思，第冷淡处之而已。列近受登用试验而及第，故来报女，冀博其欢。顾其及第之由，颇不正当。盖列本不应及第，因用谲计而使竞争试验者醉倒，已乃得售。其告女也，自衿其机敏，言次有得色。女以其行为卑劣，唾之。正纷扰间，而其母归。列方持一新闻纸读之，登现其中所载一事，谓某商家之宝玉为人所盗去。女之兄加尔，近放荡无赖，父安敦忧之，颇疑此物为其子所窃，果也。少顷，有裁判所之吏员若干人来，搜索其家宅，求宝玉之赃，且告以已逮其子于狱。盖此等吏员因安尝与忤，将借此以泄愤也。

女之母病后甚弱，又闻其子之得罪，一惊而绝。父虽悲其妻之死，然其视子之被辱，尤为苦痛。海氏写其此时之情绪，凄恻逼人，不愧灵笔。其稍可议者，则女拥其母之而为誓，未免落普通戏曲常套耳。女遭家难如此，其心绪之劣，所不待言。斯时最快意者则列雍哈脱是也。列固与女兄无怨，然彼之娶列，在欲得金,乃不可得,方以女为无用长物,欲舍之而苦无辞。今得此隙,则与绝婚不为无由,盖以妻兄作此事为辱彼也。维彼狡童,可谓曲中最成功人物之一。

第二幕:女当母死兄逮之日,已自痛伤,而又得列书,宣言与之决婚,其苦痛绝望殆难名状。此时女之愿,宁一己抱罪恶而死,耻见其父也。

既而兄被鞫,既辨其诬,女稍慰,而旧情人佛利特利,竟来访之。久别初逢,彼此各具一种心迹。女觌之,惊喜惭悚,一时交迫,不能如昔日之欢乐,只以泪迎之而已。虽隐约自诉其悲痛,而夫初不知其事,仍认为己妻。于是女如癫如狂,似嘲似笑,而示以列之绝婚书。佛见之,以为彼既绝婚,良缘决不中断,喜极而抱女。女益发悲痛之声,而谓此身不复可为君所有,以明其被污。夫乃渐明真相,至此盖不得不舍女而去矣。此间所写极为悲惨生动,得未曾有。

第三幕:则傲慢之列雍哈脱已与市长之侄女新订婚约。女虽与开谈判,而为其峻拒,涕泣而归。后佛利特利向列雍哈脱要求决斗。女绝望已极,遂自尽。此间所写,悲惨已极。第三幕虽最简索,而以感情真挚,故得收最高之悲剧效果焉。二人既决斗,列即死,佛则负伤后死,所留者,一安敦而已。

此戏曲之缺点,则死者太多是也。凡死者,必有当然之理,且有意味,足动人之感情,乃足称重。克拉拉无论,即佛利特利之死,亦可谓完青春丰丽婉美之性格者,若列之死殊非正当。盖如彼之狡狯,必能遁此危险,其死也,不足起人之同情,殊无谓耳。至加尔者,乃一快乐之劳动者,除生活欢乐以外,殆不知其他。然彼自有一种之冒险性质,颇不惯于其家之局促生活。故彼虽能当大任,而日常之义务转不能尽,亦一不羁之人也。彼在曲中虽居副位，然在作者亦极力描写其性格。观其酒后侈肆之光景，与忧闷刻骨克拉拉之独白，互相对比，则现一种凄怆之妙。故加尔亦殊有近代之精神者，惟无多感性而已。

此剧曲，作者原拟名《克拉拉》，脱稿后乃改今名。然克拉拉与《福音书》中之罪女，实无何等可比较之点，故转不如用克拉拉之名为当也。本篇于一八四三年十二月四日完成，大部分则成于巴黎。四十六年，初演于来普奇希，由是在江湖间声名藉盛。

一八三六至三九年之间，海氏居南德米雍亨时，其邻有木器师，曰安敦休瓦尔兹。其子曾有被逮之事，有一女曰别皮，其性正直轻躁，海氏爱之。剧曲之材料盖取于此。然克拉拉之性格与别皮大异，绝非取材于彼者。海氏居汉堡时，其情人爱利赛林金格则颇与克拉拉类，彼或借此写其小影耳。

莎士比传

维廉·莎士比 William Shakespeare，以一五六四年四月二十三日(?)生于卫伊克州爱浑河侧斯特拉特村。其父名约翰·莎士比，母名马利亚丁，均中等社会以下人也。莎士比幼时诸事，人无知之者，惟据传说，则彼不过于斯特拉特某学校中尝受初等教育。同时剧诗家约翰孙评之曰："彼不甚解拉丁语，然所解之希腊语则更少。"然约翰孙虽为当时有数之博学家，但好自尊而贬人，故彼虽贬莎士比为浅学，然莎士比果浅学与否，殊不敢断。据近人之所考，则莎士比学识之博大，足以其所通之诸国语证之。至其所用之语数，通例虽以为一万五千言，然霍尔顿则以为二万四千言。今姑不论其为一万五千言或二万四千言，要之皆较密尔登多数千言（密尔登所用之语数或云八千言或言一万七千言）。据此则莎士比学识之宏大可知矣。

莎士比于十九岁时完婚，其妇名安哈查，长于莎氏七岁，娶后七月产一女。尔后一二年中,在斯特拉特,或云是时莎氏助其父从事于羊毛商。后莎氏迫于生事,兼欲营独立之计,故始至首都伦敦。按,一千五百八十五年,莎氏既至伦敦,据云最初执贱业于梨园,或云习作俳优,均不详。其后数年,莎氏之名渐显,为俳优中不可少之人物,与当时名作家格林、马罗等相抗衡。其所交游为爱查克斯、塞姆布顿、卡路克等,或为权门贵绅,或为文坛名士。据最近所考,则莎氏当与此诸人交游时,不独为诸人所尊敬,且为诸人所深爱。如彼约翰孙氏于莎氏身后评莎氏曰:"予之爱彼,至今犹然。彼才既跌宕,又思想深微,想像浓郁,词藻温文,更助以敏妙之笔,于是其文遂如长江大河,一泻千里,不可抑制。盖彼之机才,实彼之性命,若稍加以抑制,与夺其性命无异。若以其所长补其所短,亦复充足而有余也"云云。又,当时人士之尊莎氏也,至称 Gentle Shakespeare,则莎氏性情之温厚闲雅,可想而知。

一五九三年,莎氏之初作 Venus and Adonis 出版,翌年 Lucrese 出。自是以往,续出不已,至其死后,计有三十七篇之多。莎氏因此致富,为数剧部主。一五九七年,复于斯特拉特购别庄,名曰纽布赖斯,未几即移居其中,或云在一六一二年时。莎氏移居后十二年,即一六一六年四月二十三日,遂殁,享年五十四。有子三人,男一女二。

莎氏之诸作,当莎氏生时,多未经其允许,遂出版,故其中错误舛谬,在在俱是,几不堪卒读。今日所传诸版中,则以福利亚版为最佳。福利亚版为莎氏殁后七年,其友人等所校正之版,故诸版中是版最可信。其后一六三二年第二福利亚版出,一六六四年第三福利亚版出,一六八五年第四福利亚版出,然而均不若第一福利亚版善。例如第二福利亚版所订证之莎氏生平,多半

49

臆测。第三福利亚版，除原有诸作外，更附载七编。其中除 *Pericles* 略似莎氏所作外，其余诸篇之真伪，至今尚无定论。七篇之名曰 *Pericles*《伦敦奢人》《大麦斯传》《沙约翰传》《清净教寡妇》《洛克林悲剧》《约夏悲剧》是也。

莎氏专意著作之时期，自一五九〇年（或云一五八八年）至一六一二年之间，凡二十余年。自一六〇〇年以后，专意著悲剧，置史剧喜剧等不作。故莎氏之著作可分前后二大期，更分为四小期。第一期自一千五百九〇年至一千五百九十六年，是所谓修业期。第二期自一千五百九十五、六年，至一千六百年或一千六百〇一年，是为作史剧及喜剧之时也。第三期自一千六百〇一年至一千六百〇八年，为作深刻之喜剧及宏大之悲剧时。第四期自一千六百〇八年至一千六百十一、二年，是期专作悲喜调和之传奇剧。

第一期时，作者始习作剧，年约二十四五，其进步极速，实令人可惊。是时所作多主翻案改作，纯以轻妙胜。

第一期中之诸作，作者尚未谙世故时之作也，故与实际隔膜，偏于理想，而不甚自然。至第二期时，作者渐谙世故，知人情，其想象亦届实际。是时专作史剧，依其经验之结果，故不自理想界而自实际界，得许多剧诗之材料。是期中所作，大抵雄浑劲拔也。

第二期之末，莎氏因自身之经验，人生之不幸，盖莎氏是时既失其儿，复丧其父，于是将胸中所郁，尽泄诸文字中，始离人生表面，而一探人生之究竟。故是时之作，均沉痛悲激。

其后沉痛悲激之波，至第四期而渐定。作者经此波澜后，大有所悟，其胸襟更阔大而沉著。于是一面与世相接，一面超然世外，即自理想之光明，知世间哀欢之无别，又立于理想界之绝顶，以静观人海之荣辱波澜。故第四期诸作,足觇作者之人生观。是等诸作均诲人以养成坚忍不拔之精神,以保持心之平和,见人之过误则宽容之,恕宥之;于己之过误,则严责之,悔改之,更向圆满之境界中而精进不怠。是时之莎氏,宛如彼所作之传奇剧《飓引》中之泡司柏鲁其人也。盖莎氏晚年诸作,均含有一种不可思议之魔力,以左右人世。今将所作列表于下。

剧诗:

Titus Andronicus. 自一五八八年至一五九〇年之间

Henry VI. 1. 自一五九〇年至一五九三年之间

以上为改作时代之作。

love's Labour's Lost. 一五九〇年

Comedy of Errors. 闽县林纾译作《孪误》,一五九一年

Two Gentlemen of Verona. 林译《情惑》,自一五九二年至一五九三年之间

Midsummer—night's Dream. 林译《仙狯》,自一五九〇年至一五九四年之间

以上为初年之喜剧。

Henry VI. 2. 3. 自一五九一年至一五九六年之间

Richard III. 一五九三年

以上为初年之史剧。

Romeo and Juliet. 林译《铸情》,一五九一年或云自一五九六年至一五九七年之间

以上为初年之悲剧。

Richard II. 一五九四年

King John. 一五九五年

是为中年之史剧。

(The) Merchant of Venice. 林译《肉券》,一五九六年是为中年之喜剧。

Henry IV. 1. 2. 自一五九七年至一五九八年之间

Henry V. 一五九九年

以上为晚年之史剧。

(The)Taming of the Shrew. 林译《驯悍》,一五九七年

(The)Merry Wives of Windsor. 一五九八年

Much Ado about Nothing. 林译《礼哄》,一五九八年

As you like it. 林译《林集》,一五九九年

Twelfth Night. 林译《婚诡》,自一六〇〇年至一六一一年之间

All's Well that Ends Well. 林译《医谐》,自一六〇一年至一六〇二年之间

Measure for Measure. 林译《狱配》,一六〇三年

Troilus and Cressida. 一六〇三年或云一六〇七年改订

以上为晚年之喜剧。

Julius Caesar. 一六〇一年

Hamlet. 林译《鬼诏》,一六〇二年

以上为中年之悲剧。

Othello. 林译《黑瞀》,一六〇四年

King Lear. 林译《女变》,一六〇五年

Macbeth. 林译《蛊征》,一六〇六年

Antony and Cleopatra. 一六〇七年

Coriolanus. 一六〇八年

Timon of Athens. 林译《仇金》,自一六〇七年至一六〇八年之间

以上为晚年之悲剧。

Pericles. 林译《神合》,一六〇八年

Cymbeline. 林译《环证》,一六〇九年

(The)Tempest. 林译《飓引》,一六一〇年

(The) Winter's Tale. 林译《珠还》,自一六一〇年至一六一一年之间

以上为传奇剧。

Two Noble Ringmen. 一六一二年

Henry VII. 自一六一二年至一六一三年之间

以上断篇。

叙事及抒情之诗:

Venus and Adonis. 一五九二年(?)

Lucrese. 自一五九三年至一五九四年之间

Sonnets. (短歌集)自一五九五年至一六〇五年之间

是表中之《鬼诏》《黑瞀》《蛊征》《女变》等四篇,通例称为"四大悲剧"。此外至少尚有十篇左右,均为莎氏杰作。盖惟此四篇实不足以窥此大诗人之蕴奥。如巴德森氏之评《鬼诏》曰:"人知此篇者极多,而读此篇者极少。"莎氏之一切著作,无一不可作如是观也。彼略读莎氏著作者,岂能知莎氏乎?盖莎氏之文字,愈咀嚼,则其味愈深,愈觉其幽微玄妙。又加拉儿氏曰:"人十岁而嗜莎士比,至七十岁而其趣味犹不衰。"盖莎士比文字,犹如江海,愈求之,愈觉深广。故凡自彼壮年所作之短歌集,以求其真意者,或据一二口碑以求莎氏之为人,或据一己之见以解释其著作,皆失败也。当知莎氏与彼主观的诗人不同,其所著作,皆描写客观之自然与客观之人间,以超绝之思,无我之笔,而写世界之一切事物者也。所作虽仅三十余篇,然而世界中所有之离合悲欢,恐怖烦恼,以及种种性格等,殆无不包诸其中。故莎士比

者,可谓为"第二之自然""第二之造物"也。

《自序》二则记录了先生学术兴趣及学术理念的转变,因写于而立之年,学者赵万里将其称为"三十自序",成为后世通称。

按:兹录原文如下(引文据《教育世界》摘录,笔者重新标点)。

自序

岁月不居,时节如流,犬马之齿,已过三十。志学以来,十有余年,体素羸弱,不能锐进于学。进无师友之助,退有生事之累,故十年所造,遂如今日而已。然此十年间,进步之迹,有可言焉。夫怀旧之感,恒笃于暮年;进取之方,不容于反顾。余年甫壮,而学未成,冀一篑以为山,行百里而未半。然举前十年之进步,以为后此十年二十年进步之券,非敢自喜,抑亦自策励之一道也。余家在海宁,故中人产也,一岁所入,略足以给衣食。家有书五六箧,除《十三经注疏》为儿时所不喜外,其余晚自塾归,每泛览焉。十六岁,见友人读《汉书》而悦之,乃以幼时所储蓄之岁朝钱万,购前四史于杭州,是为平生读书之始。时方治举子业,又以其闲学骈文散文,用力不专,略能形似而已。未几而有甲午之役,始知世尚有所谓学者。家贫不能以资供游学,居恒怏怏,亦不能专力于是矣。二十二岁正月,始至上海,主《时务报》馆,任书记校雠之役。二月而上虞罗君振玉等私立之东文学社成,请于馆主汪君康年,日以午后三小时往学焉。汪君许之,然馆事颇剧,无自习之暇,故半年中之进步,不如同学诸子远甚。夏六月,又以病足归里,数月而愈。愈而复至沪,则《时务报》馆已闭。罗君乃使治社之庶务,而免其学资。是时社中教师为日本文学士藤田丰八、田冈佐代治二君。二君故治哲学,余一日见田冈君之文集中,有引汗德、叔本华之哲学者,心甚喜之。顾文学暌隔,自

54

以为终身无读二氏之书之日矣。次年，社中兼授数学、物理、化学、英文等，其时担任数学者即藤田君。君以文学者而授数学，亦未尝不自笑也。顾君勤于教授，其时所用藤泽博士之算术、代数两教科书，问题殆以万计。同学三四人者，无一问题不解，君亦无一不校阅也。又一年，而值庚子之变，学社解散。盖余之学于东文学社也，二年有半，而其学英文亦一年有半。时方毕第三读本，乃购第四、第五读本归里自习之。日尽一二课，必以能解为度，不解者且置之。而北乱稍定，罗君乃助以资，使游学于日本，亦从藤田君之劝，拟专修理学。故抵日本后，昼习英文，夜至物理学校习数学。留东京四五月而病作，遂以是夏归国。自是以后，遂为独学之时代矣。体素羸弱，性复忧郁，人生之问题，日往复于吾前，自是始决从事于哲学。而此时为余读书之指导者，亦即藤田君也。次岁春，始读翻尔彭之《社会学》、及文之《名学》、海甫定《心理学》之半，而所购哲学之书亦至，于是暂辍《心理学》而读巴尔善之《哲学概论》、文特尔彭之《哲学史》。当时之读此等书，固与前日之读英文读本之道无异。幸而已得读日文，则与日文之此类书参照而观之，得通其大略。既卒《哲学概论》《哲学史》，次年始读汗德之《纯理批评》。至《先天分析论》，几全不可解，更辍不读，而读叔本华之《意志及表象之世界》一书。叔氏之书，思精而笔锐，是岁前后读二过。次及于其《充足理由之原则论》《自然中之意志论》及其文集等，尤以其《意志及表象之世界》中《汗德哲学之批评》一篇，为通汗德哲学关键。至二十九岁，更返而读汗德之书，则非复前日之窒碍矣。嗣是于汗德之《纯理批评》外，兼及其伦理学及美学。至今年从事第四次之研究，则窒碍更少，而觉其窒碍之处，大抵其说之不可持处而已。此则当日志学之初所不及料，而在今日亦得以自慰藉者也。此外如洛克、休蒙之书，亦时涉猎及之。近数年来为学之大略如此。顾此五六年间，亦非能终日治学问，其为生活故而治他人之事，日少则二时，多或三四时，其所用以读书者，日多不逾四时，少不过二时。过此以往则精神涣散，非与朋友谈论，则涉猎杂书。唯此二三时间之读书，则非有大故，不稍间断而已。夫以余境之贫薄，而体之羸弱也，又每日为学时间之寡也，持之以恒，尚能小有所就，况财力精力之倍于余者，循序而进，其所造岂有量哉！故书十年间之进步，非徒以为责他日进步之券，亦将以励今之人，使不自馁也。若夫余之哲学上及文学上之撰述，其见识文采亦诚有过人者，此则汪氏中所谓"斯有天致，非由人力，虽情符曩哲，未足多矜"者，固不暇为世告焉。

自序二

前篇既述数年间为学之事，兹复就为学之结果述之。

余疲于哲学有日矣。哲学上之说，大都可爱者不可信，可信者不可爱。余知真理，而余又爱其谬误。伟大之形而上学、高严之伦理学与纯粹之美学，此吾人所酷嗜也。然求其可信者，则宁在知识论上之实证论、伦理学上之快乐论与美学上之经验论。知其可信而不能爱，觉其可爱而不能信，此近二三年中最大之烦闷。而近日之嗜好所以渐由哲学而移于文学，而欲于其中求直接之慰藉者也。要之，余之性质，欲为哲学家，则感情苦多而知力苦寡；欲为诗人，则又苦感情寡而理性多。诗歌乎？哲学乎？他日以何者终吾身，所不敢知，抑在二者之间乎？

今日之哲学界，自赫尔德曼以后，未有敢立一家系统者也。居今日而欲自立一新系统，自创一新哲学，非愚则狂也。近二十年之哲学家，如德之芬德、英之斯宾塞尔，但搜集科学之结果或古人之说而综合之、修正之耳。此皆第二流之作者，又皆所谓可信而不可爱者也。此外所谓哲学家，则实哲学史家耳。以余之力，加之以学问，以研究哲学史，或可操成功之券。然为哲学家则不能，为哲学史则又不喜，此亦疲于哲学之一原因也。近年嗜好之移于文学，亦有由焉，则填词之成功是也。余之于词，虽所作尚不及百阕，然自南宋以后，除二人外，尚未有能及余者，则平日之所自信也。虽比之五代、北宋之大词人，余愧有所不如，然此等词人，亦未始无不及余之处。因词之成功，而有志于戏曲，此亦近日之奢愿也。然词之于戏曲，一抒情、一叙事，其性质既异，其难易又殊，又何敢因前者之成功，而遽冀后者乎？但余所以有志于戏曲者，又自有故。吾中国文学之最不振者，莫戏曲若。元之杂剧、明之传奇，存于今日者尚以百数。其中之文字，虽有佳者，然其理想及结构，虽欲不谓至幼稚、至拙劣，不可得也。国朝之作者，虽略有进步，然比诸西洋之名剧，相去尚不能以道里计。此余所以自忘其不敏，而独有志乎是也。然目与手不相谋，志与力不相副，此又后人之通病。故他日能为之与否，所不敢知；至为之而能成功与否，则愈不敢知矣。

虽然，以余今日研究之日浅，而修养之力乏，而遽绝望于哲学及文学，毋乃太早计乎！苟积毕生之力，安知于哲学上不有所得，而于文学上不终有成功之日乎？即今一无成功，而得于局促之生活中，以思索玩赏为消遣之法，以自逭于声色货利之域，其益固已多矣。《诗》云："且以喜乐，且以永日。"此吾辈才弱者之所有事也。若夫深湛之思、创造之力，苟一日集于余躬，则俟诸天之所为欤！俟诸天之所为欤！

第二章

迸发期

光绪三十四年（1908）至宣统三年（1911）

笔者按:以往的年谱著作,多以光绪三十三年(1907)先生赴京任职作为其生活、学术的一个转折点。但就戏曲研究层面而言,先生初至京师的第一年主要对上一阶段的学术研究进行了收尾工作。加之父、妻、继母的相继离世,对先生的思绪造成极大影响。以作词排遣苦闷的契机使其加速了对文学的动意,由此开创了一个新的学术周期。

将同为倚声之学的词曲研究融会贯通,从填词创作之兴趣始,以扎实的文献整理为学术迈进的第一步,后续的宏观驾驭和理论升华自然水到渠成。寒窗映雪,厚积薄发。先生在古典戏曲领域的卓越成就正是其广博而深厚的学养体现。在短短四年间,先生建立了独立的戏曲学术话语体系,为其个人的学术生涯和中国古典戏曲学术史都留下了浓墨重彩的一笔。

光绪三十四年(1908),三十二岁。

事迹

正月二十九日,续弦潘氏。潘氏者,同邑潘祖彝茂才女也。

赵万里《王静安先生年谱》云:"三十四年戊申三十二岁,去冬岁暮,始得叶孺人病没之耗,亟奔丧归里,于正月初二日到家。时三子贞明尚幼,此二年屡遭大故,戚族咸劝先生续娶以支门户。先生未决,岳母莫太夫人亦以此说进,婚事遂定。是月二十九日,继室潘夫人来归。夫人为同邑潘鹿鸣祖彝茂才女,世业儒。"(20卷,419页)

三月,举家迁于宣武门内新帘子胡同。先生于此间辑校词曲,遂效李开先、黄丕烈旧例,自题"学学山海居"。

赵万里《王静安先生年谱》云:"(三十四年戊申三十二岁)三月,携眷抵京,赁宅于宣武门内新帘子胡同。"(20卷,419页)

按:先生谈及古人搜集词曲事,说云黄丕烈自题书屋"学山海居"以效仿李开先"词山曲海"之事。如《录曲余谈》:"钱遵王、黄荛圃学问、胸襟、嗜好约略相似,同为吴人,又同喜搜罗词曲。遵王也是园所藏杂剧至三百余种,多人间稀见①之本。复翁所居,自拟李中麓'词山曲海',有'学山海居'之目。"(2卷,295页)

学术著述

五月,跋明顾梧芳刻本《尊前集》。

先生《〈尊前集〉跋》云:"明顾梧芳刻《尊前集》二卷,自为之

---

① 稀见,原文作"希见"。

引。"又,"光绪戊申仲夏,借叔蕴先生竹垞藏本,跋而归之。王国维。"(14卷,528页)

按:《尊前集》(2卷),无名氏编,唐五代词选集。

六月,跋校唐宋词19家。

赵万里《王静安先生年谱》云:"(三十四年戊申三十二岁)六月,据《花间》《尊前》集及《历代诗余》《全唐诗》等书,辑《唐五代二十家词》成。"(20卷,419页)

按:《唐五代二十一家词辑》(20卷),选词人21家。除李后主父子词于次年补录外,其余19家皆于本年六月校毕。计有:温庭筠《金荃词》、皇甫松《檀乐子词》、韩偓《香奁词》、和凝《红叶稿》、韦庄《浣花词》、薛昭蕴《薛侍郎词》、牛峤《牛给事词》、牛希济《牛中丞词》、毛文锡《毛司徒词》、魏承班《魏太尉词》、尹鹗《尹参卿词》、李珣《琼瑶集》、顾敻《顾太尉词》、鹿虔扆《鹿太保词》、欧阳炯《欧阳平章词》、毛熙震《毛秘书词》、阎选《阎处士词》、张泌《张舍人词》、孙光宪《孙中丞词》。

六七月间,著《词录》。

先生《词录序例》云:"长夏苦热,不耐深沉之思,偶得仁和吴昌绶伯宛所作《宋金元现存词目》,叹其搜罗之勤,因思效朱竹垞《经义考》之例,存佚并录,勒为一书。搜录考订,月余而成,聊用消夏,不足云著述也。"(1卷,401页),又,落款"光绪戊申秋七月海宁王国维识"(1卷,402页)。

七月,跋焦循旧藏《词林万选》。

先生《〈词林万选〉跋》云:"前有焦氏藏书印,乃理堂先生故物,尤可宝也。光迅戊申秋七月,积暑初退,于厂肆得此本,喜而志之。"(14卷,392页)

按:《词林万选》(4卷),明杨慎编,唐至明代词选集。

八月，著《曲录》初稿二卷。

按：先生《〈曲录〉自序》（《曲苑》版）云："粗为排比，成书二卷。"又，落款云："光绪戊申八月"。（详情参见宣统元年"主要戏曲学术成果《曲录》"条）

十月，刊《人间词话》（1—21则）于《国粹学报》。

按：《人间词话》，全书共计64则，分三期刊于《国粹学报》。第一部分（1—21则）刊《国粹学报》第47期，宣统元年（1908）十月。

于陈毅处见万历本《录鬼簿》，钞录并初校讹字。

先生《过录明万历精钞本〈录鬼簿〉王国维跋》（东洋文库藏精钞本）云："黄陂陈士可参事新得明钞《录鬼簿》，精妙可喜。因手钞一过，七日而毕。原本间有讹字，悉为订正，此为第一善本矣。光绪戊申冬十月国维记。"（详情参见宣统元年"主要戏曲学术成果《新编录鬼簿校注》"条）

按：《录鬼簿》（2卷），元钟嗣成著，戏曲作家作品目录。

又按：陈毅（1873—1927?），字士可，蕲州黄陂（今湖北省武汉市）人。贡生，毕业于两湖书院，历任学部参事、京师图书馆纂修等。曾为北洋政府西北边防司令、蒙藏总务厅总办，后免职。民国著名藏书家，精通边疆舆地学。有《魏书官氏志疏证》等传世。

十一月，始连载《戏曲考原》于《国粹学报》。

按：《戏曲考原》，刊《国粹学报》第四十八期，光绪三十四年（1908）十一月；第五十期，宣统元年（1909）二月。

借录暖红室本《曲品·附新传奇品》，跋校之。此本文字粗疏，然极具文献价值。

先生《〈曲品·附新传奇品〉跋》云："光绪戊申冬月，假此本手录一过，并为校补数处。"（详见本年"主要戏曲学术成果"）

按:《曲品》(3 卷),明吕天成著,明代戏曲作家作品评论。《新传奇品》(1 卷),清高奕著,明末清初戏曲作家作品目录。《曲品》万历间刻本已失传,传世钞本常与高奕《新传奇品》或无名氏《古人传奇总目》合为一帙。

十二月,刊《人间词话》(22—39 则)于《国粹学报》。

按:《人间词话》第二部分(22—39 则)刊《国粹学报》第 49 期,光绪三十四年(公历次年 1909)十二月。

是年,译著《辨学》出版。

按:《辨学》,[英]耶方斯著,王国维译,学部图书馆编译局光绪三十四年(1908)出版。辨学(Elementary Lessons:Deductive and Industive),今译"逻辑的基础教程:演绎与归纳"。

代罗振玉作《中国名画集序》,移居京都后单独拈出。

先生《中国名画集序》云:"此四年前代唐风楼主人作,未及留稿。抵京都后,移居之第三日稍暇录此。此文气体弱不足以举之,且多疵句。"(14 卷,127 页)

按:《中国名画集序》,赵万里《王国维先生年谱》云"《古代名家画册叙》(十月,见《集外文》)"(20 卷,420 页)可知,其初名《古代名家画册叙》。唐风楼主人,罗振玉笔名。

主要戏曲学术成果

《曲品·附新传奇品》跋文。

曲品(三卷,明郁蓝生撰,琅琊方诸生阅)附新传奇品(一卷一册,高奕撰,王国维手钞)

此书误字累累,文又拙劣。然无名氏《传奇汇考》、江都黄文旸《曲目》多取材于此。盖著录戏曲之书,除元钟丑斋《录鬼簿》、明宁宪王《太和正音谱》外,以此为最古矣。内《曲品》三卷,郁蓝生撰。其《新传奇品》五页，则高奕所续成，此本误列在中卷之下、下卷之上，卷末之《新传奇品》当入《曲品》下卷。郁蓝生与陈玉阳、叶桐柏同辈，乃明万历间人，奕已入国朝。《新传奇品序》中自云"高奕而音甫"，《传奇汇考》则云"奕字太初"，则"而音"其别字也。光绪戊申冬月，假此本手录一过，并为校补数处。

《戏曲考原》(1卷)

按：初载于《国粹学报》第四十八期(1908年)、第五十期(1909年)。宣统元年(1909)二次修订，收入《晨风阁丛书》。晨风阁修订本是该书的最后定稿，也是后世流行的版本，《海宁王静安遗书》亦有收录。

《戏曲考原》考证介绍了先秦至宋代的歌舞剧演出形式，旨在反驳戏曲"出于异域而与此前之文学无关系者"的错误论调。王国维先生在书中为中国戏曲所下的准确定义——"戏曲者，谓以歌舞演故事也"，被后世学者奉为圭臬，产生了深远影响。

为便于读者了解中国戏曲的发展简况，兹将书中所介绍的历代歌舞剧类型整理如下：

《戏曲考原》简表

时代	歌舞剧名称	演出形式
汉	角抵戏	"搬演古人物"； "且自歌舞"； "所演者，实仙怪之事"。
南北朝至隋唐间	大面(北齐)	假面舞蹈，演兰陵王高长恭入阵故事。
	拨头(西域)	舞蹈演剧，演胡人子杀野兽为父报仇故事。
	踏摇娘(隋末)	演丈夫醉酒殴妻、妻子悲诉故事； "妻悲诉，每摇顿其身"。

时代	歌舞剧名称	演出形式
宋	宫廷滑稽表演（未定名）	"搬演较为任意"； 优伶调谑演出，"搬演古人物"； 有无歌词故事皆不可考。
宋	杂戏	"宋制，每春秋圣节三大宴，小儿队、女弟子队各进杂剧。" "小儿队凡七十二人，女弟子队凡一百五十人。" "第一，皇帝升座，宰相进酒，庭中吹觱篥，以众乐和之；……第二，皇帝再举酒，群臣立于席后，乐以歌起。第三，皇帝举酒，如第二之制，以次进食。第四，百戏皆作。第五，皇帝举酒，如第二之制。第六，乐工致辞，继以诗一章，谓之'口号'，皆述德美及中外蹈咏之情。第七，合奏大曲。第八，皇帝举酒，殿上独弹琵琶。第九，小儿队舞，亦致辞以述德美。第十，杂剧罢，皇帝起更衣。第十一，皇帝再坐，举酒，殿上独吹笙。第十二，蹴鞠。第十三，皇帝举酒，殿上独弹筝。第十四，女弟子队舞，亦致辞如小儿队。第十五，杂剧。第十六，皇帝举酒，如第二之制。第十七，奏鼓吹曲，或用法曲，或用《龟兹》。第十八，皇帝举酒，如第二之制。第十九，用角抵，宴毕。" "参军色作语，勾小儿队舞。小儿各选年十二三者二百余人，列四行，每行队头一名，四人簇拥，并小隐士帽，着绯、绿、紫、青生色花衫，上领四契义襕束带，各执花枝排定，先有四人裹卷脚帕头、紫衫者，擎一彩垫子，内金贴字牌，擂鼓而近，谓之'队名'，牌上有一联，谓如'九韶翔彩凤，八佾舞青鸾'之句。乐部举乐，小儿队舞步近前，直扣殿陛。参军色作语问，小儿班首近前进口号，杂剧人皆打和，毕。乐作，群队合唱，且舞且唱。又唱破子，毕。小儿班首入，进致语。勾杂剧入场，一场两段。内殿杂戏，为有使人在座，不敢深作谐谑，惟用群队装其似像，市语谓之'拽串'。杂剧毕，参军色作语，放小儿队。又群舞《应天长》曲子出场。"

时代	歌舞剧名称	演出形式
宋	宫廷滑稽表演（未定名）	"搬演较为任意"； 优伶调谑演出，"搬演古人物"； 有无歌词故事皆不可考。
	乐语	民间宴会仿效宫廷，稍简略； 勾队、放队。
	转踏	搬演人物、作舞词。
	大曲	"有散序、靸、排遍、攧、正攧、入破、虚催、实催、衮遍、歇指、杀衮，始成一曲，谓之大遍。"

宣统元年(1909)，三十三岁。

事迹

五月，长女明珠生。次年正月，夭折。

赵万里《王静安先生年谱》云："（宣统元年己酉三十三岁，五月）是月，长女明珠生。"（20卷，420页）又，赵万里《王静安先生年谱》云："（宣统）二年庚戌三十四岁，正月，长女明珠殇。"（20卷，422页）

八月二十一日，与罗振玉等在京学人公宴伯希和，探讨敦煌文献事宜。

《江瀚日记》（宣统元年八月二十一日条）云："晚赴六国饭店，公宴法国伯希和君并美国马克密君。晤宝瑞宸、刘仲鲁、恽薇孙、刘幼云、王书衡、柯凤荪、徐梧生、金巩伯、姚俪桓、董授经、蒋伯斧、王静庵、王捍郑、吴印臣昌绶、耆寿民龄。盖伯希和游历新疆、甘肃，得唐人写本甚多，叔蕴已纪其原始。同人拟将所藏分别印缮，故有此举。"①

居京华间，与柯劭忞、缪荃孙、刘世珩、吴昌绶诸学者订交往还。

赵万里《王静安先生年谱》云："(宣统元年己酉三十三岁)是岁罗先生介先生与胶州柯凤荪劭忞学士，及江阴缪艺风荃孙京卿相见，遂订交。柯学士治元史，又善诗；缪先生精目录学，时任京师图书馆总监。案：是时贵池刘聚卿世珩、仁和吴耘存昌绶亦常与先生往返论学。二君好聚书，时有资异闻于先生，先生之草《曲录》，二君亦与有力焉。"(20卷，421页)

按：柯劭忞(1850—1933)，字凤荪，号蓼园，山东胶州(今山东省青岛市)人。光绪十二年(1886)进士，历任翰林院编修、京师大学堂(今北京大学)总监督、清史馆代馆长。有《新元史》传世。缪荃孙(1844—1919)，字炎之、筱珊，晚号艺风老人，江苏江阴(今江苏省无锡市)人。早年肄业于丽正书院，光绪二年(1876)进士。曾任翰林院编修，因与上司不合辞官。历任南菁书院、泺源书院、钟山书院、龙城书院山长，江南高等学堂监督、京师图书馆监督等职。曾自费购买丁丙遗藏"八千卷楼藏书"，使文献免于流落海外。有《艺风堂文集》传世。刘世珩(1875—1926)，字葱石、季芝，号聚卿、贵池学人，安徽贵池(今安徽省池州市)人。光绪二十年(1894)举人，历任江宁商会总理、湖北造币厂总办、天津造币厂监督。藏书颇富，曰"玉海堂"。有《贵池二妙集》《临春阁曲谱》《大小忽雷曲谱》传世。吴昌绶(1867—?)，字伯宛、印臣，号甘遯、松邻，浙江仁和(今浙江省杭

---

① 江瀚著、马学良整理：《江瀚日记》，国家图书馆出版社2016年版，第705—706页。

州市)人。光绪二十三年(1897)举人,官内阁中书,民国间任北洋政府司法部秘书。藏书颇富,曰"双照楼"。有《松邻遗集》传世。

学术著述

正月初三日,跋《罗懋堂注拜月亭》。十四日,跋去年底所得明嘉靖刻本《雍熙乐府》。同月,再跋《曲品·附新传奇品》。

先生《〈罗懋堂注拜月亭〉跋》落款云:"宣统纪元正月三日。"(详见本年"主要戏曲学术成果")按:《拜月亭》(40出),又名《幽闺记》),元施惠著。亦有同题作品《蒋世隆拜月亭》(《南词叙录》载)和《闺怨佳人拜月亭》(关汉卿著杂剧)。今传明万历十七年(1589)刻本等。

先生《〈雍熙乐府〉跋》落款云:"宣统改元元夕前一夜,国维识。"(详见本年"主要戏曲学术成果")按:《雍熙乐府》(20卷),明郭勋辑,元明散曲、戏曲选集。

先生《〈曲品·附新传奇品〉跋》落款云:"宣统改元春正月,王国维识。"(详见本年"主要戏曲学术成果")

二月朔,刊《人间词话》(22—39则)于《国粹学报》。

按:《人间词话》第三部分(40—64则)刊于《国粹学报》第50期,宣统二年(青木)二月。

三月上旬,跋《花溪志补遗》。

先生《〈花溪志补遗〉跋》落款云:"己酉春三月上澣①,静安王国维。"(14卷,396页)

---

① 上澣,唐宋旧制,为官九日、休息一日,休息日是为"澣"。上澣即上旬的休息日,亦泛指上旬。

按：《花溪志补遗》(1卷)，清许良谟著，方志。

补录李后主父子二家，成《唐五代二十一家词辑》。

按：《唐五代二十一家词辑》(20卷)，选词人21家。每集点校后，各附跋语，考订词家姓字里居、版本流变，并予简评。该书收入《海宁王静安先生遗书》。去年已校毕19家，本年补入李璟、李煜《南唐二主词》《南唐二主词补遗》，成为完帙。

再于京中遍访搜罗，五月，《曲录》六卷成书。

先生《〈曲录〉自序》(《晨风阁丛书》版)落款云："宣统改元夏五月。"可知《曲录》先于光绪三十四年(1908)完成初稿，宣统元年(1909)又经补录成书。

按：今中日各大图书馆分别收有先生戏曲文献旧藏。例如，《绣像传奇十种》，明万历间文林阁刊本，24卷，今藏日本京都大学文学研究科图书室。书内有"王国维"阴阳各半朱印。这些文献在《曲录》中均有提及，足证先生于该书著述间遍访京师，搜购、钞录戏曲文献事。先生戏曲旧藏之流向、经历，可参见黄仕忠教授大作《王国维旧藏善本词曲书籍的去向》[①]。

见陈毅所收明宣德钞本《明剧七种》，手录《新编张天师明断辰钩月》《吴起敌秦挂帅印杂剧》二种并跋。

先生《〈吴起敌秦挂帅印杂剧〉跋》云："宣统改元夏五月，过录钱唐丁氏善本书室明钞本。此本见钱遵王《也是园书目》。曲文恶劣，殆优伶所编。以系旧本，故钞存之。"又，先生《〈新编张天师明断辰钩月〉跋》云："明周宪王有燉所撰杂剧六种，均见钱遵王《书目》。宣统改元夏五月，从黄陂陈士可假录装毕志。"(详见本年"主要戏曲学术成果")按：《明剧七种》，明宣德钞本，丁丙

---

① 黄仕忠：《王国维旧藏善本词曲书籍的去向》，《中华读书报》2011年3月23日。

旧藏,"七种"曰《新编吕洞宾花月神仙会》《新编张天师明断辰钩月》《新编瑶池会八仙庆寿》《新编东华仙三度十长生》《群仙庆寿蟠桃会》《新编紫阳仙三度常椿寿》《吴起敌秦挂帅印杂剧》。

十月,成《宋大曲考》《优语录》《录曲余谈》《曲调源流表》。前三种后连载于《国粹学报》,后一种已佚。再跋《雍熙乐府》、三跋《曲品·附新传奇品》。

赵万里《王静安先生年谱》云:"(宣统元年己酉三十三岁)冬十月,《宋大曲考》及《优语录》《曲调源流表》写成。《曲调源流表》今不可得见。《宋大曲考》《优语录》《戏曲考源》及同时所作《录曲余谈》四种,均寄邓秋枚实于海上,入《国粹学报》刊之。"(20卷,421页)

先生《〈雍熙乐府〉跋》云:"宣统改元冬十月。"(详见本年"主要戏曲学术成果")

先生《〈曲品·附新传奇品〉跋》落款云:"冬十月又记。"(详见本年"主要戏曲学术成果")按:东海郁蓝生,今学界考为吕天成。

十一月,译《中亚细亚探险谈》。

先生《中亚细亚探险谈》云:"右斯坦因《中亚细亚探险谈》一篇,载于千九百九年九月英国《地理学》杂志。于千九百零九年三月八日披读于英国皇家地理学会。"(19卷,650页)

赵万里《王静安先生年谱》云:"(宣统元年己酉三十三岁)十一月,藤田博士寄英伦《地学协会杂志》至。中有斯坦因氏游历中亚细亚演说,记敦煌得书,并考西域水道至详。先生译其文入《敦煌石室遗书》附录中刊之。"(20卷,421页)

小除夕,以万历精钞本校定楝亭本《录鬼簿》。除夕,复校一过。

先生《〈新编录鬼簿校注〉跋》(楝亭本)云:"宣统改元冬十二

月小除夕,以明季精钞本对勘一过。国维。"又,"钞本亦有梦觉子跋,与此本同出一源。二本各有佳处。钞本上卷有脱落,然此本下卷已改易体例。字之异同,亦以钞本为良。校勘既竟,并以《太和正音谱》《元曲选》覆校一过,居然善本矣。除夕又记。"

是年,搜罗词集23种①,为之跋校。

按:先生本年搜集、跋、校之词集,统计如下(按时间顺序)

名称	时间	按语
《紫鸾笙谱》	二月晦跋	清陈文述著,4卷
《梅苑》(清淮南宣氏据曹楝亭本重刻)	闰二月跋	宋黄大舆辑,10卷,唐宋间词选集
《梅苑》(清曹楝亭刻本)	闰二月得;四月跋校	
《聊复集》	闰二月晦	宋赵令畤著,1卷
《蜕岩词》	闰二月跋校	元张翥著,2卷
《信斋词》	三月跋校	宋葛郯著,1卷
《宁极斋乐府》	三月跋	宋陈深著,1卷
《南唐二主词》	三月跋校	南唐李璟、李煜著,1卷
《赤城词》	三月钞录	宋陈克著,1卷
《鸥梦词》	光绪三十一年(1905)得;四月跋	清刘履芬著,1卷
《后村别调》	四月校	宋刘克庄著,1卷
《山谷词》	四月跋校	宋黄庭坚著,1卷

---

① 不同版本者按不同种类计算。

名称	时间	按语
《乐章集》（明梅禹金钞本）	五月初五日跋校	宋柳永著,1卷
《乐章集》（劳巽卿手钞毛斧季校宋本）	五月跋校	
《近体乐府》	五月校	宋周必大著,1卷
《姑溪词》	五月校	宋李之仪著,1卷
《寿域词》	六月跋校	宋杜安世著,1卷
《石林词》	七月晦跋校	宋叶梦得著,1卷
《漱玉词》	七月补录、辨讹	宋李清照著,1卷
《放翁词》	八月十二日补录5首	宋陆游著,1卷
《六一词》	八月十三日、十四日跋校	宋欧阳修著,1卷
《稼轩词》	九月校	宋辛弃疾著,4卷
《片玉集》	九月跋校	宋周邦彦著,10卷

主要戏曲学术成果

《罗懋堂注拜月亭》《雍熙乐府》《曲品·附新传奇品》《新编张天师明断辰钩月》《吴起敌秦挂帅印杂剧》跋文。

罗懋堂注拜月亭

世之论传奇者,辄曰"荆刘拜杀",皆明初人作也。《白兔》不识何人所撰,《荆钗》出于宁宪王权,《杀狗》出于徐仲由畛,《拜月亭》则元王实父、关汉卿均有杂剧,而南曲本相传出于元施君美惠,何元朗、臧晋叔、王元美均谓如此。然元钟嗣成《录鬼簿》但谓君美诗酒之暇,唯以填词和曲为事,有《古今砌话》编成一集,而不言其有此本。元朗诸家之言,不知何据。今案:此本第四折中有"双手劈开生死路"一句,此乃用明太祖微行时为阉豕者题春联语,可证其为明初人之作也。

《拜月亭》,明毛子晋刻入《六十种曲》,题曰《幽闺记》。今取毛刻与此本相校,则第一折中之《缑山月》以下五阕,毛本移入第十一折。而关目之名亦自不同,可知此本较毛本为古。然明程明善《啸余谱南曲》中所选《喜迁莺》《杏花天》《小桃红》三阕,此本亦无之。则此本虽古于毛本,亦经明中叶以后删改者,然在今日,可云第一善本矣。宣统纪元正月三日。

雍熙乐府

(二十卷二十册,明郭勋辑,明嘉靖十九年刊本)

此《雍熙乐府》二十卷足本,光绪戊申冬日得于京师。案:此书明代正、嘉五十余年间凡经三刻。第一次刻本刊于嘉靖辛卯,即此刻祖本,《提要》所谓"旧本题海西广氏编者也";第二次刻乃嘉靖庚子本,有楚愍王显榕序;第三次则嘉靖丙寅本,有安肃春山序,钱唐《丁氏善本书室藏书志》著录者是也。此乃楚藩刻本,与丁氏之安肃本同为二十卷,较《四库》著录者多至七卷,是可宝也。宣统改元元夕前一夜,国维识。

此书出于粤东藏书家,不知何人将安肃春山序钞录于卷首,且改嘉靖丙寅为丙辰,不知嘉靖初无丙辰。庚子,嘉靖十九年,丙寅则永陵厌代之岁也。又记。(顷见《楝亭书目》:"《雍熙乐府》二十卷,明苍岩郭□辑",又与《提要》所云"题广氏编者"不同。并识于此。)

宣统改元冬十月,见日本毛利侯《草月楼书目》有"《雍熙乐府》十六卷,明郭勋编"。案:勋,明武定侯郭英曾孙,正德初嗣侯,嘉靖十九年进翊国公加太师,后有罪下狱死。史称其桀黠有智数,颇涉书史,则此书必其所编也。《明史》附见《郭英传》。国维又记。

又见明嘉靖本《草堂诗余》末一行曰"安肃荆聚校勘",下有印记曰"春山居士",则"春山"乃荆聚别字。附识于此。

曲品

(三卷,明郁蓝生撰,琅琊方诸生阅)

附新传奇品

(一卷一册,高奕撰,王国维手钞)

此本从刘氏暖红室假录,原书篇第倒置,讹谬滋多,并为订正。明人一代传奇略具此书,江都黄文旸《曲海》、无名氏《传奇汇考》均取材于此,此可宝也。宣统改元春正月,王国维识。

近见明末刊本《西厢记·凡例》云:"方诸生乃王伯良别号。"伯良名骥德,会稽人,见徐釚《本事诗》,著有《曲律》三卷。东海郁蓝生当为越人而徐姓者,著之俟考。(冬十月又记)

吴起敌秦挂帅印杂剧

宣统改元夏五月,过录钱唐丁氏善本书室明钞本。此本见钱遵王《也是园书目》。曲文恶劣,殆优伶所编。以系旧本,故钞存之。国维。

(以上引文据《海宁王静安先生遗书》摘录,笔者重新标点。)

新编张天师明断辰钩月

明周宪王有燉所撰杂剧六种,均见钱遵王《书目》。宣统改元夏五月,从黄陂陈士可假录装毕志。王国维。

(引文据国家图书馆藏原钞本,笔者重新标点。)

《曲录》(6卷)

《曲录》第一版成书于光绪三十四年(1908)八月,共二卷。

收入陈乃乾所编的《曲苑》。次年(1909)五月,增补为六卷本,是为第二版,收入沈宗畸同年所刊的《晨风阁丛书》,后来又收入民国二十九年(1940)赵万里主编的《海宁王静安先生遗书》。《曲录》的手稿亦存于世,包括初稿、增补四卷、王氏两版《自序》及罗振玉钤印等内容,曾于2008年北京保利秋季拍卖会上以天价售出。

《曲录》是王国维先生戏曲文献整理的发轫之作,为后面《戏曲考源》《优语录》《宋元戏曲史》等一系列大作的出现奠定了坚实的学术基础。

《曲录》各卷题目及内容如下表所示:

《曲录》简表

卷次	卷名	内容
卷一	宋金杂剧院本部	目录宋杂剧作品二百八十四种、金院本作品六百九十种。
卷二	杂剧部上	以作家为纲目,目录元代杂剧作家作品。作家八十七人,作品四百九十六种。
卷三	杂剧部下	以作家为纲目,目录明清杂剧作家作品。明代作家五十一人、作品一百六十三种,另无名氏作品二百六十六种。清代作家三十人、作品六十八种,另无名氏作品十四种。
卷四	传奇部上	以作家为纲目,目录金元明传奇作家作品。金代作家一人,作品一种。元代作家四人,作品四种。明代作家一百三十一人、作品二百四十一种,另无名氏作品一百二十种。

卷次	卷名	内容
卷五	传奇部下	以作家为纲目,目录清代传奇作家作品。作家一百二十四人、作品四百三十五种,另无名氏作品三百七十二种。附录作品十一种,或为禁书,或疑似传奇。
卷六	杂剧传奇总集部 小令套数部 曲谱部 曲韵 曲目部	以作家为纲目,分别目录各代杂剧传奇总集类作家五人、作品五种;小令套数别集类作家三十七人、作品四十六种,另无名氏作品二十一种;曲谱类作家十一人、作品十二种,另无名氏作品三种;曲韵类作家五人、作品五种,另无名氏作品三种;曲目类作家五人、作品五种,另无名氏作品一种。

另外,王氏两版《自序》阐述了作者的研究动机、参考文献、写作经过、著录得失等内容,行文骈散相生,是值得戏曲研究者仔细品味的重要作品。目前第二版比较常见,而第一版不易搜寻,故将二者移录于下,以便读者比对:

自序(第一版)

余作《词录》竟,因思古人所作戏曲何虑万本,而传世者寥寥。正史《艺文志》及《四库全书提要》于"戏曲"一门既未著录,海内藏书家亦罕有搜罗者。其传世总集,除臧懋循之《元曲选》、毛晋之《六十种曲》外,若《古名家杂剧》等,今日皆绝不可睹。余亦仅寄伶人之手,且颇遭改窜,以就其唇吻。今昆曲且废,则此区区之寄于伶人之手者,恐亦不可问矣。明李中麓作《张小山小令序》,谓明初诸王之国,必以杂剧千七百本资遣之。今元曲目之载于《元曲选》首卷及程明善《啸余谱》者,仅五百余本,则其散失不自今日始矣。继此作曲目者,有焦循之《曲考》、黄文旸之《曲目》、无名氏之《传奇汇考》等。《焦氏丛书》中未刻《曲考》,

《曲目》则仪征李斗载之《扬州画舫录》，《传奇汇考》仅有旧钞残本。惟黄氏之书稍为完具，其所见之曲，通杂剧、《传奇汇考》，共一千零十三种，复益以《曲考》所有而黄氏未见者六十八种。余乃参考诸书并各种曲谱及藏书家目录，共得二千二百二十本，视黄氏之目增逾一倍。又就曲家姓名可考者考之，可补者补之，粗为排比，成书二卷。黄氏所见之书，今日存者恐不及十之三四，何况《百种》外之元曲、曲谱中之原本，岂可问哉？岂可问哉？则兹录之作，又乌可以已也？光绪戊申八月。

（引文据《曲苑》版摘录，笔者重新标点。）

自序（第二版）

戏剧之兴，由来远矣。宣和之末，始见萌芽；乾淳以还，渐多纂述。泗水潜夫，纪武林之杂剧；南野村叟，录金人之院本。丑斋《点鬼》，丹邱《正音》，著录斯开，搜罗尤盛。上自洪武诸王就国之装（见李开先《张小山小令跋》），下讫天崇私家插架之轴。则有若章邱之李（《列朝诗集》李开先小传）、临川之汤（姚士粦《见只编》卷中）、黄州之刘（《静志居诗话》卷十五"臧懋循"条下）、山阴之淡生（同上，卷十六"祁承㸁"条下）、海虞之述古（钱曾《也是园书目》），富有千馀，次亦百数。然中麓诸家，未传目录；《也是》一编，仅窥崖略。存什一于千百，或有录而无书。暨乎国朝，亦有撰著。然《传奇汇考》之作，仅见残钞；《广陵》进御之书，惟存《总目》。放失之厄，斯为甚矣！鄙薄之原，抑有由焉？粤自贸丝抱布，开叙事之端；织素裁衣，肇代言之体。追原戏曲之作，实亦古诗之流。所以穷品性之纤微，极遭遇之变化，激荡物态，抉发人心。舒惨哀乐之余，摹写声容之末，婉转附物，怊怅切情。虽雅颂之博徒，亦滑稽之魁杰。惟语取易解，不以鄙俗为嫌；事贵翻空，不以谬悠为讳。庸人乐于染指，壮夫薄而不为。

遂使陋巷言怀，人人青紫；香闺寄怨，字字桑间。抗志极于利禄，美谈止于兰勺，意匠同于千手，性格歧于一人。岂托体之不尊，抑作者之自弃也？然而明昌一编，尽金源之文献；吴兴《百种》，抗皇元之风雅。百年之风会成焉，三朝之人文系焉。况乎第其卷帙，轶两宋之诗馀；论其体裁，开有明之制义。考古者征其事，论世者观其心，游艺者玩其辞，知音者辨其律。此者石渠存目，不废《雍熙》；洙泗删诗，犹存郑卫者矣。国维雅好声诗，粗谙流别。痛往籍之日丧，惧来者之无征。是用博稽故简，撰为总目。存佚未见，未敢颂言。时代姓名，粗具条理，为书六卷，为目三千有奇。非徒为考镜之资，亦欲作搜讨之助。补三朝之志所不敢言，成一家之书请俟异日。宣统改元夏五月，海宁王国维自序。

（引文据《晨风阁丛书》版摘录，笔者重新标点。）

《唐宋大曲考》（1卷）

《唐宋大曲考》初名《宋大曲考》，成书于宣统元年（1909）十月，刊于《国粹学报》第六十三至六十八期（1910年）。收入《海宁王静安先生遗书》时，改名《唐宋大曲考》，且文字做了增删修订，为今之流行版本。

《唐宋大曲考》考证了大曲的起源及流变过程，辑录了有文献流传的五十三支曲子，并论述了大曲与戏曲之关系。指出大曲与杂剧"渐相接近""惟大曲一定之动作，终不足以表戏剧自由之动作。唯极简易之剧，始能以大曲演之，故元初纯正之戏曲出，不能不改革之也"，对中国戏曲形态成熟的复杂过程、唐宋大曲对杂剧的影响等问题做了科学的描述和论断。

现将大曲发展历程及曲子存目附表如下：

《唐宋大曲考》简表

时代	形式	存目
汉代	曲之前后有"艳、趋、乱"	《东门行》《折杨柳行》《艳歌罗敷行》《西门行》《折杨柳行》《煌煌京洛行》《艳歌阿尝》（又名《飞鹍行》）《步出夏门行》《艳歌何尝行》《野田黄雀行》《满歌行》《步出夏门行》（另一种，又名《陇西行》）《棹歌行》《雁门太守行》《白头吟》《明月》
南北朝—两宋	"大曲各叠名之曰遍"，以"遍数多者"为大曲	［唐］ 《踏金莲》《绿腰》《凉州》《薄媚》《贺圣乐》《伊州》《甘州》《泛龙舟》《采桑》《千秋乐》《霓裳》《玉树后庭花》《伴侣》《雨霖铃》《柘枝》《胡僧破》《平翻》《相驼逼》《吕太后》《突厥三台》《大宝》《一斗盐》《羊头神》《大姊》《舞大姊》《急月记》《断弓弦》《碧霄吟》《穿心蛮》《罗步底》《回波乐》《千春乐》《龟兹乐》《醉浑脱》《映山鸡》《昊破》《四会子》《安公子》《舞春风》《迎春风》《看江波》《寒雁子》《又中春》《玩中秋》《迎仙客》《同心结》
南北朝—两宋		［宋］ 正宫调：《梁州》《瀛府》《齐天乐》；中吕宫：《万年欢》《剑器》；道调宫：《梁州》《薄媚》《大圣乐》；南吕宫：《瀛府》《薄媚》；仙吕宫：《梁州》《保金枝》《延寿乐》；黄钟宫：《梁州》《中和乐》《剑器》；越调：《伊州》《石州》；大石调：《清平乐》《大明乐》；双调：《降圣乐》《新水调》《采莲》；小石调：《胡渭州》《嘉庆乐》；歇指调：《伊州》《君臣相遇乐》《庆云乐》；林钟商：《贺皇恩》《泛清波》《胡渭州》；中吕调：《绿腰》；南吕调：《绿腰》《罢金钲》；仙吕调：《绿腰》《彩云归》；黄钟羽：《千春乐》；般涉调：《长寿仙》《满宫花》；此外：《熙州》《降黄龙》《柘枝》《倾杯》《霓裳》《望瀛》《清和乐》

《优语录》（1卷）

《优语录》成书于宣统元年（1909）十月，刊于《国粹学报》第六十三至六十六期（1909年），是为第一版，辑录古籍五十条；后经作者增补，再刊于民国三年（1914）的《盛京时报》，是为第二版，较第一版增加四十二条。《海宁王静安先生遗书》收录的是第一版。

《优语录》辑录了历代典籍中的优伶妙语，极具史料价值。这些优语讽谏帝王、指斥奸臣，体现出伶人地位卑贱却心怀国事、不畏权贵的气节。王国维先生将其视作士大夫一样的人物，表达了赞赏和尊敬之意。

现依次整理如下（原书未标明条目，为方便读者查询，均以各条首句为目）：

第一版《优语录》简表

条目	内容
"侍中宋璟疾负罪而妄诉不已者"	优人某作旱魃戏于玄宗，以谏宋璟不许狱中上诉事。（《资治通鉴》）
"相传玄宗尝令左右提优人黄幡绰入池水中"	优人黄幡绰、高崔嵬皆曾被皇帝投水戏弄，假传屈原语以自救。（《酉阳杂俎》《朝野佥载》）
"咸通中"	优人李可及戏言佛祖、老君、孔子为妇人，并借经典谐音诡辩。（《唐阙史》）
"僖宗皇帝好蹴鞠斗鸡为乐"	优人石野猪讽刺唐僖宗自负技艺。（《北梦琐言》）
"光化中"	优人穆刀陵讽刺朱朴辅政无能。（《北梦琐言》）

条目	内容
"刘仁恭之军为汴帅败于内黄"	优人某与刘仁恭聘使借医病之语寓战事。（《北梦琐言》）
"天复元年"	优人安辔新讽刺李茂贞，并以妙语自保。（《北梦琐言》）
"唐昭宗时"	优人张廷范讽刺李茂贞禁止民间燃松明事。（《易斋笑林》）
"唐庄宗既好俳优"	后唐庄宗作俳优戏弄刘皇后。（《五代史》）
"庄宗好田猎"	优人敬新磨与庄宗趣事三则。（《五代史》）
"王廷彬独据建州"	优人讽王廷彬伪朝。（《南部新书》）
"祥符、天禧中"	优人某讽刺文人窃李商隐诗句。（《中山诗话》）
"仁宗时"	优人讽刺御前文人作诗多出于宿构。
"潞公谓温公曰"	文彦博向司马光转述辽国优人对司马光的嘲讽表演。（《闻见前录》）
"孔道辅奉使契丹"	孔道辅对契丹人侮辱孔子的表演表达愤慨。（《宋史》）
"罗衣轻"	优人罗衣轻调谑、规劝辽兴宗事二则。（《辽史》）
"熙宁初"	优人丁仙现触怒王安石，而为宋神宗保护事。（《铁围山丛谈》）
"顷有秉政者"	优人赵氏讽刺王安石专权。（《渑水燕谈录》）
"元丰中"	优人丁仙现以舞蹈歌颂宋仁宗德泽。（《闻见前录》）
"东坡先生近令门人作《人不易物赋》"	优人丁仙现戏赞苏轼文章。（《师友谈记》）

条目	内容
"丁仙现自言"	优人丁仙现像士大夫一样关注民生。(《避暑录话》)
"元祐中"	孔宗翰劝谏宋哲宗禁止优人演戏侮辱孔子事。(《渑水燕谈录》)
"宣和中"	优人讽刺童贯兵败逃窜。(《齐东野语》)
"宣和间"	优人焦德戏语禁苑花木。(《清波杂志》)
"蔡卞之妻七夫人颇知书"	优人讽刺蔡卞借妻子指点升官事。(《清波杂志》)
"俳优侏儒"	优人作戏劝谏宋徽宗斥远元祐忠贤事。(《夷坚志》)
"蔡京作宰"	优人作戏讽刺蔡卞吹捧丈人王安石,为其配享孔庙事。(《夷坚志》)
"又尝设三辈为儒道释"	优人作戏劝谏宋徽宗体察百姓之苦。(《夷坚志》)
"崇宁二年"	优人作戏劝谏宋徽宗莫乱行新法。(《独醒杂志》)
"伪齐刘豫既僭位"	优人杂剧演处士、星翁对话,讽刺刘豫政权。(《寓简》)
"绍兴初"	优人讽刺宋高宗不思复国。(《贵耳集》)
"秦桧以绍兴十五年四月丙子朔"	优人讽刺秦桧不思复国。(《桯史》)
"绍兴中"	优人作戏讽刺李椿年经界量田法。(《夷坚志》)
"壬戌省试"	优人作戏讽刺秦桧操纵科举。(《夷坚志》)
"寿皇赐宰执宴"	优人作杂剧讽刺秀王在湖州。(《贵耳集》)

条目	内容
"何自然中丞上疏"	优人劝谏宋孝宗莫做并库之举。(《贵耳集》)
"胡给事元质既新贡院"	优人作戏讽刺科举出题者漠不用心、耽误士子之事。(《桯史》)
"蜀伶多能文"	优人戏解《论语》。(《桯史》)
"韩平原在庆元初"	优人作戏讽刺韩侂胄兄弟专权。(《桯史》)
"嘉泰末年"	优人讽刺韩侂胄弄权。(《白獭髓》)
"韩侂胄用兵既败"	优人作戏劝解韩侂胄莫自寻烦恼。(《四朝闻见录》)
"郭倪、郭果败"	优人讽刺郭、倪二人兵败害了无数百姓。(《四朝闻见录》)
"金章宗元妃李氏势位熏赫"	优人讽刺李妃弄权。(《金史》)
"宋端平间"	优人作戏讽刺真德秀、魏了翁执政间无所作为。(《天中记》)
"己亥"	优人作戏讽刺史嵩之兄弟做官如贼,互相包庇。(《齐东野语》)
"女冠吴知古用事"	优人讽刺女道士吴知古弄权误事。(《齐东野语》)
"王叔"	优人借酒名讽刺王某为官贪腐。(《齐东野语》)
"蜀伶尤能涉猎古今"	优人作戏讽刺史弥远专权。(《齐东野语》)
"蜀伶尤袁三者"	优人袁三作戏讽刺蜀官袁某贪腐。(《齐东野语》)
"弘治己未科会试"	优人作戏提醒明孝宗主考程敏政有科场舞弊事。(《西园杂记》)

第二版《优语录》简表（仅列增补者）

条目	内容
"崔公铉之在淮南"	家伶作戏讽刺崔妻李氏悍妒。（《玉泉子真录》）
"徐知训在宣州"	优人作戏讽刺徐知训在宣州横征暴敛。（《江南余载》）
"张崇帅庐州"	优人讽刺张崇在庐州贪酷。（《江南余载》）
"景祐末"	优人戏谑范雍官职，为杖背黥面。（《倦游杂录》）
"熙宁九年太皇生辰"	丁仙现等优人作戏讽刺侯叔献强兴水利危害百姓。（《倦游杂录》）
"熙宁间"	优人讽刺王安石无论品级引人上殿事。（《萍州可谈》）
"王荆公改科举"	优人讽刺士人专诵王氏章句而不解原典。（《谈丛》）
"王德用为使相"	优人讽刺王恩不通骑射。（《萍州可谈》）
"崇宁铸九鼎"	优人讽谏民间私铸铜钱事。（《萍州可谈》）
"宣和间"	宋徽宗与蔡攸作戏互讽。（《齐东野语》）
"高宗时"	优人作戏劝谏宋高宗释放下狱的厨师。（《霏雪录》）
"金人自侵中国"	优人戏说抗金。（《可书》）
"绍兴间"	优人某借星相语讽刺张俊贪财。（《西湖游览志馀》）
"袁彦纯尹京"	优人作戏调笑袁彦纯以京城酒政为要务。（《贵耳集》）
"史同叔为相日"	优人讽刺史弥远培植乡党势力。（《贵耳集》）
"丁大全作相"	优人讽刺丁大全、董宋臣狼狈为奸。（《西湖游览志馀》）

条目	内容
"至元丙子"	优人金某讽刺范文虎投降。(《稗史》)
"宪庙时"	太监阿丑作戏向明宪宗举发政坛丑闻三则。(《琳琅漫钞》)
"嘉靖初年"	优人作戏讽刺明世宗改制。(《万历野获编》)
"玄宗问黄幡绰"	优人黄幡绰与唐玄宗趣事六则。(《唐语林》)
"呼妻父为泰山"	优人黄幡绰讽刺张说提携女婿升官事。(《客语》)
"小说载"	优人黄幡绰嘲讽唐玄宗西逃之狼狈。(《鹤林玉露》)
"李实奏不旱"	优人成辅端作诗讽刺李实瞒报灾情。(《续世说》)
"大和六年二月己丑"	唐文宗禁止侮辱孔子的表演。(《旧唐书》)
"徐氏之专政也"	南吴权臣徐温欺侮国君杨隆演,令其演苍鹘。(《五代史》)
"徐知训怙威骄淫"	徐温子徐知训侮辱杨隆演,令其演苍鹘。(《吴史》)
"《南唐近事》云"	《南唐近事》《江南野录》皆载优人借天候劝谏君主减税。事同而时代、人物不同。(《靖康缃素杂记》)
"王感化善讴歌"	优人王感化妙语获宠。(《南唐书》)
"元宗留心内宠"	事同上,优人名录作杨花飞。(《南唐近事》)
"杨文公《谈苑》载"	《谈苑》载王感化善诗事二则,《江南野录》录作优人李家明。(《靖康缃素杂记》)
"至道二年重阳"	士人劝谏宋太宗禁辱孔戏。(《谈苑》)
"陈文惠善八分书"	优人调笑陈文惠字体肥重。(《渑水燕谈录》)

条目	内容
"元祐间"	优人丁线见①劝解吕忠宣解忧。(《过庭录》)
"丁石"	优人丁石与刘莘老逸事。(《过庭录》)
"伶人丁先现者"	优人丁先现自比朝臣。(《萍州可谈》)
"杨鼎臣大夫尝为余言"	优人讽刺宋哲宗朝随意赐官衔事。(《萍州可谈》)
"崇宁初"	蔡京命伶人以徵调制曲,丁仙现讽之。(《避暑录话》)
"永州张子秀发才云"	张发才讽刺蔡京模仿丁仙现取悦君主事。(《南游记旧》)
"徽宗幸迎祥池"	优人焦德以丑石讽刺内侍杨戬。(《可书》)
"景定五年"	优人效先贤为戏。(《爱日斋丛钞》)
"明昌二年十一月甲寅"	金章宗禁演历代帝王。(《金史》)
"绍圣初"	优人李仙现与贾种民打诨。(《避暑录话》)

另附第一版自序:

元钱唐王晔日华尝撰《优谏录》,杨维桢为之序。顾其书不传,余览唐宋传说,复辑优人戏语为一篇。顾辑录之意,稍与晔殊。盖优人俳语,大都出于演剧之际,故戏剧之源于其迁变之迹可以考焉。非徒其辞之足以裨缺失,供谐笑而已。吕本中《童蒙训》云:"作杂剧,打猛诨入,却打猛诨出。"吴自牧《梦梁录》谓:"杂剧全托故事,务在滑稽。"洪迈《夷坚志》谓:"俳优侏儒,周伎之最下且贱者,然亦能因戏语而箴谏时政,世目为杂剧。"然则宋

---

① 丁线见,又作丁先现、丁仙现,以下均据原文照录人名。

之杂剧,即属此种。是录之辑,岂徒足以考古,亦以存唐宋之戏曲也。若其囿于闻见,不遍不赅,则俟他日补之。宣统改元冬十月海宁王国维识。

(引文据《国粹学报》版摘录,笔者重新标点。)

《录曲余谈》(1卷)

《录曲余谈》成书于宣统元年(1909)十月,初刊于《国粹学报》第六十七至六十九期(1910—1911年),后收入《海宁王静安先生遗书》。

《录曲余谈》辑录了戏曲常识三十二条,为先生平日治学时的见闻和感悟。行文撷取戏曲掌故,加以考辨,文献、理论功力兼长,是戏曲札记之典范。

各条内容整理如下(原书未标明条目,为方便读者查询,均以各条首句为目):

《录曲余谈》简表

条目	内容
"《东坡志林》云"	辑录《论语》《东坡志林》关于古代戏礼"八蜡"的记述。
"唐之傀儡戏"	比较唐宋傀儡戏之不同:"唐以人演傀儡,宋以傀儡演人"
"'传奇'一语"	论述"传奇"意义的四次变化:唐之小说、宋之弹词一类、元之杂剧、明中叶以后之南剧。
"陶九成《辍耕录》云"	辑录《水浒传》《吕洞宾花月神仙会》所载元院本二则。
"《东京梦华录》《武林旧事》所载大宴礼节"	宋元宴会时,均以杂剧及其他教坊杂艺同时表演。

条目	内容
"罗马医学大家额伦谓"	中国戏脚色分类与西医的气质说相符。
"《辍耕录》云"	论述副净、旦、末泥、木大各脚色名的出处。
"胡元瑞《少室山房笔丛》所考脚色"	古籍脚色名目表。
"元初名公喜作小令、套数"	论述士大夫曲家与戏曲兴衰之关系。
"元曲家中有与同时人同姓名者"	区分元曲家中同名者的各自身份。
"曲家多限于一地"	论述各代曲家籍贯多出一地的现象。
"世以南曲为始于《琵琶记》"	论述《琵琶记》之前已有南曲的出现。
"戏曲之存于今者"	指出西厢故事是今存作品最早、数量最多的戏曲题材，并举例。
"施愚山闰章《矩斋杂记》云"	指出《荆钗记》故事可能出自宋人杂剧。
"胡元瑞谓"	对比西方人尊重戏曲家而国人反之的现象。
"余于元剧中得三大杰作焉"	指出作者最喜欢的三种杂剧：《汉宫秋》《梧桐雨》《倩女离魂》。
"汤若士《还魂记》"	论证《牡丹亭》本事与王锡爵之女云阳子无关。
"无名氏《传奇汇考》谓"	辑录后人以《牡丹亭》影射政治等附会之言，并斥为妄语。
"义仍应举时"	赞赏汤显祖特立独行的品格。

条目	内容
"明姚叔祥士粦《见只编》云"	论证《太宗强幸小周后》图、曲为宋遗民作为。
"世多病臧晋叔懋循刻《元曲选》多所改窜"	论述元剧遭伶人改窜繁多,后人不应苛求臧懋循的《元曲选》。
"元人杂剧存于今者"	赞赏《元曲选》为后世保存元杂剧作品的功劳。
"顷得《盛明杂剧》初集三十种"	简介《盛明杂剧》。
"《雍熙乐府》提要云"	论证《雍熙乐府》的辑录者为明人郭勋。
"己酉夏"	简介文林阁刊本《浣纱记》《易鞋记》。
"今秋观法人伯希和君所携敦煌石室唐人写本"	目录汪廷讷《环翠堂十五种曲》为巴黎民国图书馆收藏。
"《传奇汇考》"	记录作者钞补《传奇汇考》残卷的经过。
"焦理堂先生循《曲考》一书"	记录《曲考》丢失的经过。
"元人杂剧"	目录陈士可购买的朱有墩杂剧六种。
"宪王《诚斋乐府》七册"	论述《诚斋乐府》的版本问题。
"钱遵王、黄荛圃学问、胸襟、嗜好约略相似"	论述钱曾、黄丕烈的词曲藏书情况。
"曲之为体既卑"	点评历代曲论,认为论者少且不精。

《新编录鬼簿校注》(2卷)

《新编录鬼簿校注》是王国维先生对元人钟嗣成《录鬼簿》的点校之作。《录鬼簿》本身的版本情况比较复杂,王氏的校注也依据不同的版本、分两次进行。第一次是光绪三十四年(1908)

过录明万历精钞本的初校本,这个版本现存于日本东洋文库;第二次是宣统元年十二月(1910 年 1 月),以曹寅《楝亭藏书十二种》为底本,万历精钞本对校、其他曲书参校的精校本,这个版本后来收入《海宁王静安先生遗书》。谢、房本《全集》将两个版本整合,并以王国维手稿、天一阁贾仲明本《录鬼簿》等进行参校,为目前最优、最全的版本。

《新编录鬼簿校注》的成就不仅在于点校古籍,更在于校案中展开的深阔学术考辨。王国维先生一方面钩沉《太和正音谱》《也是园书目》《金史》《元史》并诗文别集等文献,极大地补充了原书史料;另一方面,通过考据辨伪,改正了前人的错误结论,厘清了一剧多名、多人重名等复杂现象。可以说,《新编录鬼簿校注》的校案内容是独立于原书之外的全新学术成果。笔者特将其整理为二表,以供读者考察。

表 1　曲家相关材料

条目	内容	类别
商政叔学士	学士名道,字正叔,见《元遗山集》三十九卷《千秋录》。	增补
杜善夫学士	仁杰有《善夫集》,济南人,见施国祁《元遗山集补载》。 杜仁杰字仲梁,又字善夫,济南长清人。	增补
阎仲章学士	白兰谷《天籁集》附载僧仲璋"九日述怀"《念奴娇》一阙,注云:"仲璋俗姓阎,法讳志琏,号山泉道人。"	增补
张子益平章	《遗山诗》卷四有"送张书记子益从严相北上"诗,序称为子益省郎。	增补

条目	内容	类别
王和卿学士	胡元瑞《笔丛》疑和卿即实父,非是。和卿,大名人。实父,大都人也。	辨讹
盍志学学士	《太和正音谱》有阚志学,又有盍西村。 《阳春白雪》有盍志学小令数阙。	增补
杨西庵参政	参政名果,字正卿,蒲阴人。《元史》有传。	增补
胡紫山宣慰	宣慰名祗遹,《元史》有传。	增补
卢疏斋学士	学士名挚,涿州人。胡元瑞云永嘉人。 挚字处道,涿州人。胡元瑞《笔丛》谓为永嘉人,不知何据。	增补 辨讹
姚牧庵参政	参政名燧,《元史》有传。	增补
徐子方宪使	宪使名琰,字子方,号容斋,又自号汶叟,东平人。至元初荐为陕西行省郎中,官至翰林学士承旨。谥文献。	增补
不忽木平章	平章一名时用,字用臣。《元史》有传。	增补
张九元帅	元帅名弘范。	增补
荆汉臣参政	《太和正音谱》作"荆幹臣"。	增补
刘中庵承旨	承旨名敏中,《元史》有传。	增补
赵子昂承旨	孟頫。	增补
阎彦举学士	学士名复。蒋正子《山房随笔》云:"阎子静复,至元间翰林学士,后廉访浙江西。"	增补

条目	内容	类别
白无咎学士	学士名贲,白斑子。 《元遗山文集·白善人墓表》:贲乃白华之兄,即仁甫伯父也,不知与《中州集》之白贲是否一人。 《中州集》:"白贲,汴人,自号决寿老。自上世以来,至其孙渊,俱以经术显。"恐又是一人。姚际恒《好古堂书画记》:"白贲字无咎,元大德间钱唐人。作画精妙古雅,可追徐黄,钱舜举不能过也。"李存《俟庵集》题白贲画马,所谓"数笔写来千里意,只今惟有白忻州"是也。白兰谷《天籁集》附载"曹光辅教授和兰谷水龙吟"一首,其名则不可考矣。	增补献疑
滕玉霄应奉	应奉名宾,一名斌,黄冈人,或云睢阳人。	增补
冯海粟待制	待制名子振,攸州人。	增补
贯酸斋学士	学士名小云石海涯,《元史》有传。 《元诗纪事》:"小云石海涯,阿里海涯之孙。父名贯只哥云石,遂以贯为氏。号酸斋,官至翰林学士,谥文靖。有《酸斋集》。"	增补
郝新庵左丞	左丞名天挺,字继先,《元史》有传。《太和正音谱》作郝新斋。 天挺字继先。	增补
曹以斋尚书	尚书名鉴,宛平人,《元史》有传。	增补
刘时中待制	杨朝英《阳春白雪》:"刘时中号逋斋,翰林学士",又云"古洪刘时中",则南昌人也。元又有二刘时中:一见《世祖本纪》,一见《遂昌杂录》,均非此人。 《元史·世祖纪》以刘时中为宣抚使,与段氏同安辑大理,恐又是一人。	增补献疑
萨天锡照磨	照磨名都剌。	增补
李溉之学士	学士名洞,滕州人,《元史》有传。	增补

条目	内容	类别
曹子贞学士	学士名元用，《元史》有传。	增补
马昂夫总管	元《草堂诗余》有九皋司马昂父，即此人也。	增补
班恕斋知州	知州名惟志。 彦功名惟志，见《元诗选》癸集。	增补
王继学中丞	中丞名士熙，东平人，王构之子。官至南台御史中丞，有《江亭集》。	增补
白仁甫	文举名华，陕州人，官至枢密院判官。后入宋为均州提督。复北归。见《金史》本传。	增补
马致远	元末又有马致远，即马琬文璧之父，别是一人，非东篱也。	增补
石君宝	《太和正音谱》及《元曲选》均作"石君实"。	献疑
纪天祥	《太和正音谱》作"纪君祥"。	献疑
赵文殷	《太和正音谱》作"赵文敬"。	献疑
张国宝	张国宝，《曲品》《太和正音谱》与《元曲选》俱作"国宾"。按赵一名明镜，张一名酷贫，昔人谓系黄幡绰、敬新磨之流，则当以文敬、国宾，音近者为正。	辨讹
李郎	《元曲选》《太和正音谱》均作"花李郎"。	献疑
赵明道	《太和正音谱》作"赵明远"。	献疑
李进取	《太和正音谱》作"李取进"。	献疑
石子章	《元遗山诗集》九有《答石子章兼送其行》七律一首，恐又一人。李庭《寓庵集》七有《送石子璋北上》七律一首。	增补
史九散人	《太和正音谱》作"史九敬先"。	献疑
李行甫	《太和正音谱》《元曲选》均作"李行道"。	献疑

条目	内容	类别
江泽民	《太和正音谱》作"汪泽民"。汪，字叔志，婺源人，《元史》有传。此云真定人，自以江泽民为正。	辨讹
陈宁甫	《太和正音谱》作"陈定夫"。	献疑
刘唐卿	案：《阳春白雪》卷二《折桂令》"博山铜细袅香风"乃姚牧庵作，非刘唐卿。不识澹斋、丑斋二说孰是。	献疑
彭伯威	《太和正音谱》作"彭伯城"。	献疑

表 2　曲目相关材料

条目	内容	类别
闺怨佳人拜月庭	《也是园书目》作《王瑞兰私祷拜月亭》，《太和正音谱》亦作《拜月亭》。	献疑
晏叔元风月鹧鸪天	"晏叔元"当作"叔原"。	辨讹
晋国公裴度还带	《也是园书目》作《山神庙裴度还带》。	献疑
烟月旧风尘	《也是园书目》《元曲选》均作《赵盼儿风月救风尘》，《太和正音谱》作《救风尘》。	献疑
翠华妃对玉钗	《太和正音谱》作《对玉钏》。	献疑
刘盼盼闹衡州	《太和正音谱》作《闹邢州》。	献疑
钱大尹鬼报绯衣梦	《也是园书目》作《钱大尹智勘绯衣梦》。	献疑
病樊哙打吕青	《太和正音谱》作《打吕胥》。《史记·樊哙传》："以吕后女弟吕须为妇，""须""胥"由音同而误，又由"胥"而误为"青"耳。"胥"，《正音谱》当作"须"。	辨讹
齐景公驷马奔阵	《太和正音谱》作《驿马奔陈》。	献疑
秋江风月凤凰船	《太和正音谱》作《灯月凤凰船》。	献疑

条目	内容	类别
鸳鸯简墙头马上	《元曲选》《也是园书目》均作《裴少俊墙头马上》。	献疑
唐明皇游月宫	《太和正音谱》作《幸月宫》。	献疑
泗上亭长	《太和正音谱》作《高祖归庄》。	增补
蔡逍遥醉写石州慢	《太和正音谱》作"蔡萧宗",当作"萧闲"。"逍遥"当作"萧闲",此谱蔡伯坚奉使朝鲜事。《辍耕录》所载《院本名目》亦有《蔡消闲》一本,系金人旧本,非文蔚作也。	辨讹
风雪推车记	《太和正音谱》作《风月推车旦》。	献疑
武元皇帝虎头牌	《元曲选》作《便宜行事虎头牌》。	献疑
四大王歌舞丽春堂	《元曲选》作《四丞相歌舞丽春堂》。	献疑
双渠怨	都穆《南濠诗话》引此书作《双藁怨》,《太和正音谱》作《双题怨》,误。	辨讹
陶渊明归去来辞	《太和正音谱》作《归去来兮》。	献疑
萧县君风雪酷寒亭	《元曲选》作《郑孔目风雪酷寒亭》。	献疑
大报冤两世辨刘屠	《太和正音谱》作《小刘屠》。	献疑
赛花月秋千记	《太和正音谱》作《秋千怨》。	献疑
风月害夫人	《太和正音谱》作《窨夫人》。	献疑
贾爱卿金钱剪烛	《太和正音谱》作《金钗剪烛》。	献疑
谢阿蛮梨园乐府	《太和正音谱》作《梁园乐府》。	献疑
闹法场郭兴阿扬	原作"何扬",《太和正音谱》与钞本均作"阿扬"。	献疑
马光祖勘风尘	《太和正音谱》作《勘风情》。	献疑

另附两版王氏跋文如下(一为万历精钞本;二为栋亭本):

过录明万历精钞本《录鬼簿》王国维跋

黄陂陈士可参事新得明钞《录鬼簿》,精妙可喜。因手钞一过,七日而毕。原本间有讹字,悉为订正,此为第一善本矣。光绪戊申冬十月国维记。

此书一刻于《澹生堂余苑》,再刻于《栋亭十二种》。余苑本今不可见,栋亭本行款虽异,然亦有吴门生及梦觉子二跋,盖与此同一祖本也。越四月又记。

宣统元年冬十二月小除,以栋亭本比勘一过。

宣统庚戌,艺风先生影钞尤贞起手钞本见寄,益见此本之佳。

(引文据东洋文库藏精钞本摘录,笔者重新标点。)

跋(二)

宣统改元冬十二月小除夕,以明季精钞本对勘一过。国维。

钞本亦有梦觉子跋,与此本同出一源。二本各有佳处。钞本上卷有脱落,然此本下卷已改易体例。字之异同,亦以钞本为良。校勘既竟,并以《太和正音谱》《元曲选》覆校一过,居然善本矣。除夕又记。

宣统二年八月,复影钞得江阴缪氏藏国初尤贞起手钞本,知此本即从尤钞出而易其行款,殊非佳刻。若尤钞与明季钞本,则各有佳处,不能相掩也。冬十一月,病眼无聊,记此。

(引文据《海宁王静安先生遗书》摘录,笔者重新标点。)

宣统二年(**1910**),三十四岁。

事迹

十二月,四子纪明生。

赵万里《王静安先生年谱》云:"(宣统二年庚戌三十四岁)十二月,四子纪明(字季耿)生。"(20卷,423页)

按:王纪明(1911—?),浙江海宁州城(今海宁市盐官镇)人,先生之四子。供职天津海关,后转任台湾高雄。

本年,兼任名词馆协修。

赵万里《王静安先生年谱》云:"(宣统二年庚戌三十四岁)是岁先生兼充名词馆协修。"(20卷,423页)

与日本学者狩野直喜、小川琢治等初晤。因同治戏曲学,与狩野直喜交往颇深。

[日]狩野直喜《回忆王静安君》云:"大概明治四十三年(1910)左右吧,我们听说在敦煌所发现的遗书,除了被法国伯希和、英国斯坦因带走的部分外,都被运到并保存在前清学部里,我与京都大学的内藤虎次郎、小川琢治、滨田耕作、富冈谦藏等奉命去北京作一些有关的调查。当时罗叔韫君是京师大学堂的农科监督,前面提到的藤田博士也在他手下任教,他们为我们的遗书调查提供了诸多方便,这时王君也在农科大学当职员,为我们一行人提供了种种便利。当时我已打算研究元杂剧,在京都大学也开始讲授这门课。王静安恰巧与我志趣相同,也作了一些这方面的研究,并已著有《曲录》和《戏曲考原》。我利用出差北京的机会面晤王君,听了他关于元杂剧研究的一些想法,觉得非常有见地。当时《大阪朝日新闻》正计划南极探险的活动,为

整个社会所注目。小川博士与每个会面的中国人都谈论南极北极的话题,而我则与王君始终畅谈中国戏曲中的南曲北曲问题。我们在北京逗留的时候,周围的中国朋友对比南北极与南北曲这两个日语中同音异义的话题,视之为一大笑谈。"(20卷,370—371)

学术著述

正月十八日,再跋《寿域词》。

先生《跋》云:"宣统庚戌收灯夜①,国维又记。"(14卷,535页)

二月,跋校《元曲选》。

先生《〈元曲选〉跋》云:"宣统庚戌仲春,将全书评点一过,略以《雍熙乐府》校之,不能遍也。"(详见本年"主要戏曲学术成果")

按:《元曲选》(10集),明臧懋循编,元杂剧选集,含100种作品。

四月,于《学部官报》连载《世界图书馆小史》;译著《教育心理学》出版;三跋《寿域词》。

按:《世界图书馆小史》,原文系出《英国百科全书》,[英]悌德、托玛著,王国维译,连载于第91—92、110、114—135期(四月至九月间刊出)。

按:《教育心理学》,[美]禄尔克著,[日]柿山蕃雄、松田茂译,王国维转译,学部图书馆编译局宣统二年(1910)四月出版。

---

① 收灯夜,民俗正月十五日为元宵灯节,正月十三日为"上灯",正月十八日为"收灯"。

先生《〈寿域词〉跋》云："是岁孟夏阅陈景沂《全芳备祖》，校得二首。"（14卷，535页）

五月，校《新刊古今明贤草堂诗余》。

先生《〈新刊古今明贤草堂诗余〉跋》云："宣统庚戌仲夏，以顾从敬本校勘一过。"（14卷，544页）

按：《新刊古今明贤草堂诗余》（6卷），明李谨辑，历代词选集。

八月，跋《续墨客挥犀》《盛明杂剧初集》。见《录鬼簿》尤贞起钞本，始知万历本较楝亭本更为精妙。

赵万里《王静安先生年谱》云："（宣统二年庚戌三十四岁）八月，考定旧抄本《续墨客挥犀》非彭乘所撰，并条举其所自出各书，计出《梦溪笔谈》者四十九则，出《冷斋夜话》者十七则，余与张文虎所考者同。"（20卷，422页）先生《〈续墨客挥犀〉跋》云："要之，此书系两宋间人采辑诸书所成，故宋时传本不题撰人姓名。知非彭乘所撰，则无自疑为赝作矣。"（2卷，435页）按：《续墨客挥犀》（10卷），宋彭乘著（存疑），笔记。

先生《〈盛明杂剧初集〉跋》云："曩见日本内阁图书寮书目，有《盛明杂剧二集》三十卷，惊为秘笈。己酉冬日，得此书于厂肆，是为初集，而二集在日本内阁，始知世间尚有完书也。"（详见本年"主要戏曲学术成果"）按：《盛明杂剧》（60卷），明沈泰编，明杂剧选集。分初集、二集两集，每集30卷，每卷1个剧本，共收明杂剧60种。

先生《过录明万历精钞本〈录鬼簿〉王国维跋》（东洋文库藏精钞本）云："宣统庚戌，艺风先生影钞尤贞起手钞本见寄，益见此本之佳。"又，先生《〈新编录鬼簿校注〉跋》（楝亭本）云："宣统二年八月，复影钞得江阴缪氏藏国初尤贞起手钞本，知此本即从尤钞出而易其行款,殊非佳刻。若尤钞与明季钞本,则各有佳处,不能相掩也。冬十一月,病眼无聊,记此。"(详见本年"主要戏曲学术成果")

十一月,著成《古剧脚色考》《清真先生遗事》,次年刊于《国学丛刊》。

赵万里《王静安先生年谱》云:"(宣统二年庚戌三十四岁)十一月,草《清真先生遗事》一卷成。《古剧脚色考》亦属草于此时。"(20卷,423页)

按:《古剧脚色考》(1卷),刊《国学丛刊》第1册,宣统三年(1911)。《清真先生遗事》(1卷),刊《国学丛刊》第2册,宣统三年(1911)。

小除夕、除夕二日,跋校《晁氏客语》。

先生《〈晁氏客语〉跋》落款云:"宣统庚戌小除夕,国维记。次日以朱笔将补刊之页校点一过,原书未始无误,馆臣所改亦有是处。恨未得宝文堂本一校之。"(14卷,545页)

按:《晁氏客语》(1卷),宋晁说之著,笔记。

是年,跋《梨园按试乐府新声》,校《东堂词》《酒边词》。

先生《〈梨园按试乐府新声〉跋》云:"宣统庚戌赵倬斋孝廉影钞见寄,可与杨淡斋二书鼎足而三也。装成后十日,国维记。"(详见本年"主要戏曲学术成果")按:《梨园按试乐府新声》(3卷),元无名氏辑,散曲选集。

先生《〈东堂词〉跋》云:"宣统庚戌,以潢川吴氏旧影宋本校勘一过。"(14卷,539页)按:《东堂词》(1卷),宋毛滂著,词集。

先生《〈酒边词〉跋》云:"宣统庚戌,以陈景沂《全芳备祖》所选各词校一过。"(14卷,540页)按:《酒边词》(2卷),宋向子諲著,词集。

主要戏曲学术成果

《元曲选》《盛明杂剧初集》《梨园按试乐府新声》跋文。

元曲选

元人杂剧罕见别本，元人杂剧选久不可见。即以单行本言，平生仅见郑廷玉《楚昭王疏者下船》一种。乃钱唐丁氏善本书室所藏明初写本，曲文拙劣，尚在此本下，盖经优伶改窜也。此百种岿然独存，呜呼，晋叔之功大矣！晋叔名懋循，长兴人，官南京太常博士。钱东涧、朱梅里亟称之。宣统庚戌仲春，将全书评点一过，略以《雍熙乐府》校之，不能遍也。

《汉宫秋》杂剧《梅花酒》："草已添黄，色早迎霜"，《雍熙乐府》作"兔起早迎霜"，案：《乐府》是也。王得臣《麈史》下："官制时将作监薄改为承务郎，或曰迁官则为迎霜兔矣。"观此知作"兔"为合。古人淹雅，虽曲家犹如此，不可及也。

盛明杂剧初集

《盛明杂剧》三十卷，崇祯己巳钱唐沈泰林宗刊本，前有张元征、徐翙、程羽文三序。案：戏曲总集，除臧懋循《元曲选》、毛晋《六十种曲》外，若《元人杂剧选》《古名家杂剧》及此书，世人虽知其名，均在存佚之间。曩见日本内阁图书寮书目，有《盛明杂剧二集》三十卷，惊为秘笈。己酉冬日，得此书于厂肆，是为初集，而二集在日本内阁，始知世间尚有完书也。杂剧唯元人擅场，明代工此者寥寥。宣、正之间，周宪王号为作者，然规摹元人，了无生气，且多吉祥、颂祷之作，其庸恶殆与宋人寿词相等。又元人杂剧止于四折，或加楔子，唯纪君祥之《赵氏孤儿》、张时起之《赛花月秋千记》多至六折，实非通例。至于不及四折者，更未之前闻，亦无杂以南曲者。(《录鬼簿》谓："南北合腔，自沈和甫始，如《潇湘八景》《欢喜冤家》等曲，极为工巧。"乃散套，非杂剧也。)宪王杂剧如《吕洞宾花月神仙会》，杂以南曲，殊失体裁。至明中叶后，不知北剧与南曲之分，但以长者为传奇，短者为杂剧。如此书中汪伯玉、陈玉阳、汪昌朝诸作，皆南曲也。且折数多至七八，少则一二，更属任意。独康对山《中山狼》四折，确守元人家法。余如沈君庸等，虽用北曲，而折数次第，均失元人之旧。其中文词，亦唯康对山、徐文长尚可诵。然比之元人，已有自然、人工之别，余则等之自郐而已。元代杂剧作者，名概不著。此编所集，如康对山海、徐文长渭、汪伯玉道昆、陈玉阳与郊、王辰玉衡、叶六桐宪祖、沈君庸自征、孟子若称舜、梁伯龙辰鱼、梅禹金鼎祚、卓珂月人月、徐野君翙、王昌朝廷讷，其姓字爵里均在人耳目，或且正史有传，遗著尚存。而其人之显晦如彼，曲之工拙如此。信乎文章之事，一代自有一代之长，不能以常理论也。

（引文据《海宁王静安先生遗书》版摘录，笔者重新标点。）

梨园按试乐府新声

元人小令套数总集唯《太平乐府》《阳春白雪》二书尚存于世。此系常熟瞿氏藏元刻本，素不见著录。宣统庚戌赵倬斋孝廉影钞见寄，可与杨淡斋二书鼎足而三也。装成后十日，国维记。

（引文据国家图书馆藏宣统二年赵倬斋钞本摘录，笔者重新标点。）

《古剧脚色考》(1 卷)

《古剧脚色考》成书于宣统二年十二月（1911 年 1 月），宣统三年（1911）刊入与罗振玉合办的《国学丛刊》第一册。1913 年，全文由铃木虎雄翻译为日本，分载于《艺文》第四年第 1、4、7 号。《海宁王静安先生遗书》亦收录了中文全文。

《古剧脚色考》以行当为分类，对中国古代戏剧脚色的源流发展进行了考察，并在《余说》部分介绍了面具、涂面、男女合演等演出形式的由来。

各部考释内容如下：

类目	摘要
参军 副靖 副净 净	1. 参军："唐以前已有此戏，但戏名而非脚色名也"；晚唐五代时，"其为戏名或脚色名，尚未可定"；至北宋，"则谓之参军色，为俳优之长"。 2. 副靖、副净、净：疑"净"即"参军"之促音，"副净本参军之副"。
末尼 戏头 副末 次末 苍鹘	1. 末泥、戏头："末泥即戏头也"；"末泥之名"，"当自舞末出"；"长言之则为'末泥'，短言之则为'末'"。 2. 副末、次末、苍鹘："唐五代时，与参军相对演者为苍鹘，如宋时副末之对副净也"；南宋时，"入场搬演者，只有副净、副末，而净、末反罕闻"。
引戏 郭郎 郭秃	"引戏"之名"唐已有之"，当时以演员郭郎（或称郭秃）最为之名；宋之引戏与郭郎之戏是否相同，今不可考。
旦 姐 狚	"旦名之所本虽不可知，然宋金之际，必呼妇人为'旦'，故宋杂剧有'装旦'。装旦之为假妇人，犹装孤之为假官也。至于元人，犹目张奔儿为风流旦，李娇儿为温柔旦，此亦旦本妓女之称之一证。"
冲末 小末 二末 老旦 大旦 小旦 细旦 色旦 搽旦 花旦 外旦 贴旦 外贴	1. 诸末、诸旦：至元剧，"末、旦二色支派弥多"。 2. 冲、外、贴："谓于正色之外，又加某色以充之也"。

类目	摘要
孤	"孤之名或官之讹转,或以其自称孤名之也。"
捷机 捷讥	始于宋,"捷机即捷讥,盖便给有口之谓"。
痴大 木大 咸淡 婆罗 鲍老 孛老 卜儿 鸨	1.痴大、咸淡、婆罗:"始于唐。""木大,疑即唐之痴大。" 2.鲍老、孛老、卜儿、鸨:"婆罗疑婆罗门之略,至宋初转为鲍老。""金元之际,鲍老之名分化而为三:其扮盗贼者,谓之邦老;扮老人者,谓之孛老;扮老妇者,谓之卜儿。""鸨,则又卜儿之略云。"
俫 爷老 曳剌 酸 细酸 邦老	1.俫:表示童子。 2.爷老、曳剌:契丹语,表示走卒。 3.酸、细酸:"细酸始见元曲,前单称酸。"表示秀才。 4.邦老:表示盗贼。
厥 偌 哮 郑 和	出宋金杂剧院本中,似脚色而非脚色,意不可解。
丑 生	"疑丑或由五花爨弄出","至明代以后,脚色除改末为生外,故不出元脚色之外矣"。
余说一	1."隋唐以前,虽有戏剧之萌芽,尚无所为脚色也。" 2.自宋以后,脚色变化为三级:"一表其人在剧中之地位,二表其品性之善恶,三表其气质之刚柔。"
余说二 面具考	面具"用诸散乐,始于汉之象人,而《文康乐》、代面戏、《安乐》踵之。宋之面具虽极盛于政和,而未闻用诸杂戏,盖由涂面既兴,遂取而代之欤"。
余说三 涂面考	后周时以赤面状醉;唐时舞蹈亦有涂面;后唐庄宗自傅粉墨;宋有五花爨弄;元以黑点破面者为花旦。
余说四 男女合演考	"歌舞之事,合男女演之,其风甚古。"自汉至隋唐间,则男女不再合演。南宋时有慢星子、王双莲杂入男子队中表演。"宋元以后,男可装旦,女可为末,自不容有合演之事。"

另附王国维先生自序：

戏剧脚色之名，自宋元迄今，约分四色，曰"生""旦""净""丑"，人人之所知也。然其命名之义，则说各不同。胡应麟曰："凡传奇以戏文为称也，亡往而非戏也。故其事欲谬悠而无根也，其名欲颠倒而亡实也。反是而欲求其当焉，非戏也。故曲欲熟而命以生也，妇宜夜而命以旦也，开场始事而命以末也，涂污不洁而命以净也，凡此咸以颠倒其名也。"（《少室山房笔丛》卷四十）此一说也。然胡氏前已有为此说者，故祝允明《猥谈》驳之曰："生、净、旦、末等名，有谓反其事而称，又或托之唐庄宗，皆缪云也。此本金元阛阓谈唾，所谓'鹘伶声嗽'，今所谓市语也。生即男子，旦曰妆旦色，净曰净儿，末曰末尼，孤乃官人，即其土语，何义理之有？《太和谱》略言之。"（《续说郛》卷四十六）此又一说也。国朝焦循又为之说曰："元曲无生之称，末即生也。今人名刺，或称晚生，或称晚末、眷末，或称眷生，然则生与末为元人之遗。"（《易余籥录》卷十七）此又一说也。胡氏颠倒之说，似最可通。然此说可以释明脚色，而不足以释宋元之脚色。元明南戏，始有副末开场之例，元北剧已不然，而末泥之名，则南宋已有之矣；净之傅粉墨，明代则然，元代已不可考，而副靖之名，则北宋已有之矣。此皆不可通者也。焦氏释末，理或近之，然末之初，固称末尼，至净、丑二色，则又何说焉？三说之中，自以祝氏为稍允，但其说至简，无所证明。而《太和正音谱》《坚瓠集》所举各解又复支离怪诞，不可究诘。今就唐宋迄今剧中之脚色，考其渊源变化，并附以私见，但资他日之研究，不敢视为定论也。

（引文据《国学丛刊》版摘录，笔者重新标点。）

106

宣统三年(1911),三十五岁。

事迹

以辛亥革命爆发,十月中旬赴日本避难,居京都田中村。

先生致缪荃孙书信(宣统三年十二月初一日)云:"维于十月中旬与唐风楼同东渡,现寓京都市外田中村。此间学士大夫颇多旧识,风土亦尚不恶,生活程度与北方略近。"(15卷,37页)

赵万里《王静安先生年谱》云:"(宣统三年辛亥三十五岁,八月)是月,武昌军民告警,罗先生与先生约留京师。九月,日本京都大学诸教授函请罗先生至京都避地,初尚犹豫,继以国事日非,乃于十月中携眷东渡,先生亦携眷与之偕。抵日,寓京都田中村,与罗先生同居。"(20卷,424页)

隐居间,与京都汉学家交游,时访古籍。

先生致缪荃孙书信(宣统三年十二月初一日)云:"到此以后,未见何物。唯于友人富冈君处见影宋本《旧唐书》二册,闻其余尽在京都东福寺,合之富冈君所得,并无缺卷。又闻可以借校,如能以闻人本校出,洵快事也。"又,信后附诗,题云:"初抵京都酬铃木大学士枉赠之作,并简狩野直喜、内藤虎次郎诸博士"。(15卷,37、38页)

按:富冈君,即富冈谦藏(1873—1918),字君扲,号桃华,日本汉学家,大儒、画家富冈铁斋之子。曾任京都文科大学(今京都大学)讲师,英年早逝。遗著《古镜研究》传世。富冈父子均好藏书,其"铁斋文库"与"桃华文库"并称"富冈文库",在日本古籍收藏界享有盛名。铃木大学士,即铃木虎雄(1878—1963),字子文,号豹轩、药房,日本汉学家。学士院会员,获得昭和三十六年

(1961)文化勋章。毕业于东京帝国大学(今东京大学)文学部汉学科,京都文科大学(今京都大学)教授。有《支那文学研究》《禹域战乱诗解》《白乐天诗解》等传世。内藤虎次郎,即内藤湖南(1866—1934),本名虎次郎,字炳卿,号湖南、忆人居主、湖南鸥侣、雕虫生闷闷先生,日本汉学家。毕业于秋田师范学校,京都文科大学(今京都大学)教授。有《日本文化史研究》《清朝史通论》等传世。

年底,与缪荃孙略谈寓居感受。

先生致缪荃孙书信(宣统三年十二月二十四日)云:"因此邦人于字画颇知珍贵,碑帖初开风气,此二项尚可得价;书籍之价尚贱于当日之北京。"又,"此间生活唯米价颇贵,其余略同中国。维在北京月用约需百金,在此撙节,每月约七十元已足,唯衣服费不在内耳。书籍、字画尚无进口税(旧有,现已免除),水脚自上海运神户,每箱约二三元。"(15卷,40页)

学术著述

正月,为《国学丛刊》序,倡导"无新旧、无中西、无有用无用"之纯粹学术。

先生《〈国学丛刊〉序》云:"学之义不明于天下久矣。今之言学者,有新旧之争,有中西之争,有有用之学与无用之学之争。余正告天下曰:学无新旧也,无中西也,无有用无用也。凡立此名者,均不学之徒,即学焉而未尝知学者也。"又,"适同人将刊行《国学杂志》,敢以此言序其端。"(14卷,129、133页)

按:《国学丛刊》(双月刊),罗振玉创刊、北京国学研究会主办。宣统三年(1911)创刊,刊行3期中止;民国三年(1914)于上海复刊。《〈国学丛刊〉序》,刊《国学丛刊》第1册,宣统三年

(1911)。

同月，跋校《梦溪笔谈·补笔谈·续笔谈》《宾退录》《水云集·湖山类稿·附录·亡宋旧宫人诗》，再校《酒边词》。

先生《〈梦溪笔谈·补笔谈·续笔谈〉跋》落款云："宣统辛亥人日立春记此"；又，"宣统辛亥正月十一日国维记"；又，"上灯节校毕"。(14卷，546—547页)按：《梦溪笔谈》(26卷)、《补笔谈》(3卷)、《续笔谈》(1卷)，宋沈括著，笔记。

先生《〈宾退录〉跋》落款云："宣统改元之三年收灯日，海宁王国维记。"(14卷，545页)按：《宾退录》(10卷)，宋赵与时著，笔记。

先生《〈水云集·湖山类稿·附录·亡宋旧宫人诗〉跋》落款云："宣统庚戌正月国维识。"按：《水云集》(1卷)、《湖山类稿》(5卷)、《附录》(3卷)、《亡宋旧宫人诗》(1卷)，宋汪元量著，诗词集。

先生《〈酒边词〉跋》云："辛亥正月，从伯宛舍人假得汲古毛氏景宋《酒边集》，原书不分卷，凡六十三页。前有目，每半页八行，行十四字，因校于此。"(14卷，540页)

正二月间，跋校《容斋随笔·续笔·三笔·四笔·五笔》。

先生《〈容斋随笔·续笔·三笔·四笔·五笔〉跋》落款云："(《随笔》卷三)宣统辛亥正月廿七日灯下，假荆州田氏宋本校此三卷毕"；又，"(《随笔》卷四)二十七日夜复校一卷"；又，"(《随笔》卷七)次日上午，校此三卷"；又，"(《随笔》卷八)宣统辛亥正月廿八日校毕"；又，"(《随笔》卷十二)廿八日灯下校至此"；又，"(《随笔》卷十六)宣统辛亥正月廿九日上午以赣州本校毕"；又，"(《三笔》卷首)宣统辛亥正月，既以宋赣州本《随笔》《续笔》校此本"；又，"(《三笔》卷五)宣统辛亥二月二日校"；又，"(《三笔》卷十六)宣统辛亥二月三日以明活字仿宋本校毕"；又，"(《四笔》卷五)辛亥二月初五日校"；又，"(《四笔》卷十六)辛亥二月七日校毕"；"(尾页)辛亥二月八日以明活字仿宋本校三、四、五笔竣"。(14卷，547—549页)

按：《容斋随笔》(16卷)、《续笔》(16卷)、《三笔》(16卷)、《四笔》(16卷)、《五笔》(10卷)，宋洪迈著，笔记。

三月，跋校《大唐六典》。

赵万里《王静安先生年谱》云："(宣统三年辛亥三十五岁)二月，以日本享保甲辰近卫公爵家熙所校《大唐六典》校所藏正德本。"又，"中患目疾，时作时辍，至三月二十九日校毕。"(20卷，424页)

按：《大唐六典》(30卷)，唐代官修，行政法典。

春，撰《隋唐兵符图录附说》，始治古器物学。

赵万里《王静安先生年谱》云："(宣统三年辛亥三十五岁)春日撰《隋唐兵符图录府上说》成。案：先生之治古器物学自此始。"(20卷，424页)

按：《隋唐兵符图录附说》，后改为《记隋铜虎符》①《伪周二龟符跋》二篇，收入《观堂集林》(先生手定密韵楼本)卷十五。

六月，跋唐写本《太公家教》。

先生《唐写本太公家教跋》落款云："辛亥六月记。"(8卷，517页)

按：《太公家教》(1卷)，无名氏著，唐宋时期童蒙读物。据先生跋文记述，该写本系敦煌遗书，宣统元年(1909)为法国汉学家伯希和掠走。

---

① 记隋铜虎符，赵万里编《海宁王静安先生遗书》作"隋铜虎符跋"。

十二月,跋校《诗人玉屑》。

先生《〈诗人玉屑〉跋》云:"宣统辛亥冬季,避地日本京都,从若林书屋借得宋本《诗人玉屑》,因校于此本上。"(14 卷,549 页)

按:《诗人玉屑》(21 卷),宋魏庆之著,诗话。

是年,再校《晁氏客语》。成《庚辛之间读书记》。

先生《〈晁氏客语〉跋》云:"宣统辛亥以《晁氏三先生集》本校过。"(14 卷,545 页)

按:《庚辛之间读书记》(15 篇),为先生之读书札记,陆续作于宣统二年庚戌(1910)至三年辛亥(1911)之间。曰《大唐六典》《增入宋儒议论杜氏通典》《岩下放言》《续墨客挥犀》《诚斋挥麈录》《清异录》《片玉词》《桂翁词》《花间集》《尊前集》《草堂诗余新刊》《董西厢》《元郑光祖王粲登楼杂剧》《元人隔江斗智杂剧》《盛明杂剧初集》。其中戏曲书籍札记详情参见本年"主要戏曲学术成果"条。

主要戏曲学术成果

《庚辛之间读书记》共收王国维先生宣统二年(1910)至三年(1911)年之间所作题跋十五则,为其生前亲手编定。先生殁后,罗振玉主编的《海宁王忠悫公遗书》、赵万里主编的《海宁王静安先生遗书》均有收录。其中,戏曲札记四篇,《盛明杂剧初集》已见于上一年。

董西厢

《董西厢》四卷,近贵池刘氏翻刻明黄嘉惠本。案:此书《辍耕录》(二十七)、《录鬼簿》(下)均称为《董解元西厢记》,明人始谓之《董西厢》,又谓之《弦索西厢》。其实,北曲皆用弦索,王、关五剧亦可冠以此名，不独董词而已。其书且叙事且代言，自为一体，与元人杂剧传奇不同。明胡元瑞、国朝焦理堂、施北研笔记中均考订此书，讫不知为何体。以国维考之，盖即宋时诸宫调也。王灼《碧鸡漫志》（二）："熙宁、元丰间，泽州孔三传始创诸宫调古传，士大夫皆能诵之。"吴自牧《梦粱录》（二十）云："说唱诸宫调，昔汴京有孔三传，编成传奇灵怪入曲说唱。"孟元老《东京梦华录》（五）纪崇、观以来瓦舍伎艺，有"孔三传、耍秀才诸宫调"。是三传创诸宫调，虽在神宗之世，至徽宗时尚存。《武林旧事》（六）载诸色伎艺人，诸宫调传奇有高郎妇等四人，则南渡后此伎亦颇盛行。《辍耕录》所载金人院本名目"拴搐艳段"中尚有诸宫调，《录鬼簿》亦有石君宝《诸宫调风月紫云亭》一本，戴善甫亦有此本，则金、元之际亦尚有之。至元中叶之后，渐以废佚，故陶南村谓："金章宗朝，董解元所编《西厢记》，时代未远，犹罕有能解之者。"则明人及国朝人不识此体，固不足怪也。

此编之为诸宫调有二证：一、本书卷一【太平赚】词云："俺平生情性好疏狂，疏狂的情性难拘束。一回家想么，诗魔多，爱选多情曲。比前贤乐府不中听，在诸宫调里却著数。"此开卷自叙作词缘起，而自名为诸宫调，其证一也。此书体裁，求之古曲，无一相似；独王伯成《天宝遗事》，见于《雍熙乐府》《九宫大成》所选者，大致相同。而《录鬼簿》于王伯成下注云："有《天宝遗事诸宫调》行于世。"王词既为诸宫调，则董词为诸宫调无疑，其证二也。其所以名诸宫调者，则由北宋人叙事只用大曲、传踏二种。大曲长者至一二十遍，然首尾同一宫调，固不待言。传踏只以一小令叠十数阕而成，其初以一阕咏一事，后乃合十余阕而咏之。（如石曼卿【拂霓裳】、赵德麟【蝶恋花】之待言。）传踏只以一小令叠十数阕而成，其初以一阕咏一事，后乃合十余阕而咏之。（如石曼卿【拂霓裳】、赵德麟【蝶恋花】之属。）然同用一曲，亦同一宫调也。惟此编每一宫调，多则五六曲，少或二三曲，即易他宫调，合若干宫调以咏一事，故有诸宫调之称。词曲一道，前人视为末技，不复搜讨，遂使一代文献之名，沉晦者且数百年。一旦考而得之，其愉快何如也！

元郑光祖王璨登楼杂剧

曩读此剧，见呼遣客曰"点汤"，不解其意，后知宋以来旧俗如是。朱彧《萍州可谈》："今世俗客至则啜茶，去则啜汤。汤取药材甘香者屑之，或凉或温，未有不用甘草者，此俗遍天下。辽人相见，其俗先点汤，后点茶。"无名氏《南窗纪谈》亦云："客至则设茶，欲去则设汤，不知起于何时。然上自官府，下至闾里，莫之或废。"今观宋人说部所纪遣客事，如王铚《默记》纪刘潜见石曼卿、魏泰《东轩笔录》（五）纪陈升之遣胡枚、王巩《随手杂录》自纪见文潞公，事无不然。然不独宾主间有此礼也，叶梦得《石林燕语》（一）："讲读官初入，皆坐赐茶。唯当讲官起，就案立，讲毕复就座，赐汤而退，侍读亦如之。盖乾兴之制也。"蔡绦《铁围山丛谈》（一）亦云："国朝仪制，天子御前殿，则群臣皆立奏事，虽丞相亦然。后殿曰延和、曰迩英，二小殿乃有赐坐仪。既坐，则宣茶、又赐汤，此客礼也。延和之赐坐而茶汤者，遇拜相，正衙宣制才罢，则其人抱白麻见天子于延和，告免礼毕，召丞相升殿是也。迩英之赐坐而茶汤者，讲筵官春秋入侍，见天子坐而赐茶乃读，读而后讲，将罢又赏赐汤是也。他皆不可得矣。"然宋时臣下赐茶汤者，不独宰执、讲官。龚鼎臣《东原录》云："天禧中，真宗已不豫。一日，召知诰晏殊坐赐茶，言曹利用与太子太师，丁谓与节度使，并令出。殊曰：'是欲令臣作诰词？'上颔之。殊曰：'臣是知制诰，除节度使等，并须学士操白麻，乞召学士。'真宗点汤，既起，即召翰林学士钱惟演。"是朝廷之于群臣，亦用是矣。晁说之《客语》："范纯夫每次日当进讲，是日先讲于家。群从子弟毕集，讲终点汤而退。"则父兄之于子弟，亦用之矣。又宋时官署往来，以汤之有无为轻重。周必大《玉堂杂记》（上）："淳熙三年十一月八日，必大被宣草十二日冬祀赦，黄昏方至院。御药持御封中书门下省熟状来，系鞋迎于中门，同监门内侍一员俱升厅。御药先以熟状授监门，共茶汤讫，先送御药出院，后与监门升厅受熟状付吏。又点汤送监门下阶馆之门塾。至六年九月十二日，复被宣草明堂赦，御药张安中、内侍梁裹相见如仪，惟录事沈模、主事李师文茶而不汤"是也。此特学士待省吏如是，其他盖无不兼用茶汤者。今此剧以点汤为遣客，知元时尚有此俗。今送客以茶不以汤，则同辽俗矣。

元人隔江斗志杂剧

俗传《三国演义》，胡元瑞《笔丛》以为元人罗贯中本所撰。其实宋时此种小说颇多，如《宣和遗事》《五代平话》等皆是，但不如《演义》之错综变化耳。宋人小说种类颇繁，《都城纪胜》谓说话有四家：一小说，一说经，一说参请，一讲史书。又谓："小说者，能以一朝一代故事，顷刻间提破。"则小说与讲史书，亦大略相同。其小说人之盛，则《东京梦华录》《武林旧事》《梦梁录》详之。而小说之中，又以三国事为最著。高承《事物纪原》（九）："仁宗时，市人有能谈三国事者，或采其说，加缘饰作影人，始为魏蜀吴三分战争之象。"《容斋三笔》（二）："范纯礼知开封府，中旨鞫淳泽村民谋逆事。审其故，乃尝入戏场观优，归途见匠者作桶，取而戴于首曰：'与刘先生主如何？'遂为匠擒。"则小说之外，优戏亦演之矣。《东坡志林》（六）："王彭尝云：'途巷中小儿薄劣，为其家所厌苦。辄与钱，令聚坐听说古话。至说三国事，闻

114

刘玄德败,频眉蹙,有出涕者;闻曹操败,即喜唱快。'以是知君子小人之泽,百世不斩。"由此观之,宋时不独有三国小说,且其书亦右刘而左曹,与今所传《演义》同。

元无名氏《隔江斗智》《连环计》二剧,其关目亦略似今所传《演义》,此必取诸当时小说。然则宋元之间,必早有此种书,贯中不过取而整齐缘饰之耳。日本狩野博士直喜作《水浒传考》,谓《水浒传》前已有无数"小水浒传",其言甚确。若《三国演义》,则尤有明证,足佐博士之说。且今所行章回小说,虽至鄙陋者,殆无不萌芽于宋元。如《西游记》《封神榜》《杨家将》《龙图公案》《说岳》等,元曲多用为题目,或隶其事实,足征当日已有此等书。但其书体裁,当与《五代平话》及《宣和遗事》略同,不及后世之变化。始知元明以后,章回小说大行,皆有所因袭,决非出于一时之创作也。

　　(引文据《海宁王静安先生遗书》版摘录,笔者重新标点。)

第三章

大成期

民国元年（1912）至民国四年（1915）

笔者按：生逢国变，忠于清室的先生怀着黍离之愤避居京都四载。就学术和个人生活而言，却如入世外桃源般安宁惬意。"此四年中生活，在一生中最为简单，惟学问则变化滋甚。成书之多，为一生冠。"（先生《丙辰日记》，15卷，911页）在安恬自在的研究环境和罗振玉的引发下，先生向新的学术疆域迈进。

　　虽然先生自述不再致力于戏曲，但此间涌现的集大成之作《宋元戏曲史》和诸种札记皆体现了数年浸心戏曲的创见与博识。《宋元戏曲史》是先生戏曲研究的句点，也是开启中国戏曲学术研究新纪元的起点。以《元刊杂剧三十种》的发现为代表，先生对戏曲文献的发掘整理之功亦为后人感念。

民国元年（1912），三十六岁。

事迹

二月上旬，与青木正儿初晤。先是，青木三年前已闻先生之名，并拜读《曲录》诸篇，欲以戏曲之学相求教。然先生志在文献而非曲乐，且趣向渐移金石、古史，故未尽兴。

〔日〕青木正儿《追忆与王静庵先生的初次会面》云："我第一次听到王国维先生的名字大概是在明治四十二年（按：1909年）秋天。当时狩野先生为了调查在敦煌发现的古写本去了北京，回来后说起在北京见过一位名叫王国维的戏曲研究者。王先生收集戏曲珍本，其中最令人艳美的是《盛明杂剧》。其后不久我就看到我们研究室的王氏赠书中多了《曲录》和《戏曲考原》的合订本。《曲录》上有作于宣统元年五月（明治四十二年）的《自序》，所以我想这本书是狩野先生回国以后印成的。铃木先生把这两本书作为新书在《艺文》杂志上加以介绍。当时《录鬼簿》极难看到，王先生就把它抄写下来，送给了狩野先生，因此我也沾光得以借阅。我的中国戏曲史研究是拜读这三本书后才有幸一窥门径，其后王先生的名字就铭记于脑海之中了。我大学毕业的那年，即明治四十四年的某个时候，罗振玉先生到了京都。不久他的女婿王先生也过来了。[①] 当时我喜出望外，但是我的汉语水准不高，就不大敢去拜访。不久，我从汇文堂的老板那儿听到了一个意外的好消息——王先生会说日语！而且他的住所离我的宿舍很近，不到三丁路。于是在明治四十五年（按：1912年）二

---

① 此处罗、王之关系为青木误记。

月上旬的一天,我拜访了王先生。"又,"他让我从门口走进屋内,客厅边玄关不过六叠大,这里除了汉籍以外还有一些英文书。起先我以为这些书一定是关于戏曲的,出乎意料大多是枯燥无味的哲学书。在谈话中,王先生说他没看过莎士比亚的剧作。当我问起他是否看戏时,他的意思似乎是他从不喜欢。我们又谈到音乐,他说自己不太了解,不过清人吴颖芳的《吹豳录》却讲得很精辟。"又,"生性沉默寡言的王先生和平时不爱说话的我在一起,往往无话可说。我尽量请教他关于元曲的知识,可是他的回答太简单了。我们的谈话始终处于冷场的局面。我和王先生的初次见面以扫兴而告终,我没有勇气无事造访,没准备提问就不去见先生。其实我对《元曲选》有很多不解之处,不过实在太过琐细,而且我还没达到向王先生请教的水准。我当时对《元曲选》断句尚觉得困难,只是整天沉浸在看曲文的乐趣中。此后我从狩野先生那儿听说王先生已把《元曲选》标点好了的消息,羡慕得不得了,不过我到底没有勇气硬着头皮向他借来一阅。由于我这么顾虑重重,所以错过了拜王先生为师的机会。不久他就回上海了。他在京都的时候,看来主要是帮助罗先生从事金石、古史研究,这时也是他研究戏曲的最后阶段,此后就转向史学了。《宋元戏曲史》这本书虽然于大正四年(按:1915年)出版,但大正元年(按:1912年[1])在京都就完稿了,这本书可以说是王先生戏曲研究的集大成之作。"(20卷,399—402页)

　　按:青木正儿(1887—1964),字君雅,号迷阳,日本汉学家。学士院会员,日本中国学会会员。毕业于京都帝国大学(今京都

---

　　① 日本的年号纪年制度中,上一个年号的末年和下一个年号的元年记在同一个西历年份中。即公元1912年既是明治四十五年,又是大正元年。

大学），国立山口大学教授。有《中国近世戏曲史》《中华名物考》
传世。

春，协助罗振玉整理藏书并编目，先往返于京都大学，后移
至罗氏"大云书库"。嗣后，先生之学术兴趣渐转向经史考据。

先生致缪荃孙书信（宣统三年十二月二十四日）云："叔翁在
此现与维二人整理藏书，检点卷数。因此次装箱搬运错乱太甚，
大约至明春二月方能就绪，目录亦可写定矣。"（15卷，39页）又，
赵万里《王静安先生年谱》云："（壬子三十六岁）时罗先生藏书寄
存京都大学，先生日往整理，因与彼邦诸文学教授相稔，而藤田
博士，又先生旧友也。"（20卷，425页）

罗振玉《集蓼编》云："予寓田中村一岁，书籍置大学，与忠悫
往返整理甚劳。乃于净土寺町购地数百坪，建楼四楹，半以栖眷
属，半以祀先人、接宾友。门侧为小榭四间，楼后庖湢奴子室数
间，植松十余株，杂卉木数百本，取颜黄门《观我生寄赋》，颜曰
'永慕园'。寻增书仓一所，因箧中藏北朝初年写本《大云无想
经》，颜之曰'大云书库'。宅中有小池，落成日，都人适有书为赵
尔巽聘予任清史馆纂修，既焚其书，因颜池曰'洗耳池'。日本国
例，外邦人可杂居国内，但有建屋权，无购地权，乃假藤田君名购
之。家人既移居，未几更语移存大学之书于库中，乃得以著书遣
日。"[1] 按：此间，先生尝与罗振玉共同编定藏书目录，曰《罗振玉
藏书目录》，藏京都大学文学研究科图书室。《王国维全集》第2
卷所收《罗振玉藏书目录》为日人稻叶岩吉过录之钞本，与京都
大学藏本略有出入。

先生《〈国朝金文著录表〉序》云："国维东渡后，从参事治古

①　罗振玉：《雪堂自述》，江苏人民出版社1999年版，第40—41页。

文字之学，因得尽览所藏拓本。"（4 卷，303 页）又，罗振玉《海宁王忠悫公传》云："公既居海东，乃尽弃所学，而寝馈于往岁予所赠诸家之书。予复尽出大云书库藏书五十万卷、古器物铭识拓本数千通、古彝器及他古器物千余品，恣公搜讨。"（15 卷，229页）

六月七日，与缪荃孙书信，论及《元刊杂剧三十种》，赞曰"海内秘笈"，以为"到东以来第一眼福也"。

先生致缪荃孙书信（民国元年六月七日）云："《元刊杂剧三十种》已见过，系黄荛圃藏书，各本有'大都新刊''古杭新刊'字样，行款、字之大小亦不一，系杂凑而成者。唯确系元刊，非明初刊本也。其中《元曲选》所有者十三种，字句亦不同，无者十七种，可谓海内外秘笈。而此十七种中有可贵之品，如关汉卿之《拜月亭》、杨梓之《霍光鬼谏》（见《乐郊私语》）等在内。唯刻手不佳，其式样略如今之七字唱本。此为到东以来第一眼福也。"（15 卷，43 页）

七月底，修订《古剧脚色考》毕。寄与铃木虎雄译为日文，连载于次年（1913）《艺文》杂志。

先生致铃木虎雄书信（民国元年七月二十五日）云："《古剧脚色考》已修改毕，请教正为荷。"（15 卷，59 页）又，先生致铃木虎雄书信（民国元年七月二十九日）云："拙作《古剧脚色考》亦已改定，别由邮局寄上，乞教之。天气炎暑，不能走访为歉。"（15卷，59 页）

按：《古剧脚色考》，王国维著，［日］铃木虎雄译，连载于日本《艺文》杂志第 4 卷 1、4、7 期。（详情参见宣统二年"主要戏曲学术成果《古剧脚色考》"条）

是年，数与缪荃孙书信往还，论古籍版本，并为缪氏代售藏书。

是年，先生与缪荃孙往来信件颇夥，兹举数例列出。

先生致缪荃孙书信（民国元年五月十五日）云："岛田带来之书，除杂剧外尚有宋刊《圣宋文选》，尚有稿本、写本等共三十部，闻田中有购之之意，将来必可见其目录也。"（15卷，42页）

按：岛田，即岛田翰（1879—1915），字彦桢，日本汉学家、古籍搞客。其父岛田重礼（1838—1898）为明治时期汉学家，家族成员多为汉学界著名学者。毕业于东京外国语学校清语科，曾任外交官竹添进一郎（1842—1917）、藏书家德富苏峰助手，后因私藏、倒卖日本国宝畏罪自杀。有《古文旧书考》传世。田中，即田中庆太郎（1880—1951），字子祥，东京文求堂书店店主，日本著名古籍书商。毕业于东京外国语学校清语科，岛田翰之同窗，曾为其编辑出版遗著《访余录》。①

先生致缪荃孙书信（民国元年六月七日）云："《诸蕃志》许钞校记寄来，藤田必甚感谢，书价三十元即寄。书由范纬兄处交上（渠昨日归上海），想十日内必可送到也。"又，（民国元年七月二十四日）云："承赐《藕香小拾》，感谢无似。丛书七部易销，唯石印拓本不知如何，五十部全售，或须稍需时日。此间有一书店，蕴公拟即托之。其余石印拓本，或分与田中售之，将来再行奉告。"又，（民国元年八月初五日）云："授、蕴二君尚未致书，亦嘱先道谢意。售书之事，尊处定价十元，蕴公拟在此定价十五元（以三元作书坊折扣），实收十二元（因恐有一二部不能售出故），不知尊处在东另托人售否？如有托售处，则定价宜画一，亦照此

---

① 《王国维全集》备注"岛田，似日本书商"；田中，"东京外语大学汉语学科毕业"，误。岛田生平详细可考，其与田中二人均为清语科（即满语）毕业。

可也。拓本则承售者云，他处承售者售出价五元四角，以八折归账，因此事不能两歧，故即许之。"(15卷，43、44、45页)

尝与日本学者铃木虎雄、狩野直喜、久野元吉、川口国次郎、隅田吉卫、西村时彦文字往来。

是年，先生与日本诸学者往来信件、诗词唱和颇夥，兹择其要者列出。

与铃木虎雄

先生致铃木虎雄书信(民国元年四月十五日)云："前从《日本及日本人》中见大著《哀清赋》，仆本拟作《东征赋》，因之搁笔。前作《颐和园》词一首，虽不敢上希白傅，庶几追步梅村。"(15卷，57页)

先生致铃木虎雄书信(民国元年十一月十一日)云："前日于《艺文》中得读大著《哀将军曲》，悲壮淋漓，得古乐府妙处。虽微以直率为嫌，而直气不可掩，贵邦汉诗中实未见此作也。近作《蜀道难》一首，乃为端午桥尚书方作，谨以誊写板本呈上，唯祈教之。"(15卷，62页)

先生致铃木虎雄书信(民国元年十一月十八日)云："前闻大学藏书中有明人《尧山堂外纪》一书，近因起草宋元人戏曲史，颇思参考其中金元人传一部分，能为设法代借一阅否？又郑樵《通志·金石略》中《石鼓释文》一本，亦欲奉借一观。"(15卷，62页)

铃木虎雄《追忆王静庵君》云："他寓居京都田中村的时候正在梳理他以往的词曲研究成果，当时我也起了研究词曲的念头，所以屡次登门受教。为了练习，我曾尝试着训点高则诚的《琵琶记》，难解之处时常求教于王君，这个稿本迄今犹藏箧底。"(20卷，377页)

与狩野直喜

先生致铃木虎雄书信（民国元年八月十七日）云："狩野先生欧洲之行，本拟作五排送之，得数韵后颇觉不工，故改作七古，昨已脱稿，兹录呈请教。"（15卷，60页）

按：先生《送日本狩野博士游欧洲》诗，收密韵楼本《观堂集林》卷二十。

与久野元吉

按：先生《墨妙亭记》云："其中熠赫者百余通，今归于日本久野元吉君。君又益以国朝明人墨迹，为亭以储之，仍从其旧主人之所以名之者，而属余为之记。"落款："壬子九月。"（8卷，624、625页）

按：久野元吉，堂号黄裳簃，为罗振玉所赠。生平不详。

与川口国次郎

先生《此君轩记》云："日本川口国次郎君冲淡有识度，善绘事，尤爱墨竹，尝集元吴仲圭、明夏仲昭、文征仲诸家画竹，为室以奉之，名之曰'此君轩'。"落款："壬子九月。"（8卷，626页）

按：川口国次郎，号栖鹤，出身广岛县三原市，日本汉学家、画家。

与隅田吉卫

先生《二田画庼记》云："既而隅田君以书来，曰：'余有"二田画庼"者，以沈石田、恽南田之画名焉。君于二君之居既有文，请为我记之。'则应之曰：'诺。'"落款："壬子十月。"（8卷，627页）

按：隅田吉卫，画家。生平不详。

与西村时彦

铃木虎雄《追忆王静庵君》云："我做完训点不久，已故的西

125

村天囚博士在《大阪朝日新闻》上连载了《琵琶记》的日译本。虽然天囚先生从事词曲研究远比我早得多，我还是屡次看到他往来于王君寓所。"(20卷，377—378页)

按：西村天囚，即西村时彦(1865—1924)，字子俊，号天囚、硕园，日本汉学家。曾任《大阪朝日新闻》记者、《东京朝日新闻》主笔，后致力于汉学研究。有《楚辞集释》《楚辞纂说》《论语集释》等传世。

身居海外，忧思故国，本年诗文饱含黍离之情。

先生致铃木虎雄书信(民国元年五月九日)云："《颐和园词》称奖过实，甚愧。此词于觉罗氏一姓末路之事略具，至于全国民之运命，与其所以致病之由，及其所得之果，尚有更可悲于此者，拟为《东征赋》以发之，然手腕尚未成熟，姑俟异日。"(15卷，58页)又，先生致铃木虎雄书信(民国元年十月七日)云："索《送狩野教授诗》稿，兹特呈上。惟诗中语意，于贵国社会政治前途颇有隐虑，与伦敦《泰姆士时报》意略相同。窃念君子居是邦，不非其大夫，况国维以亡国之民为此言乎？"(15卷，61页)又，先生致缪荃孙书信(民国元年十二月二十九日)云："讵知故国乃无年号可呼，与称牛儿年何异！以之相譬，可发一笑。"(15卷，48页)

按：先生是年所作《颐和园词》《蜀道难》《送日本狩野博士游欧洲》合称"壬子三诗"，均收于密韵楼本《观堂集林》卷二十。

学术著述

夏，跋《冷斋夜话》《双溪文集》。

先生《〈冷斋夜话〉跋》云："壬子夏，以日本五山刊本校《津逮》，共补二条，改正数百字，甚为满意。"(14卷，398页)

按：《冷斋夜话》(10卷)，宋僧惠洪著，笔记。

先生《〈双溪文集〉跋》云："壬子夏,于董氏诵芬室见《双溪文集》残本(明嘉靖刊),幸《诗余》尚全。因假归,令儿子潜明影写之。夏至后四日,国维记。"(14卷,550页)

按:《双溪文集》(17卷、附录1卷),宋王炎著,诗文集。

十一月底,《宋元戏曲考》成书,为历年戏曲研究之大成。至此,不再用力于戏曲。

先生致缪荃孙书信(民国元年十一月二十八日)云："近为商务印书馆作《宋元戏曲史》,将近脱稿,共分十六章。润笔每千字三元,共五万余字,不过得二百元。但四五年中研究所得,手所疏记、心所储藏者,借此得编成一书,否则茌苒不能刻期告成。唯其中材料皆一手搜集,说解亦皆自己所发明。将来仍拟改易书名,编定卷数,另行自刻也。"(15卷,47页)

按:《宋元戏曲史》,初名《宋元戏曲考》。初刊于《东方杂志》,第9卷10—11期、第10卷3—6、8—9期,民国元年(1912)三月至民国二年(1913)二月;后收入《文艺丛刻》甲集,商务印书馆民国四年(1915)出版。

狩野直喜《回忆王静安君》云："以后他开拓了元杂剧的研究领域,写了《宋元戏曲史》。可是对他而言,写这本书已纯属消遣。此前他说过,他对杂剧的研究以《宋元戏曲史》为终结,以后将再也不涉及这一领域。"(20卷,372页)

九月朔,写定《简牍检署考》。稿凡四易,初刊《艺文杂志》,复增补并寄法国学者沙畹。

赵万里《王静安先生年谱》:"(壬子三十六岁)九月朔日,《简牍检署考》始写定,盖至此已四易稿矣。此文日本铃木博士虎雄译为日文,登诸是年《艺文》杂志者,乃未改定之本。本年夏间,复增补若干则,遂得写定。岁暮闻法国沙畹教授方研究斯坦因

127

所得古简牍,因复写一本寄之。"(20 卷,426 页)

先生致铃木虎雄书信(民国元年四月十五日)云:"《简牍检署考》承屈大笔为译和文,甚感厚意。唯近复有补正之处,别纸录呈,仍乞附译为祷。"(15 卷,57 页)

按:《简牍检署考》,王国维著,[日]铃木虎雄译,连载于日本《艺文》杂志第 3 卷 3—6 期。四月间增补,至秋九月写定,刊于《云窗丛刻》(1914 年),后收于《海宁王静安先生遗书》。

又按:沙畹,即爱德华·埃玛纽埃尔·沙瓦讷(Édouard Émmannuel Chavannes,1865—1918)。中文名沙畹,字滋兰,号狮城博士,法国汉学家,被誉为"欧洲汉学泰斗"。

以《永乐大典》补《水云集·湖山类稿·附录·亡宋旧宫人诗》。

先生《跋》云:"壬子岁曾从《永乐大典》补诗六首、词一首,当时所见《大典》仅十六册,今已星散矣。"(14 卷,544 页)

主要戏曲学术成果

《宋元戏曲史》(16 章)

《宋元戏曲史》成书于民国元年十一月底(1913 年 1 月),初名《宋元戏曲考》。各章节分八期连载于《东方杂志》,即第 9 卷 10—11 期,第 10 卷 3—6、8—9 期,民国元年(1912)三月至民国二年(1913)二月全部刊载完成;民国四年(1915)收入商务印书馆《文艺丛刻》甲集出版,为出版之便,题名《宋元戏曲史》;民国二十一年(1931),上海六艺书局以《宋元戏曲考》之名再版,列为《增补曲苑》革集。

《宋元戏曲史》总结、贯穿了《戏曲考原》《优语录》《唐宋大曲考》《曲调源流表》《录曲余谈》《古剧脚色考》等丰厚成果,是王国维先生戏曲研究的集大成之作。它首开我国戏曲史研究的学术风气,被誉为"中国文艺史研究双璧"之一,对我国的戏曲史研究具有筚路蓝缕之功。

全书内容如下:

《宋元戏曲史》简表

章节目录	主要内容
第一章　上古至五代之戏剧	指出"后世戏剧,当自巫优二者出",考察了上古至五代各时期优伶的状况与戏剧的类型及演出情况。
第二章　宋之滑稽戏	辑录古代文献中关于宋代滑稽戏的相关史料。
第三章　宋之小说杂戏	辑录古代文献中小说、傀儡、影戏及其他曲艺的相关史料。
第四章　宋之乐曲	论述宋代传踏、曲破、大曲、诸宫调、赚词等乐曲形式并举例说明。
第五章　宋官本杂剧段数	精密考察《武林旧事》所载二百八十种宋杂剧曲目的用曲类型,并对作品的创作年代进行推测。
第六章　金院本名目	论述金院本的定义、模式,归纳作品用曲类型,为作品年代的断定提供多重证据。
第七章　古剧之结构	从脚色、演出形式等方面考察金元以前杂剧院本的结构,得出"真正之戏曲,不能不从元杂剧始"的结论。
第八章　元杂剧之渊源	重申元杂剧以"一定之体段""一定之曲调""百余年间无敢逾越者"的特征,为"中国之真戏曲"的观点,详细分析元杂剧的用曲规范。分析元杂剧与古剧的联系,指出元杂剧"非尽出于创造"。

续表

章节目录	主要内容
第九章 元剧之时地	将元杂剧发展分成蒙古时代、一统时代、至正时代三期,并依据作家籍贯的南北分异分析杂剧中心的迁移及其背后的政治社会因素。
第十章 元剧之存亡	目录元杂剧作家作品。
第十一章 元剧之结构	论说元杂剧的文本结构、科白曲之关系、脚色、演唱形式及砌末。
第十二章 元剧之文章	指出元杂剧之佳处在"自然",并以具体例子说明其语言的"意境美"。
第十三章 元院本	以《吕洞宾花月神仙会》一段院本为例,分析元院本的结构,指出院本、南戏与元杂剧三者之间的关系。
第十四章 南戏之渊源及时代	通过分析南戏的曲谱和内容,指出其与古剧的密切关系。考证了南戏及现存南戏作品的产生时代,及南戏在元初的衰落。
第十五章 元南戏之文章	指出北曲"悲壮沉雄"、南曲"轻柔曲折"的特点,并以关汉卿本与南戏本《拜月亭》进行对比。
第十六章 余论	一、总结中国戏曲史。 二、"北剧南戏,皆至元而大成,其发达亦至元代而止。" 三、"杂剧""院本""传奇""戏文"的定义;中国乐曲与外国之关系;中外戏剧的输入与输出。
附录 元戏曲家小传	简录杂剧家、南戏家及考辨同名作家。

另,作者在书前所写的自序是戏曲研究的重要参考资料。特附录于下,以供读者查阅。

凡一代有一代之文学:楚之骚,汉之赋,六代之骈语,唐之诗，宋之词，元之曲，皆所谓一代之文学，而后世莫能继焉者也。独元人之曲，为时既近，托体稍卑，故两朝史志与《四库》集部，均不著于录。后世儒硕，皆鄙弃不复道。而为此学者，大率不学之徒。即有一二学子，以余力及此，亦未有能观其会通，窥其奥窔者。遂使一代文献，郁埋沈晦者，且数百年，愚甚惑焉。往者，读元人杂剧而善之，以为能道人情，状物态，词采俊拔，而出乎自然。盖古所未有，而后人所不能仿佛也。辄思究其渊源，明其变化之迹，以为非求诸唐宋辽金之文学，弗能得也。乃成《曲录》六卷、《戏曲考原》一卷、《宋大曲考》一卷、《优语录》二卷、《古剧脚色考》一卷、《曲调源流表》一卷。从事既久，续有所得，颇觉昔人之说，与自己之书，罅漏日多，而手所疏记与心所领会者，亦日有增益。壬子岁莫，旅居多暇，乃以三月之力，写为此书。凡诸材料，皆余所搜集；其所说明，亦大抵余之所创获也。世之为此学者自余始，其所贡于此学者，亦以此书为多。非吾辈才力过于古人，实以古人未尝为此学故也。写定有日，辄记其缘起，其有匡正补益，则俟诸异日云。海宁王国维序。

（引文据民国四年商务印书馆版摘录，笔者重新标点。）

民国二年(1913)，三十七岁。

事迹

正月，作《隆裕皇太后挽歌辞九十韵》，二月刊于日本报纸。

先生致缪荃孙书信(民国二年正月十九日)云："维自阴历开岁后共作诗十余首，而此《隆裕太后挽歌辞五言排律九十韵》颇为满意，惜篇幅太长，不能写呈，拟将至东以后诗编成一卷付之排印，再行奉呈教正。"又，(民国二年二月二十七日)云："前作

《孝定景皇后挽歌辞》,东报借刊之,今剪出奉上,请政之。"(15卷,49、50页)

按:《隆裕皇太后挽歌辞九十韵》,收密韵楼本《观堂集林》卷二十。

二月,移居吉田町神乐冈八番地,与罗振玉、董康、刘大绅比邻而居。

先生致缪荃孙书信(民国元年正月十九日)云:"半月以后,移居吉田町神乐冈八番地,背吉田山,面如意岳,而与罗、董二公新居极近,地亦幽胜,惟去市略远耳。"(15卷,50页)又,龙峨精灵(刘蕙孙)《观堂别传》云:"彼时结邻京都吉田山边的共五家:董授经康先生住在山顶,罗雪堂振玉先生住在山脚,其他三家全在山腰。吾家居中,罗子经先生是左邻,右邻隔三四家,便是静安先生家了。"(20卷,336页)

按:刘大绅(1887—?),字季缨,江苏丹徒(今江苏省镇江市)人,刘鹗四子,罗振玉长婿。

二月二十九日,游春赏樱。

赵万里《王静安先生年谱》云:"(癸丑三十七岁)二月二十九日清明,与家人游真如堂,循东麓,下至安乐寺,时樱花初放。"(20卷,427页)

三月三日,受京都大学诸教授邀,与罗振玉共赴京都兰亭诗会并作诗。

先生致缪荃孙书信(民国元年十二月二十九日)云:"此间岁事,寓公均照旧历办理。春间此间日人有兰亭会之举,因系永和后第二十六癸丑之故。"(15卷,48页)又,赵万里《王静安先生年谱》云:"(癸丑三十七岁)三月三日上巳,京都大学诸教授及罗先生等,各以所藏右军《兰亭帖》佳本展览,先生亦与焉,且以诗记

其事。"(20卷,427页)

按:《癸丑三月三日京都兰亭会诗》,收密韵楼本《观堂集林》卷二十。

夏,刊在日诗歌。

先生致缪荃孙书信(民国二年四月初八日)云:"至东以后,得古今体诗二十首,中以长篇为多,现在拟在日本旧大木活字排印成册,名曰《壬癸集》,成后当呈教。"(15卷,52页)又,先生致铃木虎雄书信(民国二年五月二十三日)云:"维昨今二年之诗,古今体共得二十首,已属山田圣泽华房以木活字排印,次月上旬可以装成,再行呈教。"(15卷66页)

是年,移居后始读《周礼注疏》《仪礼注疏》《礼记注疏》,日课不辍。

先生致缪荃孙书信(民国元年正月十九日)云:"移居以后,日读注疏一卷,拟自三《礼》始,以及他经,期以不间断,不知能持久否。"(15卷,50页)又,先生《〈重刊宋本仪礼注疏·附校勘记〉跋》落款云:"癸丑四月二十日读此一卷。"又,(卷二十五)"癸丑五月十四日读此卷。至此卷二十五卷,得全书之半,幸无一日间断。"又,(卷五十)"癸丑六月九日读毕。自四月二十一日起,至此凡四十八日,日尽一卷,中二日尽二卷,幸无间断。今年读三礼,尚有《礼记》,亦须百日可了。"(14卷,552—553页)又,先生《〈附释音礼记注疏·校勘记〉跋》落款云:"癸丑八月十一日读起,至十月十二日毕。"(14卷,553页)

十一月,次女东明生。

赵万里《王静安先生年谱》云:"(癸丑三十七岁)十一月,次女东明生。"(20卷,428页)

按:王东明(1913—),先生次女,1949年随家族移居台湾。

百岁时曾出版家族回忆录。台湾繁体字版:《百年追忆:王国维之女王东明回忆录》,台湾商务出版社 2012 年版;大陆简体字版:《王国维家事:王国维长女①王东明百年追忆》,安徽人民出版社 2013 年版。

年底,得斯坦因掠走汉晋木简之印本,与罗振玉重新理订。

赵万里《王静安先生年谱》云:"(癸丑三十七岁)冬日,法人沙畹教授寄其所撰斯坦因所得之汉晋木简文字考释未印成本至。其中颇有不惬意处,罗先生与先生乃发愤重行分类考订,其小学方技书及简牍遗文均罗先生任之;其关于屯戍诸简,则由先生任之,盖以先生熟于两汉史事故也。"(20 卷,428 页)

是年,为《盛京时报》供稿,开《东山杂记》《两庽轩随录》专栏,然以薪酬未谐而辍。

赵万里《王静安先生年谱》云:"(癸丑三十七岁)是岁,日人一宫主《盛京时报》社,邀先生作札记刊日报中,月致束脩三十元,且有时不至,遂解约。《东山杂记》《两庽轩随笔》即作于是时。"(20 卷,428 页)按:《盛京时报》专栏所载戏曲札记,详见本年"主要戏曲学术成果"。

学术著述

五月,跋唐写本《春秋后语》背记。

先生《唐写本春秋后语背记跋》落款云:"癸丑五月"。(8 卷,523 页)

按:《春秋后语》(10 卷),晋孔衍著,史书。此唐写本藏罗振玉处,书后背记 8 条,其中汉文 7 条,中亚文字 1 条。

---

① 先生长女夭折,故王东明亦被视为长女。

春夏间,草《明堂寝庙通考》。

先生致缪荃孙书信(民国二年四月初八日)云:"顷多阅金文,悟古代宫室之制,现草《明堂寝庙通考》一书,拟分三卷:已说为第一卷(已成),次驳古人说一卷,次图一卷。此书全根据金文、龟卜文,而以经证之无乎不合。脱稿之后,再行呈教。"(15卷,52页)又,先生致缪荃孙书信(民国二年约十月间)云:"夏间作《明堂寝庙通考》二卷"。(15卷,53页)

夏,为西村时彦作《〈译本琵琶记〉序》。

赵万里《王静安先生年谱》本年"编年文"部分,《译本琵琶记序》下小字注云:"夏日,见《集外文》。"(20卷,428页)

按:《译本琵琶记》,明高则诚著,[日]天囚居士译,1913年出版,原书载先生序文。东京大学东阳文化研究所、天理大学图书馆均有收藏。序文全文详见本年"主要戏曲学术成果"。

七月,跋唐写本《兔园册府》残卷。

赵万里《王静安先生年谱》本年"编年文"部分,《唐写本兔园策府残卷跋》下小字注云:"七月。"(20卷,428页)

按:《兔园册府》(残1卷),亦作"兔园策府",唐杜嗣先编,童蒙读物。

八月,跋《杂剧十段锦》,编定《齐鲁封泥集存》。

先生《〈杂剧十段锦〉跋》落款云:"癸丑八月"。(详见本年"主要戏曲学术成果"条)按:《杂剧十段锦》(10卷),无名氏编,明杂剧选集。

先生《〈齐鲁封泥集存〉序》落款云:"癸丑八月"。(3卷,167页)又,罗振玉《〈齐鲁封泥集存〉序》云:"至是又悟海内所传,实不复能逾此,亟欲从事编辑,以偿夙愿。而篋中所储陈、刘、郭三家墨本具存,独无吴氏沪上所印《考略》,石印未精,不可复写,因就刘、郭及予所藏勒为一书，以补《考略》之缺。吾友王君静安，熟精《史》《汉》，请其仍《考略》之例，为之类次，并序其旨要。"（3卷，168页）按：《齐鲁封泥集存》，王国维编，上虞罗氏永慕园1913年出版，书中封泥、拓片为郭申堂、刘鹗、罗振玉所藏。

秋，著《释币》《秦郡考》《汉郡考》《两汉魏晋乡亭考》。

先生致缪荃孙书信（民国二年约十月间）云："秋间作《释币》二卷。（上卷由古衣服制度考币帛之长短广狭，下卷为附录，考历代布帛之丈尺价值）"又，"成《秦郡考》《汉郡考》二文，自谓自裴骃以后至国朝全、钱、姚诸家之争讼，至是一决。而班孟坚所云高帝置之二十六郡国，其三分之二乃置于景帝时，自来地理学未有见及此者，殊可怪也。因此发兴作《两汉六朝乡亭考》，而头绪既繁，体例亦难遽定。"（15卷，53、54页）

冬，作《书齐鲁封泥集存后》[①]。

赵万里《王静安先生年谱》本年"编年文"部分，《书齐鲁封泥集存后》下小字注云："此文作于印成之后，故不及刊入本书中。"（20卷，428页）

按：《书齐鲁封泥集存后》，收入密韵楼本《观堂集林》卷十五。《齐鲁封泥集存》刊行于本年秋末，则此文约成于冬季。

是年，作《阳陵虎符跋》《书宋旧宫人诗词湖山类稿水云集后》。

按：《阳陵虎符跋》，即《秦阳陵虎符跋》，列入赵万里《王静安先生年谱》本年"编年文"部分，后收入密韵楼本《观堂集林》卷十五。《书宋旧宫人诗词湖山类稿水云集后》，初刊于《盛京时报》本年八月十七至十八日《东山杂记》专栏，后收入密韵楼本《观堂

---

① 书齐鲁封泥集存后，赵万里编《海宁王静安先生遗书》作"齐鲁封泥集存后"。

集林》卷十七。

主要戏曲学术成果

《杂剧十段锦》跋。

《杂剧十段锦》十卷,明嘉靖戊午绍陶室刊,分甲乙丙丁十集,凡十种。内《关云长义勇辞金》《李亚仙花酒曲江池》《蟠桃会八仙庆寿》《赵贞姬死后团圆》《黑旋风仗义疏财》《清河县继母大贤》《豹子和尚自诈俗》《兰红诉良烟花梦》八种,见钱遵王《也是园书目》,皆明周宪王有燉撰。其《汉相如献赋题桥》《胡仲渊贬窜雷州》二种,撰人无考。案:钟继先《录鬼簿》关汉卿、屈子敬皆有《升仙桥相如题柱》杂剧,《也是园书目》明无名氏有《司马相如题桥》。元明杂剧往往一题数本,此书八种既为宪王之作,则此二种恐亦出宪王手也。宪王乐府独步明初,音调偕美,中原弦索多用之。李空同《汴中绝句》云:"中山孺子倚新妆,赵女燕姬总擅场。齐唱宪王新乐府,金梁桥外月如霜。"又牛左史诗:"唱彻宪王新乐府,不知明月下樊楼。"盖宣正正嘉百年之间,风行之盛如此。然其著述传世甚稀,明朱灌甫《万卷堂》《聚乐堂》两书目均有宪王所撰《诚斋乐府》十册。近百年间,唯钱唐汪氏《振绮堂书目》尚有此书,后归仁和朱氏结一庐,由朱氏入丰润张氏。辛丑金陵之乱,张氏之书散亡殆尽,未必尚在人间。其流传零种,平生所见,仅有黄陂陈氏所藏《张天师明断辰勾月》《吕洞宾花月神仙会》《紫阳仙三度常椿寿》《东华仙三度十长生》《群仙庆寿蟠桃会》《蟠桃会八仙庆寿》六种。上虞罗氏所藏《洛阳风月牡丹仙》《十美人庆赏牡丹园》《天香圃牡丹品》三种,与此书复出者仅一种。然则此书十中之九为海内孤本矣。卷首有钱遵王藏印,而不见于《也是》《述古》二目,殆为晚年所得。后归朱竹垞、郁泰峰，今归武进董授经廷尉。廷尉以是书传世甚希，不自閟惜，乃用玻璃版精印百部以广流传，而属国维书其后。窃谓廷尉好古精鉴，不减遵王。至于流通古书，嘉惠艺林，则尤有古人之风，非遵王辈所能及也。癸丑八月。

（引文据《海宁王静安先生遗书》摘录，笔者重新标点。）

《〈译本琵琶记〉序》。

欲知古人，必先论其世；欲知后代，必先求诸古；欲知一国之文学，非知其国古今之情状学术不可也。近二百年来，瀛海大通。欧洲之人讲求我国故者亦夥矣，而真知我国文学者盖鲜。则岂不以道德风俗之悬殊，而所知所感亦因之而异欤？抑无形之情感，固较有形之事物为难知欤？要之，疆界所存，非徒在语言文字而已。以知之之艰，愈以知夫译之之艰。苟人于其所知于他国者，虽博以深，然非老于本国之文学，则外之不能喻于人、内之不能慊诸己，盖兹事之难能久矣。如戏曲之作，于我国文学中为最晚，而其流传于他国也则颇早。法人赫特之译《赵氏孤儿》也，距今百五十年；英人大维斯之译《老生儿》，亦垂百年。嗣是以后，欧利安、拔善诸氏并事翻译。迄于今，元剧之有译本者几居三之一焉。余虽未读其译书，然大维斯于所译《老生儿》序中谓："元剧之曲，但以声为主，而不以义为主。"盖其所趁译者，科白而已。夫以元剧之精髓全在曲辞，以科白取元剧，其智去买椟还珠者有几！日本与我隔裨海，而士大夫能读汉籍者亦往往而有，故译书之事反后于欧人。而其能知我文学，固非欧人所能望也。癸丑夏日，得西村天囚君所译《琵琶记》而读之。南曲之剧，曲多于白，其曲白相生亦较北曲为甚。故欧人所译北剧多至三十种，而南戏则未有闻也。君之译此书，其力全注于曲，以余之不敏，未解日本文学，故于君文之神趣味韵，余未能道焉。然以君之邃于汉学又老于本国之文学,信君之所为,必远出欧人译本之上无疑也。海宁王国维序于日本京都吉田山麓寓庐。

（引文据1913年版天囚居士《译本琵琶记》摘录,笔者重新标点。）

《东山杂记》《二牖轩随录》所载戏曲札记。

按:《东山杂记》《二牖轩随录》是先生刊登在《盛京时报》上的随笔合集。先生旅日期间,应一宫房次郎的邀请,成为《盛京时报》的契约作者,直到1916年回国前夕为止。先生在日本写作的随笔札记自公历1913年7月至1915年11月间持续见报,这些作品依次结集为《东山杂记》《二牖轩随录》和《阅古漫录》。前两种含戏曲札记二十则,后一种主要是古书画题咏。兹将这三年的札记系于一处,以便于读者查阅。

赵利栋辑校的《王国维学术随笔》(社会科学文献出版社2000年版)对三者均有收录;洪治纲主编的《王国维经典文存》(上海大学出版社2003年版)节录了《东山杂记》的部分作品;谢维扬、房鑫亮主编的《王国维全集》(浙江教育出版社2009年版)亦收录全部作品。三种著录都是根据文章内容,将报纸刊载的零散条目重新整合,但体例各有不同。其中赵版在各条目前加上了小标题,便于读者查阅。本书借鉴前人成果,直引赵版标题、体例。文字据《盛京时报》重新校对,笔者重新标点。

《东山杂记》

姐即母

余见元刊本关汉卿《闺怨佳人拜月亭》杂剧,称父为阿马,母为阿者。阿马为女真语,今犹用之,殊不知其所出。若阿者,则恐金人所用古语也。《淮南子·说山训》:"东家母死,其子哭之不哀。西家子见之,归谓其母曰:'社何爱速死,吾必悲哭社。'"高诱注:"江淮谓母为社。"《说文》:"姐,蜀人谓母曰姐,淮南谓之社，从女，且声。"读若左。《广雅·释亲》："姐，母也。""社""姐"音略近，"姐"即"社"也。故《北齐书》太原王绍德称其母李后为"姊姊"。至南宋时，高宗犹呼韦太后为"大姐姐"（见《四朝闻见录》）。则金人呼母为"啊者"，即"啊姐"之音转，未必为女真语也。

俄藏不知名戏曲一种①

十余年前，俄人某于甘肃某地古塔中得西夏人所刻书，有西夏字书，前列西夏文，而以汉文音注之。去秋圣彼得堡大学助教伊凤阁氏携其一叶至京都，余亲见之。全书都五十余叶，字画朴劲，大似北宋末刊本。又有戏曲一种，不知何名。时方观罗叔言参事所藏元刊杂剧，伊君即云板式与此略同。项日本狩野博士直喜至俄京亲见其书，疑为宋时杂剧。狩野君归时，当以照相本来，此事大值研究也。

罗振玉藏元刊杂剧三十种

上虞罗氏所藏元刊杂剧，凡三十种，旧藏吴门顾□，去岁日本人某购之以东，为罗君所得，乃黄荛圃故物也。荛翁题跋屡夸其所藏词曲之富，以明李中麓所居有"词山曲海"之名，故自名其室曰"学山海居"。其所藏词之最著者，有元刊《东坡乐府》二卷、元刊《辛稼轩长短句》十二卷，后归汪氏艺芸精舍，今在杨氏海源阁，临桂王氏四印斋曾刊之。此外尚有汲古毛氏影宋本词若干种，亦见他题跋中。唯所藏元曲，世未有知其详者。其见于《士礼居题跋》者，仅《太平乐府》《南峰乐府》二种与钱唐丁氏所藏元刊《阳春白雪》为荛翁故物耳，不谓尚有此秘笈。此书书匣尚为

----

① 此条内容，赵利栋《王国维学术随笔》原缺。笔者据《盛京时报》补录，小标题为笔者所加。

黄氏旧物,上刊莞翁手书楷十二字,曰"元刻古今杂剧乙编士礼居藏",隶书书二字,曰"集部"。此编既为乙编,则尚有甲编,今不知何在矣。此三十种中,其为《元曲选》所有者十三种,其目为:

《大都新编楚昭王疏者下船》(郑廷玉撰)

《新刊的本泰华山陈抟高卧》(马致远撰)

《赵氏孤儿》(纪君祥撰)

《新刊的本薛仁贵衣锦还乡》(张国宾撰)

《新刊关目陈季卿悟道竹叶舟》(范康撰)

《大都新刊关目公孙汗衫记》(张国宾撰)

《新刊关目看钱奴买冤家债主》(郑廷玉撰)

《新刊关目马丹阳三度任风子》(马致远撰)

《新刊关目张鼎智勘魔合罗》(孟汉卿撰)

《新刊死生交范张鸡黍》(宫天挺撰)

《新编岳孔目借铁拐李还魂》(岳伯川撰)

《新刊的本散家财天赐老生儿》(武汉臣撰)

此十三种与《元曲选》本大有异同。此外十七种则明以后未有刊本,其目为:

《古杭新刊关目李太白贬夜郎》(王伯成撰)

《新刊关目严子陵垂钓七里滩》(宫天挺撰。此本撰人本无可考,唯元钟嗣成《录鬼簿》载天挺有《严子陵钓台》杂剧。此剧意极似天挺所撰《范张鸡黍》,殆即宫所撰也。)

《古杭新刊尉迟恭三夺槊》(尚仲贤撰)

《古杭新刊关目风月紫云庭》(据《录鬼簿》,石君宝、戴善甫均有诸宫调《风月紫云庭》杂剧,此不知谁作。)

《大都新编关张双赴西蜀梦》(关汉卿撰)

《新刊关目诈妮子调风月》(关汉卿撰)

《古杭新刊关目辅成王周公摄政》（郑光祖）

《新刊关目诸葛亮博望烧屯》（撰人无考）

《新刊关目全萧何追韩信》（金仁杰撰）

《古杭新刊的本关大王单刀会》（关汉卿撰）

《新编关目晋文公火烧介子推》（狄君厚撰）

《新刊关目闺怨佳人拜月亭》（关汉卿撰）

《大都新刊关目的本东窗事犯》（孔文卿撰）

《古杭新刊霍光鬼谏》（据元姚桐寿《乐郊私语》，乃元杨梓撰。）

《新编足本关目张千替杀妻》（撰人无考）

《古杭新刊小张屠焚儿救母》（撰人无考）

原书皆不著撰人姓名，余为考订之如右。唯《小张屠焚儿救母》一本，前人从未著录，盖亦元末明初人所未见也。此书大抵有曲无白，讹别之字满纸皆是，板乐亦似今之七字唱本，然皆为元刊元印无疑。其中唯《范张鸡黍》《岳孔目》《替杀妻》《焚儿救母》四种为大字，余均小字。其题"大都"或"古杭新刊"云云，恐著其原本所出，未必后人汇集各处本而成此书也。

芜圃所藏者，尚有元刊《琵琶记》，见于《题跋》。今贵池刘氏所藏者，不知即其书否？

黄芜圃所藏元刊本《琵琶》《荆钗》二记，均归汪阆园，见《艺芸精舍宋元本书目》。后《琵琶记》为吴县潘文勤公所得，又入溧阳端忠敏家。忠敏卒后，其书在贵池刘葱石处，内元刊《荆钗记》，亦在刘氏。然据缪艺风秘监言，《荆钗记》中有制艺数篇，显系明刊。余向疑《荆钗》为明宁宪王作，何以有元刊本，闻秘监言乃悟。

元刊小张屠焚儿救母杂剧

142

元刊无名氏《小张屠焚儿救母》杂剧,元钟嗣成《录鬼簿》、明宁宪王《太和正音谱》均未著录。其剧演汴梁张某,业屠,事母孝,母病剧,向其邻王员外贷钱购药,不允。乃与其妻遥祷东岳神,愿以其子焚诸醮盆内,以乞母命,母病果愈。至三月二十八日东岳生辰,乃携其子往泰安还愿。适王员外亦挈其子万宝奴往,神乃令鬼卒以王子易张子,而送张子还汴。初疑世不容有此种残酷事,及读《元典章》五十七,乃知元时竟有是俗。《典章》载:"皇庆二年正月某日,福建廉访司承奉行台准御史台咨:承奉中书省劄付呈,据山东京西道廉访司申。本道封内有泰山东岳,已有皇朝颁降祀典,岁时致祭,殊非细民诮渎之事。今士农工商,至于走卒、相扑、俳优、倡伎之徒,不谙礼体,每至三月,多以祈福赛还口愿。废弃生理,敛聚钱物金银器皿鞍马衣服锻匹,不问远近,四方辐辏,百万余人连日纷闹。近为刘信酬愿,将伊三载痴儿抛投醮纸火池,以致伤残骨肉,灭绝天理,聚众别生余事。岳镇海渎,圣帝明王,已蒙官破钱物,命有司岁时致祭,民间一切赛祈并宜禁绝。得此,本台具呈照详,送刑部与礼部,一同议得。(中略)今承现奉刑部约,请到礼部郎中李朝列,一同议得:岳渎名山,国家致祭,况泰山乃五岳之尊。今此下民不知典礼,每岁孟春,延及四月,或因父母,或为己身,或称祈福以烧香,或托赛神而酬愿,拜集奔趋,道路旁午,工商技艺,远近咸集,投醮舍身,无所不至。愚惑之人既众,奸恶之徒岂无?不唯亵渎神灵,诚恐别生事端。以此参详,合准本道廉访司所言,行移合属,钦依禁治,相应具呈照详。得此,都省仰依上施行。"云云。则往泰山焚儿还愿,元时乃真有此事,不过剧中易刘信为张屠,又谬悠其事实耳。元时火葬之风最盛,乃至焚及生人,迷惑之酷竟至于此!乃国家禁之,作剧者犹若奖励之,是亦不可以已乎?

元刊本张千替杀妻杂剧①

元刊《张千替杀妻》杂剧,《太和正音谱》录作《张子替杀妻》,乃《谱》误也。其关目与《太平广记》中载唐人小说《冯燕传》略同。宋曾布曾以大曲《水调歌头》咏冯燕事,载于宋王明清《玉照新志》。后人或推为戏曲之祖,其实宋人此等大曲甚多,不自布始也。此剧岂翻曾布大曲为之而易其姓名,抑元人又有此种事耶?剧后不云遇赦事,与冯燕略异。然其正名云:"贤明待制翻疑狱,耿直张千替杀妻。"则其案亦遭平反。事殆在白中,而刊本删之欤?

元刊本霍光鬼谏杂剧

元刊《霍光鬼谏》杂剧,《太和正音谱》著录属之无名氏,然元姚桐寿《乐郊私语》谓:"海盐少年多善歌,乐府皆出于澉川杨氏。当康惠公梓存时,节侠风流、善音律,与武林阿里海涯之子云石交善。云石翩翩公子,无论所制乐府、散套,骏逸为当行之冠。即歌声高引,可彻云汉。而康惠独得其传,今杂剧中有《豫让吞炭》《霍光鬼谏》《敬德不服老》,皆康惠自制,以寓祖父之意,第去其著作姓名耳。其后长公国材、次公少中,复与鲜于去矜交好。去矜亦乐府擅场,以故杨氏家僮千指,无不善南北歌调者。由是州人往往得其家法,以能歌名于浙右云。"则此剧实海盐杨梓所撰。梓,《元史》无传,唯一见于《爪哇传》中。当至元三十年征爪哇,梓以招谕爪哇等处宣慰司官,随福建行省平章政事伊克穆苏,以五百人、船十艘先往招谕之。大军继进,爪哇降,梓引其宰相昔剌难答吒耶五十余人来迎。后官至嘉议大夫、杭州路总管

① 此条内容,赵利栋《王国维学术随笔》与上条并录。本书据其内容分条别录,小标题为笔者所加。

致仕。卒赠两浙都转运使,上轻车都尉,追封宏农郡侯,谥康惠。《乐郊私语》详载其历官爵谥如此。明董谷《续澉水志》载元徐思敬《宣慰杨公斋粮记》云:"前浙西道宣慰少中杨公,居海盐之澉川镇,事其考安抚总使杨公以孝闻"云云,则梓又尝为安抚总使。考元代名公如刘太保、卢疏斋等,虽多为小令套数,未尝作杂剧。杂剧家之有事功、历显要者,梓一人而已。又据《乐郊私语》所记,则后世之海盐腔,元时已有之,且自梓家出,然梓所撰杂剧,则固纯用北曲也。

元剧曲文之佳音

前所记佚剧十七种中,曲文之佳音,当以关汉卿之《闺怨佳人拜月亭》为最。向来只传南曲《拜月亭记》,明人如何元朗、臧晋叔等均盛称之,以为在《琵琶》之上。然细比较之,其佳处均自北剧出,想何、臧辈均未见此本也。他如王伯成之《李太白贬夜郎》宫大用之《严子陵垂钓七里滩》,在元剧中亦当为上驷。大用尝为钓台书院山长,《七里滩》剧当作于为山长时也。

通俗小说源出宋代

今之通俗小说,如《水浒传》《三国演义》《西游记》《封神榜》诸书,大抵明人所润色,然其源皆出宋代。《三国演义》与《西游记》前条既言之矣,《水浒传》亦出《宣和遗事》。又《录鬼簿》所载元人杂剧,其咏《水浒》事者多至十三本,其事与今书多不同,盖其祖本亦非一本。又元杂剧中《摘星楼比干剖腹》,乃演《封神榜》之事。《谢金吾诈拆清风府》及《昊天塔盂良盗骨殖》乃演杨家将之事。他如《包待制三勘蝴蝶梦》《包待制智斩鲁斋郎》《包待制智勘后庭花》《包待制智赚灰阑记》《包待制智赚合同文字》《糊突包待制》《包待制判断烟花鬼》,则《龙图公案》之祖也。《秦太师东窗事犯》则《岳传》之祖也。《梦梁录》载南渡说史书者或敷衍《复华编》《中兴诸将传》，则《岳传》在宋时已有小说。至戏曲、小说之同演一事者孰后孰先，颇难臆断。至其文字结构，则以现存之《五代平话》《宣和遗事》《大唐三藏取经诗话》观之，尚不及戏曲远甚，更无论后代小说。然则今之《水浒》《西游》《三国演义》等，实皆明人之作，宋元间之祖本决不能如是进步也。

升官图始于唐

今传戏中有《升官图》者，其戏最古，实始于唐李郃《彩选》。宋人作者亦有数家，《直斋书录解题》有《进士彩选》一卷，赵明远景昭撰，此元丰未改官制时迁转格例也。《郡斋读书志》有《采选集》四卷，云"莫详谁作。初，《彩选格》起于唐李郃，本朝踵之者有赵明远、尹师鲁。元丰官制行，有宋保国，皆取一时官制为之。至刘贡父，独因其法，取西汉官秩升黜次第为之，又取本传所以升黜之语注其下，局终遂可类次其语为一传，博戏中最为雅驯。此集尤详且悉，曰升官，曰职名，曰科目，曰赏格，曰服色，曰俸给，曰爵、邑、谥法之类，无一不备"云云，殆已与今之《升官图》相似。今诸书皆不传，传者独贡父《汉官仪》耳。余见罗氏唐风楼所藏明宏光间《升官图》，大致与今无异。

士人家蓄声伎

士人家蓄声伎，且应他人之招，其风盖始于杨铁崖。铁崖出游，以家乐自随，故时人作诗讥之曰："如何一代杨夫子，变作江南散乐家。"明中叶后，尚有此风，如何元朗、屠长卿辈皆有声伎皆是也。沿及国初，此风尤盛。尤西堂《钧天乐传奇自序》："丁酉之秋，薄游太末，阻兵未得归，逆旅无聊，漫填词为传奇，率日一出，阅月而竣，题曰《钧天乐》。家有梨园，归则授使演焉。适山阴姜侍御还朝，过吴门，函索予剧"云云。则此种家乐，实应外人之招，盖当时所谓名士者，其资生之道如此。此外如查伊璜等亦然。至李笠翁辈，乃更不足道矣。

《二牖轩随录》

曲录序

予曩为《曲录序》云："戏曲之兴，由来远矣。宣和之末，已见萌芽。乾淳以还，渐多纂述。泗水潜夫，纪武林之杂剧；南村野叟，录金人之院本。丑斋《点鬼》，丹邱《正音》，著录斯开，搜罗尤盛。上自洪武诸王就国之装，下讫天崇私家插架之轴，则有若章丘之李、临川之汤、黄州之刘、山阴之淡生、海虞之述古，富者千余，次亦百数。然中麓诸家，未传目录；《也是》一编，仅领崖略。存什一于千百，或有录而无书。暨乎国朝，亦有撰者。然《传奇汇考》之作，仅见残钞；广陵进御之书，惟存《总目》。放失之厄，斯为甚矣；鄙薄之原，抑有由焉。粤自贸丝抱布，开叙事之端；织素裁衣，肇代言之体。追原戏曲之作，实亦古诗之流。所以穷品性之纤微，极遭遇之变化。激荡物态，抉发人心。舒惨哀乐之余，摹写声容之末。宛转附物，怊怅切情。虽《雅》《颂》之博徒，亦滑稽之魁杰。惟语取易解，不以鄙俗为嫌；事贵翻空，不以谬悠为讳。庸人乐于染指，壮夫薄而不为。遂使陋室咏怀，人人青紫；香闺寄怨，字字桑间。抗志极于利禄，美谈止于兰芍。意匠同于千手，性格歧于一人。岂托体之不尊，抑作者之自弃也。然而明昌一编，尽金源之文献；吴兴《百种》，抗皇元之风雅。百年之风会成焉，三朝之人文系焉。况乎第其卷帙，帙两宋之诗余；论其体裁，开有名之制义。考古者征其事，论世者观其心，游艺者玩其辞，知音者辨其律。此则石渠《存目》，尚录《雍熙》；洙泗言《诗》，不删郑卫者矣。某雅好声诗，粗谙流别，痛往籍之日丧，惧来者之无征。是用博稽故简，撰为总目。存佚未见，未敢颂言。时代姓名，粗具条理。为书六卷，为目三千有奇。非徒为考镜之资，亦欲作搜讨之助。补三朝之志，所不敢言；成一家之言，请俟异日。"

关汉卿之时代

元人杂剧创自何人，不见记载。元钟嗣成《录鬼簿》著录以关汉卿为首，明宁宪王《太和正音谱》以马致远为首。然《正音谱》之评曲也，于关汉卿则云"观其词语，乃可上可下之才。盖所以取者，初为杂剧之始，故卓以前列"。盖《正音谱》诸家次第，以词之甲乙，不以时代之先后。而于初创杂剧者为关汉卿，固无异词也。汉卿时代，世无定说。杨铁崖《元宫词》云："开国遗音乐府传，白翎飞上十三弦。大金优谏关卿在，《伊尹扶汤》进剧编。"此关卿当指汉卿。按《录鬼簿》所录汉卿杂剧六十本，无《伊尹扶汤》，而郑德辉作杂剧中有之。然马致远《汉宫秋》杂剧中有云："不说他《伊尹扶汤》，则说那《武王伐纣》。"《武王伐纣》乃赵文殷所作杂剧，则《伊尹扶汤》必为杂剧之名。马氏生年在汉卿之后、郑德辉之前，则所云《伊尹扶汤》，自必为汉卿之作，而《录鬼簿》遗之，犹其所作《蝴蝶梦》《窦娥冤》《鲁斋郎》等剧，钟氏亦未著录也。由是观之，则铁崖时所谓"大金优谏"，确指汉卿，其人固逮事金源矣。

《录鬼簿》云："汉卿，大都人，太医院尹。"明蒋仲舒《尧山堂外纪》则云"金末为太医院尹，金亡不仕"，则未知所据。据陶九成《辍耕录》，则汉卿入元，中统初尚存。案：自金亡至元中统元年，凡二十六年。若使金亡不仕，则似无元代进杂剧之理。而金元二史《百官志》中，太医院中均无院尹一官，今亦不足定其仕元与否也。又《鬼董》一书，末有元泰定丙寅临安钱孚《跋》云："关解元之所传。"后人皆以关解元即汉卿，《尧山堂外纪》遂以此书为汉卿之作。案："解元"之称，今人多用之，如董解元是。《金

148

史·选举志》："明昌元年,定制,省元直就御试,不中者许缀榜末。解元但免府试"云云,则"解元"固金时之通称,汉卿得解,自在金世。若元则唯太宗九年,即金亡后三年一行科举,后废而不举者七十有八年,至仁宗延祐元年,乃复行之,遂为常制。则汉卿得解,必在金世或蒙古太宗之九年,至中统之初,固已垂老矣。杂剧托为汉卿所创,则创作时必在金天兴与元中统二三十年之间,不难推测也。

元剧之三期

予尝分元剧为三期:一、蒙古时代,此自太宗取中原之后至至元一统之初。《录鬼簿》上所著录之五十七人,大都在此期中,其人皆北方产也。二、一统时代,则自至元一统后至至顺、后至元时。《录鬼簿》下所谓"已亡名公才人,与余相知或不相知者",皆在此期中,其中以南人为多,否则北人而旅居南方者也。三、叔季时代,则顺帝至正间人。《录鬼簿》所谓"方今才人"是也。此三期中,以第一期为最盛,元剧之杰作皆出于此期中,其剧存者亦多。至第二期,除郑光祖、乔吉二家外,殆无足观,其曲存者亦罕。至第三期,则存者更罕,仅有秦简夫、萧德祥、朱士凯、王晔五剧,其视蒙古时代之剧,衰微甚矣。就元剧家之里居考之,则作杂剧者六十三人中,北人得五十,南人得十三人。又北人之中,则中书省所辖之地,即今直隶、山东西产者,又得四十五人,而其中大都二十人,平阳当大都之半。按《元史·太宗纪》:"七年,耶律楚材请立编修所于燕京,经籍所于平阳,编集经史。"至世祖至元二年,始徙平阳经籍所于京师。则北方除大都外,以平阳为文物最盛之地,宜杂剧家之多出也。

杂剧之作者

蒙古人中,有作小令、套数者;然作杂剧者,则唯汉人(中李直夫为女真人）。大臣之中，有作小令、套数者；然作杂剧者，大抵布衣，否则为省掾、令史之属。盖自金人重吏，自掾史出身者，其任用或反优于科目。至蒙古灭金，而科目之废垂八十年，为唐宋以来未有之事。故文章之士，非刀笔吏无以进身。则杂剧家之多出于掾史中，不足怪也。

杂剧发达之因

明沈德符《野获编》、臧懋循《元曲选序》谓元初灭金时，曾以词曲取士，其说固妄诞不足道。余则谓元之废科目，却为杂剧发达之原因。盖唐宋以来，士人竞于科目，已非一朝一夕之事。一旦废斥，彼其才力无所用，而一于杂剧发之。且金时就科目者，其业至为浅陋，观《归潜志》所载科目事可知。此种人士，一旦失其所业，固不能为学术上之事，而高文典册，又非其所素习也。适有杂剧新体出，遂多从事于此，而又有一二天才出于其间，充其才力，而元之杂剧，遂为千古独绝之文字。然则由杂剧家之时代爵里以推元剧创造之时代，及其发达之原因，如上所陈者，固非想象之说也。

关马白郑

元代曲家，昔称"关马郑白"，然以其时代与其所诣考之，不如称"关马白郑"为妥也。关汉卿一空依傍，自铸伟词，而其词曲尽人情，字字本色，故当为元人第一；白仁甫、马致远之词，高华雄浑，情深文明；郑德辉清丽芊绵，自成馨逸，均不失为第一流。其余曲家，均不出前四家范围内。唯宫大用瘦硬通神，独树一帜，其品当在关、马之间。明人《曲品》跻马致远于第一，而抑汉卿于后，盖元中叶以后，学马、郑者多，而学汉卿者少故也。

写定元本元杂剧序①

上虞罗氏所藏元刊杂剧三十种，前年由日本京都大学影刊行世，余为董校刊之役。凡元板中别字讹字，皆仍其旧，不改一字，所以存元本之真面目也。然世人恒苦其难读，盖元时别字俗体，与今不同；又其讹字，非熟于宋元词曲者，亦无自知之。今取其最佳者，重为写定，庶足为读曲之一助欤？甲寅十二月词山识。

新刊关目严子陵垂钓七里滩（写定元本元杂剧第一）

某姓严，名光，字子陵，本贯会稽严州人也。自幼年好游玩江湖，即今在南阳富山畔七里滩，钓鱼为生。方今王新室在位，为君一十七年，灭汉宗一万五千七百余口，绝刘后患，天下把这姓刘的搜拿。有一人舂陵乡白水村姓刘名秀，字文叔。不敢呼为刘文叔，改名为金和秀才。他常从我为兄相待。近日在下村李二公庄上，闲攀话饮酒。想汉朝以来，

〔点绛唇〕开创高皇，上天谪降，萧丞相、韩信、张良。自平帝生王莽。

〔混江龙〕自从夏桀将禹丧，独夫殷纣灭成汤。丕显哉吊民伐罪，丕承守绪成康。刚四十垂拱岩廊朝彩凤，第五辈巡守湘流中淹杀昭王。自开基启运，立国安邦，坐筹帷幄，竭力疆场，百十万阵，三五千场，满身矢镞，遍体金疮，尸横草野，啄人肠，未曾列两行墨迹在史书中，却早卧一丘新土在芒山上。咱人这富贵似蜗牛角半痕涎沫，功名似飞萤尾一点光芒。

〔油葫芦〕刘文叔相期何故爽？一会家自暗想，怎生来今日晚了时光？他只在渔舟揽住收僧网，酒旗摇处沽村酿。畅情时

---

① 此条标题为王国维原文拟定。

酌一壶,开怀时饮几觞。知他是暮年间身死中年丧,醉不到三万六千场。

[天下乐]则愿的王新室官命长。我这里斟量,有个意况。这乾坤姓王的由他姓王。他夺了呵夺了汉朝,篡了呵篡了汉邦,倒与俺闲人们留下醉乡。

[那吒令]则咱这醉眼觑世界,不悠悠荡荡;则咱这醉眼觑日月,不来来往往;则咱这醉眼觑富贵,不劳劳攘攘。咱醉眼宽似沧海中,咱醉眼竟高似青霄上,咱醉眼不识个宇宙洪荒。

[鹊踏枝]他笑咱唱的来不依腔,舞的来煞癫狂。俺不比你们皱定眉儿,则是天堂。富汉们喝菜汤,穿粗衣泼裳,有一日泼家私,似狗倖羊肠。

[寄生草]我比他吃茶饭知个饥饱,找比他穿衣服知个暖凉。酒添的神气能荣旺,饭装的皮袋偏肥胖,衣穿的寒暑难侵傍。看谁人省悟是谁痴?怕不凤凰飞在梧桐上。

[六幺序]你将他称赏,把他赞扬,那厮则是火避□虎、当道豺狼。咱人但晓三章,但识斟量,忠孝贤良。□□敬光,怎肯受王新室紫绶金章。□□□鬼眼通身相,有多少马壮人强。改年建号时间旺,篡了刘家朝典,夺了汉世封疆。

[幺]遍端详,那厮模样,休紧休忙,等那穹苍,到那时光,汉室忠良,议论商量。引领刀枪,撞入门墙,拖下龙床,脱了衣裳,木驴牵将,闹市云阳。手脚舒长,六道长钉钉上,咱大家看一场。不争你动起刀枪,天下慌慌,正应道龙斗鱼伤。尽乾坤一片青罗网,咱人逃出、大等高张。你汉家枝叶合兴旺。见放着不天摧地塌,国破家亡。

[后庭花]你道我瓦盆儿丑看相,磁瓯儿少意况,强如这惹祸患黄金盏,招灾殃碧玉觞。玉觞内、饮琼浆,耳边际、声嘹亮,绛

152

纱笼、银烛光,列金钗、十二行,裙摇的、环珮响,步金莲、罗袜香,娇滴滴、宫样妆,玉纤纤、手内将,黄金盏面上,巧埋伏、暗隐藏。

[青哥儿]那里面暗隐着风波、风波千丈。你说波、使磁瓯的有甚悲伤?我醉了呵东倒西歪尽不妨。我若烂醉在村乡,着李二公扶将,到草舍茅堂,靠瓮牖蓬窗,新苇席清凉,旧木枕边相,摆脱下衣裳,放散但心肠,任百事无妨。倒大来免虑忘忧,纳被蒙头,恁□翻身,强如你宰相侯王,遭断没属官象牙床,泥金坑。

[赚煞尾]平地上窝弓,水面上张罗网,□谁相寻相访。鸿鹄志飞腾天一方,拣深山旷野潜藏。□行唐,蓦岭登冈,拽着个钝木斧,系着条粗麻绳,担着条旧担秋。我则待驾孤舟荡漾,趁五湖烟浪,望七里滩头,轻舟短棹,蓑笠纶竿,一钩香饵钓斜阳。

右第一折。

[斗鹌鹑]我把这缦笠做交游,蓑衣为伴侣。这缦笠游了些冷雾寒烟,蓑衣遮了些斜风细雨。看红鸳戏波面千层,喜白鹭顶风丝一缕。白日坐一襟芳草茵,晚来宿半间茅苫屋。想从前错怨天公也,甚有安排我处!

[紫花儿]你道我不达时务,我是个避世严陵,钓几尾漏网的游鱼。怎禁四蹄玉兔,三足金乌。仔细踌躇,观了些成败兴亡,阅了些今古,浪淘尽千古风流人物:昨日个虎踞在咸阳,今日早鹿走姑苏。

[金蕉叶]七里滩从来是祖居,十辈儿不知祸福,常腕定滩头景物。我若是不做官,一世儿平生愿足。

[调笑令]巴到日暮,看天隅,见隐隐残霞三四缕。钓的这锦鳞来满向篮中贮,正是收纶罢钓渔父。那的江上晚来堪画处,抖搜着绿蓑归去。

[鬼三台]休停住,疾回去,不去呵枉葱的我诌言□语。回奏

与你汉銮舆，休着俺闲人受苦。皂朝靴紧行，拘我二足；纱幞头带着，掐我头颅。我手执的是斑竹纶竿，怎秉得你花纹象笏。

[秃厮儿]你那有荣辱襕袍靴笏，不如俺无拘束新酒活鱼，青山绿水开图画。玉带上，挂金鱼，都是嚣虚。

[圣药王]我则这水国居，乐有余。你问我弃高官不做待闲居？重阿，止不过请些俸禄；轻阿，但抹着灭了九族。不用一封天子召贤书，回去也不是护身符。

[麻郎]我尽说与你肺腑，我共你銮舆，两个常绕着南阳酒庐，醉酩不能家去。

[幺]俺是酒徒，醉余，睡处，又无甚花毡绣褥。我布袍袖将他盖伏，常与我席头儿夺枢。

[络丝娘]倒两个醉□□同眠抵足，我怎去他手里三叩头扬尘拜舞？我说来的言词你寄将去，休忘了一句。

[尾]说与你刘文叔有分付处别别分付，我不做官阿，有甚没发付你那襕袍靴笏？我则知十年前共饮的旧知交，谁认的甚么中兴汉光武！

右第二折。

自从与刘文叔酌别之后，今经十年光景。他如今做了中兴皇帝，宣命我两三次，我不肯做官。你不知国家兴废：汉家公卿笑子陵，子陵还笑汉公卿。一竿七里滩头竹，钓出千秋万古名。云山苍苍，江水泱泱，贫道之风，山高水长。主人宣命我两次三番，我不肯去，则做那布衣之交。时特作一书来请，休说君臣相待，则做个朋友相看，也索礼当一贺。

[端正好]高祖般性宽洪，文帝般心明圣，可知道汉业中兴。为我不从丹诏修书请，更道违宣命。

[滚绣球]严子陵，莫不忒杀逞。我是个道人家，动不如静。

休！休！我今番索通个人情，便索登，远路程。怎禁他礼节相敬，岂辞劳鞍马前行。不免的手攀明月来天阙，我只索袖挽清风入帝京，怎得消停。

〔倘秀才〕来了我呵，鸥鹭在滩头失惊；不见我呵，渔父在矶台漫等；来了我呵，钓台上青苔即渐生。这其间柴门静悄悄，茅舍冷清清，料应。

〔滚绣球〕柴门知他扁也不扁？人笑呵，都是应也那不应？荒疏了柳荫花径，有宾朋来呵，谁人出户相迎？到初更，酒半醒，猛想起故园景，忽然感怀□兴，对蓬窗斜月似挑灯。香馥馥暗香浮动梅摇影，疏刺刺翠色相交竹弄声，感旧伤情。

〔倘秀才〕见旗帜上日华月精，唬的些居民早随风逬星，百般的下路潜藏无掩映。不与您，帝王情，是怎生？

〔滚绣球〕这銮驾却是应也是不应？那民人却是惊也不惊？更做道一人有庆，汉君王真恁将銮驾别无处施呈。他出郭迎，俺旧伴等，待向我根前显耀他帝王的权柄，和俺钓鱼人莫不两国相争。齐臻臻戈矛镫棒当头摆，明晃晃武士金瓜夹路行。我怎敢冲撞朝廷？

〔倘秀才〕他往常穿一领粗布袍，被我常扯的扁襟旦领；他如今穿着领柘黄袍，我若是轻抹着，该多大来罪名。我则似那草店上相逢时那个身命，便和您，叙交情，做咱那伴等。

〔滚绣球〕接得至帝业兴，家业成，四边安静，经了几千场虎斗龙争。则为你交契情，我口打听，到处里曾问遍庶民百姓，最显的是暮秋黄□严凝。都说你"须知后汉功臣力，不及溥沱一片冰"，端的是鬼怕神惊。

〔脱布衫〕则为你搬调人两字功名，躯萦人半世浮生。一个楚霸王拔山举鼎，乌江岸剑抹了咽颈。

155

［小梁州］都则为耻向东吴再起兵，那其间算高祖功成。道贼王莽了龙廷，有真命，文叔再中兴。

［幺］贫道暗暗心内自省思，建武十三年八月期程。王新室有百万兵，困你在昆阳阵。那其间醉魂亡半轮明月，觉来时依旧照茅亭。

［耍孩儿］自古兴亡成败皆前定，若是你不患难如何得太平？自从祖公公昔日陷彭城，真乃是死里逃生。不浓云怎得真龙显？不发黑如何晓日明？虽然你心明圣，若不是云台上英雄并力，你独自个孤掌难鸣。

［二煞］为民的乐业在家内居，为农的欣然在垄上耕。从你为君社稷安，盗贼息，狼烟静。九重春露都□到，两鬓秋霜何足星。百姓们家家庆，庆道是民安国泰，法正官清。

［三煞］休将闲事争提，莫将席面冷，磁瓯瓦似南阳兴。若相逢不饮空归去，我怕听阳关第四声。你把这瓯内酒休教剩，我若不十分酩酊，怎解咱数载离情。

［四煞］你也不是我的君，我也不是你的卿，咱两个一樽酒罢先言定。若你万圣主今夜还朝去，我则七里滩程途明日登。又不曾更了名姓，你则是十年前沽酒刘秀，我则是七里滩垂钓严陵。

［尾］你每朝聚九卿，你须当起五更，去得迟呵，着这两班文武在丹墀上等。俺在家布纳被蒙头，黑甜一枕，直睡到红日三竿，犹兀自唤不的我醒。

右第三折。

［新水令］屈□着野人心，直宣的我入宫来，笑刘文叔向我根前是何相待。待刚来矜夸些金殿宇，显耀些玉楼台。莫道是玉殿金阶，我住的是草舍茅斋，比你不曾差夫役着万民盖。

〔乔牌儿〕辇路傍啄绿苔，猛然间那惊怪。元来是七里滩朱顶仙鹤，在碧云间将雪翅开，它直飞到皇宫探我来。为甚□闷在阑干外？是不是我的仙鹤？若是我的呵，则不和它那献果的猿猱也到来。我山野的心常在，俺那里水似蓝，山如黛。不由我见景生情，睹物伤怀。

〔滴滴金〕俺那里猿猱会插手，仙鹤展翅，把人情都解，非浊骨与凡胎。我在绿柳堤边，红滩头，白草洲外，这其间鸥鹭疑猜。

〔折桂令〕疑猜，我在钓鱼滩醉倒了回来。我在家儿散但心肠，放浪形骸。我把你君臣上下排，为君的紧打并吞伏四海，为臣的紧铺荣日转于阶。我说与你听，我不人才；有那的不染尘埃，不识兴衰，靠岭偎崖，撒网担柴，寻觅将来，则那的便是人才。

〔乔牌儿〕脚紧抬，脚慢抬，一层陌，两层陌。上金阶宫女将我忙扶策，把严陵来休怪责。

〔殿前欢〕扶策的步瑶阶，心□七里滩钓鱼台。醉醺醺摆出龙门外，似草店上般东倒西歪，把我脑揎的抢将下来。这殿阁初兴盖，你君臣休要夸高大。大古里是茅茨不剪，三尺冥阶。

〔水仙子〕我这里稳持玉盏手舒开，满饮琼浆落玉台，饮绝时放的稳忙加额。比俺那使磁瓯的好不自在，怎知咱草店上倒开杯。不省的是祸患，不知的是利害，畅好拘束人也，玳瑁筵开。

〔落梅风〕我在江村里住，肚皮里饥来，俺则有油盐半盏野菜。食鱼羹稻饭，几曾把桌器摆？几曾这般区区将将大惊小怪？我则待七里滩去。

〔离亭宴煞〕九经三史文书册，压着壹千场国破山阑改。富贵荣华，草芥尘埃。唱道禄重高官，阑是祸害。凤阁龙楼，包着成败。那里是舜殿尧阶，严光呵，则是跳出了十万丈风波是非海！（下）

右第四折。

正名：刘文叔醉隐三家店，严子陵垂钓七里滩

《新刊关目严子陵七里滩》全

右元刊本《严子陵垂钓七里滩》杂剧，不署撰人名氏。按：元钟嗣成《录鬼簿》载宫大用所撰杂剧，有《严子陵钓鱼台》一本。大用名天挺，大名开州人。历学官，除钓鱼台书院山长，卒于常州。此剧当即《严子陵钓鱼台》，当大用为山长时作也。明宁宪王评大用之词，谓为"西风雕鹗"。传于世者，惟《元曲选》中《生死交范张鸡黍》一本。此剧笔意全与相似，在元剧中实不可多得者也。

新刊关目闺怨佳人拜月亭（写定元本元杂剧第二）

（孤、夫人上，云了）（打唤了）（旦扮引梅香上了，见孤科）（孤云了）（情理打别科）（把盏科）（旦云）父亲年纪高大，鞍马上小心咱！（孤云了）（做掩泪科）

［赏花时］卷地狂风吹塞沙，映日疏林啼暮鸦。满满的捧流霞，相留得半霎，咫尺隔天涯。

［幺］行色一鞭催瘦马。（孤云了）你直待暴骨中原如乱麻。虽是这战伐，负着天摧地塌，是必想着俺子母每早来家。（下）

右楔子。

（孤、夫人云了）（末、小旦云了）（旦共夫人相逐荒走上了）（夫人云了）（旦云）怎想有这场祸事！（做住了）

［点绛唇］锦绣华夷，忽从西北，天兵起。觑那关口城池，马到处成平地。

［混江龙］许来大中都城内，各家烦恼各家知。且莫说君臣奔迸，更休提父子别离。遥想着尊父东行何日还？又随着车驾南迁甚的回？（夫人云了）（做嗟叹科）这青湛湛碧悠悠天也知人

158

意,早是秋风飒飒,可更暮雨凄凄。

[油葫芦]分明是风雨催人辞故国,行一步一叹息,两行愁泪脸边垂。一点雨间一行凄惶泪,一阵风对一声长吁气。(做滑脚科)应!百忙里一步一撒!海!索与他一步一提!这一对绣鞋儿分不得帮和底,稠紧紧粘软软带着淤泥。

[天下乐]阿者!你这般没乱荒张到得那里?(夫人云了)(做意了)兀的般云低天欲黑,至轻的道店十数里。上面风雨,下面泥水。阿者!慢慢的枉步显的你没气力。(夫人云了)(对夫人云了)

[醉扶归]阿者!我都折毁尽些新环鑐,关扭碎些旧钗篦,两付藤缠儿按的扁秕,和我那压钏儿通三对,都绷在我睡裹肚薄绵套里,我紧紧的着身系。

(夫人云了)(哨马上,叫住了)(夫人云了,做惨科)(夫人云了,闪下)(小旦上了)(旦上了,做寻夫人科)阿者!阿者!(做叫两三科)(没乱科)(末云了)(猛见末打害科)(末云了)(做住了)不见母亲、我这里哩!(末云了)(做意)(末云)呵!我每常几曾和个男儿一处说话来!今日到这里无奈处也,怎生呵是那?

[后庭花]每常我听得绰的说个女婿,我早豁离坐位,悄地低了脖颈,缊地红了面皮。如今索强支持,如何回避,藉不的那羞共耻。(末云了)(做陪笑科)

[金盏儿]你昆仲各东西,俺母子两分离,怕哥哥不嫌相辱呵权为个妹妹。(末云了)(寻思了)哥哥道做:军中男女若相随,有儿夫的不掳掠,无家长的落便宜。(做意了)这般者波!怕不问时权做弟兄,问着后道做夫妻。

(末云了)(随着末行科)(外末云了)(打惨科)(随末见外科)(外末共正末厮认住科)(做住了,云)怎生这秀才却共这汉是弟

兄来？（做住了）

　　〔醉扶归〕你道你祖上亲文墨，昆弟晓书集，从上流传直到你，辈辈儿都及第。您端的是姑舅也那叔伯也那两姨？偏怎生养下这贼兄弟！（外末云了）（末云了）哥哥，你有此心，莫不错寻思了么？

　　〔金盏儿〕你心里把褐衲袄脊梁上披，强似着紫朝衣，论盆家饮酒压着诗词会，嫌这攀蟾折桂的做官迟。为那笔尖上发禄晚，见这刀刃上变钱疾。你也待风高学放火，月黑做强贼。

　　（正末云了）（外末做住了）（末不甚吃酒了）（正旦云了）（旦云）你休吃酒也，恐酒后疏狂。（末云了）

　　〔赚尾〕虽然是弟兄心，殷勤意。本酒量窄推辞少吃，乐意开怀虽恁地，也省可哩不记东西。（做扶着末科）（做寻思科）阿！我自思忆，想我那从你的行为，被这地乱天翻交我做不的伶俐。假桩些厮收拾，俺做个一家一计，且着个脱身术谩过这打家贼！（下）

　　右第一折。

　　（夫人，小云云了）（孤云了）（店家云了）（旦扶末上了）（末卧地做住了）（旦云）阿！从生来谁曾受这般烦恼！（做叹科）

　　〔一枝花〕干戈动地来，横祸事从天降。爷娘三不归，家国一时亡。龙斗来鱼伤，情愿受萧疏况。怎生般不应当，脱着衣裳，感得些天行好缠仗。

　　〔梁州〕恰似邑邑的锥挑太阳，忽忽的火燎胃膛，身沉体重难回项。口干舌涩，声重言狂。可又别无使数，难街坊，则我独自一个婆娘，与他无明夜过药煎汤。阿！早是俺两口儿背井离乡。应！则央他一路上汤风打浪。海！谁想与他百忙里卧枕着床。内伤？外伤？怕不大倾心吐胆，尽筋截力把个牙推请，则怕小处尽是打当。只愿的依本分伤家没变证,慢慢的传授阴阳。

（末云了）（店家云了）（旦做思科,云）试请那大夫来交觑咱。（大夫上,云了）（做意了）（旦云）郎中,仔细评这脉咱！（末共大夫云了）（旦做称许科）

［牧羊关］这大夫好调理,的是诊候的强,这的十中九敢药病相当。阿的是五夜其高,六日向上,解利呵过了时晌,下过呵正是时光。不用那百解通神散,教吃这三一承气汤。

（大夫裹药了）（旦做送出来,云）但较些呵,郎中行别有酬劳。（孤上,云了）（旦云）是不沙?（做叫老孤的科,云）阿马,认得瑞兰来?（孤云了）

［贺新郎］自从都下对尊堂,走马离朝,阿马间别无恙?（孤认了）则恁的由自常思想,可更随车驾南迁汴梁,教俺去住无门,徊徨。家缘都撇漾,人口尽逃亡,闪的俺一双子母无归向！自从身体上一朝出帝辇,俺这梦魂无夜不辽阳！

（孤云了）（旦做打悲科,云）车驾起行了,倾城的百姓都走。俺随那众老少每出的中都城子来,当日天气又昏暗,刮着大风,下着大雨,早是赶不上大队,又被哨马赶上,轰散俺子母两人,不知阿者那里去了！（末云了）（旦做着忙的科）（孤云了）（旦做害羞科,云）是您女婿,不快哩。（孤云了）（旦做说关子了）（孤云了）（旦做羞科）

［牧羊关］您孩儿无挨靠,没依仗,深得他本人将傍。（孤云了）（旦做意了）当日目下有身亡,眼前是杀场,刀剑明晃晃,士马闹荒荒。那其间这锦绣红妆女,那里不见个银鞍白面郎?

（孤云了）（旦云）是个秀才。（孤交外扯住了）（旦做荒打惨打悲的科,云）阿马！你可怎生便与这般狠心！（做没乱意了）

［斗虾蟆］爹爹！俺便似遭严腊,久盼望,久盼望你个东皇,

161

望得些春光艳阳,东风和畅。好也啰! 划地冻剥剥的雪上加霜!
(末云了)(旦没乱科)无些情肠! 紧揪住不把衣裳放。见个人残
生丧,一命亡,世人也惭惶。你不肯哀怜悯悯,我怎不感叹悲伤!

（孤云了)(旦云)父亲息怒,宽容瑞兰一步,分付他本人三两
句言语呵,咱便行波! (孤云了)(旦云)父亲不知,本人于您孩儿
有恩处。(孤云了)

[哭皇天]较了数个贼汉把我相侵傍,阿马想波,这恩临怎地
忘? 闪的他活支沙三不归,强交俺生吃扎两分张。觑着的般着
床卧枕,叫唤声疼,撇他在个没人的店房! 常言道:相逐百步,尚
有徘徊。你怎生便教我眼睁睁不问当?

（做分付末了)男儿呵! 如今俺父亲将我去也,你好生觑当
你身体! (末云了)(旦做艰难科)男儿! 兀的是俺亲爷的恶怆,
休把您这妻儿怨畅。

[乌夜啼]天那! 一霎儿把这世间愁都撮在我眉尖上,这场
愁不许低防。(末云了)既相别此语伊休忘。怕你那、那换脉交
阳,是必省可里揪扬。俺这风雹乱下的紫袍爷,不识你个云雷未
至的白衣相! 咱这片霎中,如天样。一时哽咽,两处凄凉。(末
云了)(孤打催科)(旦做住了)

[三煞]男儿! 怕你大赎药时准备春衫当,贪食后隄防百物
伤。(末云了)(旦做艰难科)这侧近的佳期休承望! 直等你身体
安康,来寻觅夷门街巷,恁时节再相访。你这旅店消疏病客况,
我那驿路上凄惶!

[二煞]则明朝你索绮窗晓日闻鸡唱,我索立马西风数雁行。
（末云了)(旦云:)男儿,我交你放心波! 只愿南京有俺亲
娘,我宁可独处孤孀,怕他大抑勒我别寻个家长,那话儿便休想!
（末云了)(旦云)男儿,我交你放心末波! 只愿南京有俺亲娘,我

宁可独自孤孀,怕他大抑勒我别寻个家长,那话儿便休想。(末云了)(旦云)你见的差了也! 那玉砌珠帘与画堂,我可也觑得寻常。

[收尾]你想我为翠屏红烛流苏帐,换了你这黄卷青灯映雪窗。(孤云了)(末云了)(打别科)(嘱付末科)你心间莫□望,你心间索记当。我言词更无妄,不须伊再审详。咱兀的做夫妻三个月时光,你末不曾见恁这歹浑家说个谎!(下)

右第二折。

(夫人一折了)(末一折了)(小旦云了)(旦便扮上了,云)自从俺父亲就那客店上生扭散俺人妻两个,我不曾有片时忘的下俺那染病的男儿,知他如今是死那活那,不知俺爷心是怎生主意,提着个秀才便不喜,说穷秀才几时有发迹? 要知自古及今,那个人生下来便做大官享富贵那!(做叹息科)

[端正好]我想着受官谕,读书舍,谁不曾虎困龙蛰? 信着我父亲呵! 世间人把丹桂都休折,留着手把雕弓搜。

[滚绣球]俺这个背会爷,听的把古书说,他便恶纷纷的脑裂,粗豪的今古皆绝! 您这些,富产业,更怕我顾恋情惹,俺自向笔尖上自挣揣得些豪奢。搠起柄夫荣妇贵三檐伞,抵多少爷饭娘羹驷马车? 两件儿浑别。

(小旦云了)(旦)阿也! 是敢大较些去也。(小旦云了)

[倘秀才]阿! 我甫能将残春揸彻。海! 划地是俺愁瘦色。(小旦云了)(旦云)依着妹子只波。(小旦云了)(做意了)恰随妹妹闲行散闷些。到池沼,□观绝,越交人叹嗟。

[呆古朵]不似这朝昏昼夜,春夏秋冬! 这供愁的景物好依时节。浮着个钱来大绿蒙蒙荷叶,荷叶似花子般团栾,陂塘似镜面般莹洁。阿! 几时交我腹内无烦恼,心上无萦惹? 似这般青

163

铜对面妆,翠钿侵鬓贴。

(做害羞科,云)早是没外人,阿的是甚末言语那!这个妹子咱。(小旦云了)(旦云)你说的这话,我猜着也啰。

[倘秀才]休着个滥名儿将咱来引惹。咽!待不你个小鬼头春心动也?(小旦云了)(旦云)放心,放心。我与你宽打周遭向父亲行说。(小旦云了)(旦云)你不要呵,我要则末那?(小旦云了)(旦唱)我又不风欠,不痴呆,要则甚迭?

(小旦云了)(旦云)咱无那女婿呵快话,有女婿呵受苦。(小旦云了)(旦云)你听我说波。

[滚绣球]女婿行但沾惹,六亲们早是说。又道是丈夫行亲热,爷娘行特地心别。而今要衣呵满箱篋,要食呵尽铺餟,到晚来更绣衾铺设,我这心儿里牵挂处无些些。直睡到冷清清宝鼎沉烟灭,明皎皎纱窗月影斜,有甚唇舌。(做入房里科)(小旦云了)

(旦云)夜深也,妹子你歇息去波。我也待睡也。(小旦云了)(旦云)梅香,安排香桌儿去,我待烧炷夜香咱。(梅香云了)

[伴读书]你靠栏槛,临台榭,我准备名香爇。心事悠悠凭谁说?只除向金鼎焚龙麝,与你殷勤参拜遥天月,此意也无别。

[笑和尚]韵悠悠比及把角品绝,碧荧荧投至那灯儿灭,薄设设衾共枕空虚设,冷清清不恁迭,闲遥遥生枝节,闷恹恹怎捱他如年夜!(梅香云了)(旦做烧香科)

[倘秀才]天那!这一炷香,则愿削减了俺尊君狠切!这一炷香,则愿俺那抛闪下的男儿较些!那一个爷娘不间叠,不似俺恁咘嗻!劣缺!

(做拜月科,云)愿天下心厮爱的夫妇永无分离!教施两口儿早得团圆。(小旦云了)(旦做羞科)

[叨叨令]元来你深深的花底将身儿遮,搭搭的背后把鞋儿捻,涩涩的轻把我裙儿拽,煜煜的羞得我腮儿热。小鬼头直到撞破我也末哥,直到撞破我也哥,我一星星的都索从头说。

(小旦云了)(旦云)妹子,你不知我兵火中多得他本人气力来,我因此上忘不下他。(小旦云了)(旦打悲了,云)您姐夫姓名世隆,字彦通,如今二十三岁也。(小旦打悲了)(旦做猛问科)

[倘秀才]来波!我怨感,我合哽咽。不刺!你啼哭,你为甚迭?(小旦云了)您莫不元是俺男儿的旧妻妾?阿是,阿是!当时只争个字儿别,我错呵了应者!

(小旦云了)(旦云)原来你两个是亲弟兄?(小旦云了)(旦做欢喜科)

[呆古朵]似恁的呵,咱从今后越索着疼热,休像似在先时节。你又是我妹妹、姑姑,我又是你嫂嫂、姐姐。(小旦云了)这般者波。俺父母多宗派,您昆仲无枝叶,从今后休从俺爷娘家根脚排,只做俺儿夫家亲眷者。

(小旦云了)(旦云)若说俺那相别呵话长。

[三煞]他正天行汗病,换脉交阳。那其间被俺爷把我横拖倒拽出招商舍,硬厮强扶上走马车。谁想俺舞燕啼莺,翠鸾娇凤,撞着那猛虎狰狼,毒蝎顽蛇。又不敢号咷悲哭,又不敢嘱付丁宁,空则索感叹咨嗟!据着他凄凉惨切,则那里一霎儿似痴呆!

[二煞]则就那里先肝肠眉黛千千结,烟水云山万万叠。他便似烈焰飘风,劣心猝性,怎禁那后拥前推,乱棒胡枷!阿!谁无个老父?谁无个尊君?谁无个亲爷?从头儿看来,都不似俺那狠爹爹!

[尾]他把世间毒害收拾彻,我将天下忧愁结揽绝!(小旦云

165

了)那其间,他没盘缠,在店舍,有谁人,厮抬贴?那消疏,那凄切,生分离,厮抛撇!从相别,恁时节,音书无,信息绝!我这些时眼跳腮红耳轮热,眠梦交杂不宁贴。你哥哥暑湿风寒纵较些,多被那烦恼忧愁上送了也!(下)

右第三折。

(老孤、夫人、正末、外末上了)(媒人云了)(旦扮上上)(小旦云了)(旦云)可是由我那不那!

[新水令]我眼悬悬整盼了一周年,你也枉把你这不自由的姐姐来埋怨。恰才投至我贴上这缕金钿,一霎儿向镜台旁边,媒人们催逼了我两三遍。

(小旦云了)(旦云)妹子阿,你好不知福,犹古自不满意沙。我可怎生过呵是也?(小旦云了)(旦云)那的是你有福如我处那!我说与你波。

[驻马听]你贪着断简残编,恭俭温良好缱绻;我贪着个轻弓短箭,粗豪勇猛恶因缘。(小旦云了)(旦云)可知煞是也。你的管梦回酒醒诵诗篇,俺的敢灯昏人静夸征战。少不的向我绣帏边,说的些磣可可落得的冤魂现。

(小旦云了)(旦云)这意有甚难见处那?

[庆东原]他则图今生贵,岂问咱凤世缘。违着孩儿心,只要遂他家愿。则怕他夫妻百年,招了这文武两员,他家里要将相双权。不顾自家嫌,则要旁人美。(外云了)(旦做住了)(正、外二末做住了)

[镇江回]俺兀那姊妹儿的新郎又忒脑腆,俺这个新女婿那嘲掀,瞅的我两三番斜撇了新妆面,查查胡胡的向玳筵前。知他俺那主婚人是见也那不见?(孤云了)(外末把盏科)

[步步娇]见他那鸭子绿衣服上圈金线,这打扮早难坐琼林

166

宴。俺这个新状元，早难道花压得乌纱帽檐偏。把这盏许亲酒又不敢慢俄延，则索扭回头半口儿家刚刚的咽。（孤云了）（正末把盏科）（旦打认末科）

〔雁儿落〕你而今病疾儿都较痊？你而今身体全康健？当初咱那埚儿各间别，怎承望这答里重相见！

〔水仙子〕今日这半边鸾镜得团圆，早则一纸鱼书不更传。（末云了）（旦云）你说这话！（做意了，唱）须是俺狠毒爷强匹配我成姻眷。不剌，可是谁央及你蒋状元，一投得官也接了丝鞭。我常把伊思念，你不将人挂恋，负心的上有青天！（末云了）（旦做分辩科）

〔胡十八〕我便浑身上是口，待交我怎分辩？枉了我情脉脉，恨绵绵，我昼忘饮馔夜无眠。则兀那瑞莲，便是证见，怕你不信后没人处问他一遍。

（末云了）（旦云）兀的不是你妹子瑞莲那！（末共小旦打认了）（告孤科）（末云了）（老夫人云了）（老孤云了）（旦云）你试问您那兄弟去，我劝和你姊妹去。（正末云了）（小旦云了）（旦云）妹子，我和你哥哥厮认得了也！你却招取兀那武状元呵，如何？（小旦云了）（旦云）你便深信子末那！（小旦云了）

〔挂玉钩〕二百口家属笑语喧，如此般深宅院，休信我一时间在口言，便那里有冤魂现。（小旦云了）我特故里说的别，包弹遍，不嫌些蹬弩开弓，怎说他袒臂挥拳。

〔乔牌儿〕兀的须显出我那不乐愿，量这的有甚难见？每日我绿窗前不整闲针线，不曾将眉黛展。

〔夜行船〕须是我心上斜横着这美少年，你可别无甚闷缕愁牵。便坐驷马高车，管着满门良贱，但出入唾壶掌扇。

〔幺〕但行处两行朱衣列马前。算了个文章士发禄是何年？

167

你想那陋巷颜渊,箪瓢原宪,你又是不曾受秀才的贫贱。

(外云了)(旦云)休,休,教他不要。咱没是只管央及他则末?

[殿前欢]忒心偏,觑重裀列鼎不值钱,把黄韭淡饭相留恋,要彻老终年。招新郎更拣选,求姻眷,不得可将人怨。可须因缘数定,则这人命关天。(小旦云了)(使命上,封外末了)

[沽美酒]骤将他职位迁,中京内做行院,把虎头金牌腰内悬。见那金花诰皇帝宣,没因由得要团圆。

[阿忽令]咱却且尽教伴呆着休劝,请夫人更等三年。你既爱青灯黄卷,却不要随机而变。把你这眼前厌倦物件,分付与他别人请佃。(孤云了)(散场)

《新编关目闺怨佳人拜月亭》终

右《闺怨佳人拜月亭》杂剧,据钟嗣成《录鬼簿》,乃元初关汉卿撰。数百年来,久无传本。明人如何元朗、王元美、臧晋叔辈,均盛称南曲《拜月亭记》,以为在《琵琶记》之上。其实南曲佳处全袭汉卿北剧,盖明人均未见此本也。此剧演金国南迁时事,犹为汉卿耳目所及见,宜其酣畅淋漓,曲尽情事如此。同时王实甫亦有《才子佳人拜月亭》杂剧,同纪此事,今不可得见矣。

古杭新刊的本尉迟恭三夺槊(写定元本元杂剧第三)

(匹先扮建成、元占上,开)咱两个欲待篡位,争待秦王跟底,有尉迟无人可敌。(元吉道)我有一计,将美良川图献与官里,道的不是反臣那甚么?交坏了尉迟,哥哥便能官里做也。(驾云了)(呈图科)(高祖云了,大怒)将尉迟拿下!(末扮刘文靖,将榆科园图子上了)

[点绛唇]想当日霸业图王,岂知李氏把江山掌。虽不是外国它邦,今日做僚宰为卿相。

［混江龙］不着些宽洪海量，划地信谗言佞语损忠良。谁不曾忘生舍死？谁不曾展土开疆？不枉了截发搓绳穿断甲，征旗作带勒金疮。我与你不避金瓜下丧，直言在宝殿，苦谏在昭阳。

［油葫芦］陛下！想当日背暗投明归大唐，却须是真栋梁，划地里厮低防。比及武官砌垒个元戎将，文官挣揣个头厅相，知他是几个死？知他是几处伤？今日太平也都指望请官赏？划地胡庐惹斩在云阳。

［天下乐］谁似俺出气力的功臣不气长！想当时反在晋阳，若不是唐元帅少年有纪纲，义伏了徐茂功，礼设了褚遂良，智降了苏定方。

［醉扶归］当日都是那不主事萧丞相，更合着那没政事汉高皇，把韩元帅葫芦蹄斩在未央。今日介人都讲，若有举鼎拔山的霸王。哎，汉高呵，你怎敢正眼儿把韩侯望！

［后庭花］陛下，则将这美良川里冤恨想，却把那榆窠园里英雄忘。更做道世事云千变，敬德呵，则消得功名纸半张。陛下试参详，更做道贵人多忘，咱数年间有倚仗。

［金盏儿］那敬德自归了唐，到咱行，把六十四处烟尘荡。杀得敌军胆丧，马到处不能当，苦相持一万阵，恶战九千场。全凭着竹节鞭，生并了些草头王。

［赏花时］元帅不合短箭轻弓觑它洛阳，怎想阔剑长枪埋在浅冈，映着秋草半苍黄。初间那唐元帅怎想，脑背后不低防。

［幺］呀！则见那骨刺刺征旗遮了太阳，赤力力征辇震动上苍，那单雄信恁高强。他猛观了敌军势况，忙拨转紫丝缰。

［胜葫芦］打得匹不剌剌征骢走电光，藉不得众儿郎，过涧沿坡寻路慌。过了些乱烘烘的荆棘，密稠稠的榆柳，齐臻臻长成行。

［幺］是他气扑扑荒攒入里面藏，眼见的一身亡，将弓箭忙拈胡抵当。呀呀宝雕弓拽满，咻咻紫金鈚连发，火火都闪在两边厢。

［金盏儿］元帅却是那些儿慌，那些儿忙。（带云）忙不忙，元帅也记得。（唱）把一领锦征袍扯裸得没头当。单雄信先地赶上，手捻着绿沉枪，枪尖儿看看地着脊背，又透过胸膛。那时若不是胡敬德，陛下圣鉴：谁搭救小秦王？

［醉扶归］索甚把自己千般奖，齐王呵！不如教别人道一声强。若共胡敬德草草的鞭斗枪，分明立了执结并文状，则他家自卖弄伶俐半晌，把一条虎眼鞭直搅头直上。

［尾］这厮则除了铁天灵、铜脖项、铜脑袋、石镌就的脊梁，那鞭上常有半带血糊涂的人脑浆，则那鞭是铁头中取命的阎王。若论高强，鞭着处便不死十分地也带重伤。也是青天会对当，故交这尉迟恭魔障，魔障这弑君杀父的歹心肠！（下）

右第一折。

（末扮秦叔宝上了）

［一枝花］箭空攒白凤翎，弓闲挂乌龙角。土培损金锁甲，尘昧了锦征袍。空喂得那匹战马咆哮，劈楞间生疏却，那些儿我心越焦。我往常雄纠纠阵面上相持，恶喑喑沙场上战讨。

［梁州］这些时但做梦早和敌军对垒，才合眼早刺刺地战马相交。则听的韵悠悠的耳畔吹寒角，一回价不冬冬的催军鼓擂，响当当的助战锣敲。稀撒撒地画帘筛日，滴溜溜的绣幕翻风，只疑是古剌剌的杂彩旗摇。那的是急煎煎心痒难揉，往常则许咱遇水叠桥，除了咱逢山开道，如今别人跨海征辽。壮怀怎消？近新来病体儿直然觉。我自暗约，也枉了医疗。被这秋气重金疮越发作，好教我痛苦难消！

〔贺新郎〕我欠起这病身躯出户急相邀，你知我迭不的相迎。不沙，贼丑生！你也合早些儿通报。见齐王元吉都来到，半晌不迭手脚，我强强地曲脊低腰。怪日来喜蛛儿的溜溜在檐外垂，灵鹊儿咋咋地头直上噪，昨夜个银台上剥地灯花爆。它两个是九重天上皇太子，来探俺这半残不病旧臣僚。

〔牧羊关〕这些腌臜病，都是俺业上遭，也是俺杀人，多一还报。折倒的黄甘甘的容颜，白丝丝的鬓脚，展不开猿猱臂，撑不起虎狼腰。好着见程咬金知心友，尉迟恭老故交。

〔隔尾〕我从二十三上早驱军校，经到四五十场恶战讨，怎想头直上轮回老来到。我喑约，慢慢的想度，海！刮马似三十年过去了。

〔牧羊关〕当日我和胡敬德两个初相见，正在美良川厮撞着，咱两个比并一个好弱低高。它滴溜溜着虎眼鞭彪，我吉丁地皮愣简架却，我得空便也难相舍，他见破绽也怎肯担饶。我不甫能卒卒地两简才彪着，他搜搜地三鞭却还报了。

〔隔尾〕那鞭却似一条玉蟒生鳞角，便是半截乌龙去了牙爪，那鞭但远望了吸吸地脑门上跳。那鞭休道十分的正着，则若轻轻地抹着，敢交你睡梦里惊急列地怕到晓。

〔斗鹌鹑〕那将军划马骑，单鞭搭，论英雄，半勇跃。它立下功劳，怎肯伏低做小，倚强压弱。不用吕望《六韬》，黄公《三略》。但征敌处躁暴，相持处憋懆。那鞭若脊梁上抹着，忽地咽喉中吐血。我道来道来，它烦烦恼恼，焦焦躁躁。滴溜□那鞭着，交你悠悠地魄散魂消。你心自量度！辟头上把他标写在凌烟阁。论着雄心力，岁牙爪，今日也合消、合消封妻荫子，禄重官高。

〔哭皇天〕交我忍不住微微地笑，我迭不得把你慢慢地教。来日你若那铁幞头、红抹额、乌油甲、皂罗袍，敢交你就鞍心里惊

171

倒。若是来日到御园中，忽地门旗开处，脱地战马相交。哎、齐王呵！这一番要把交。那鞭不比道钢枪槊，双眸剑凿。

[乌夜啼]虽是没伤损，难贴全疮药，敢二十年青肿难消。若不去脊梁上，敢向鼻凹里落。唬得怯怯乔乔，难画难描。我则见的溜的立不住腿脡摇，忔扑扑地把不住心头跳。不如告休和，伏低弱，留得性命，落得躯壳。

[尾]可知道金风未动蝉先觉，那宝剑得来你怎消。不出君王行厮搬调，侵着眉棱，际着眼角。则若是轻轻的虎眼鞭抹着，稳情取你那天灵盖半截不见了。（下）

右第二折。第三四折曲文不佳，不录。

古杭新刊关目的本李太白贬夜郎（写定元本元杂剧第四）

（驾上云了）（高力士云了）（太真云了）（禄山上了）（外末宣住了）（正末扮上，开云）小生姓李名白，字太白。曾跨白鹤上升，吾非个中人也。

[点绛唇]鹤背翱翔，坦然独向蓬山上。引九曲沧浪，助我杯中况。

[混江龙]忽地眼皮开放，一竿风外酒旗忙。不向竹溪翠影，决恋着花市清香。我舞袖拂开三岛路，醉魂飞上五云乡。甘心致仕，自愿归休。飞扬浩气，浇灌吟怀。不求名，不求利，虽不一箪食一瓢饮，我比颜回隐迹只争个无深巷。叹人生碌碌，尘世忙忙。

（见驾了）（云了）小生却则酒肆之中，饮了几杯。

[油葫芦]当初不记蒙恩出建章，身踉跄，把一领锦宫袍常惹御炉香。臣觑得绿樽一点葡萄酿，似禹门三月桃花浪。记当日设早朝，没揣的见帝王。觉来时都汗尽江湖量，急卒着甚的润枯肠？

〔天下乐〕官里御手亲调醒酒汤，闻香、不待尝，量这箸头酸怎揉我心上痒？不能勾甕里篘，斗内量，那一回浮生空自忙。

（驾云了）（末云）陛下体小觑这酒，有几般好处。

〔那吒令〕这酒曾散漫却云烟浩荡，这酒曾眇小了风雷势况，这酒曾混沌了乾坤气象。想为人百岁中，得运只有十年旺，待有多少时光。（驾云了）

〔鹊踏枝〕欲要臣不癫狂，不荒唐，咫尺舞破中原，祸起萧墙。再整理乾坤纪纲，怎时节有个商量。（驾云了）（末云）陛下道微臣在长安市上，酒肆人家，土坑上便睡。沙！那的是学士们好处。（做住了）

〔寄生草〕休笑那连厅炕、阔矮床，臣便似玉仙高卧仙人掌，锦橙嫩擘销金帐，便似垂鞭误入平康巷。只这新丰美酒十千钱，抵多少五陵豪气三千丈。（驾云了）

〔幺〕舒开笺无皱，磨得墨有光。就霜毫写出凌烟像，向文场立定中军帐，就诗坛拜起元戎将。那里是前误草吓蛮书，便是我醉中纳了风魔状。

（驾云了）（末云）陛下问微臣，直道几时不吃酒？

〔六幺序〕何时静，尽日狂，但行处酒债寻常。粜尽黄粱，典尽衣裳，知他在谁家里也，琴剑书箱！这酒似长江后浪，酒歌楼醉墨琳琅。笔尖儿鼓角声悲壮，驱雷霆号令，焕星斗文章。（驾云了）

〔幺〕直等蛮王，见了吾皇，怎时节酒态轩昂，诗兴飞扬。割舍了金銮殿上，微臣待醉一场。紫绶金章，法酒肥羊，几时填还彻这臭肉皮囊？圣朝帝王合兴旺，交这厮横枝儿燮理阴阳！肚岚耽吃得咱来胖，没些君臣义分，只有子母情肠。

〔金盏儿〕绕一百二十行，三万六千场。这酒似及时雨露从

173

天降,宽洪海量胜汪洋。臣那里燕莺花月影,鸥鹭水云乡。这里凤凰歌舞地,龙虎战争场。(驾央末写词了)

[醉扶归]见娘娘捧砚将人央,不如我看剑引杯长。生把个菱花镜里妆,做了个水墨观音样。这孩儿从怀抱里看生见长,只一句道得他小鹿儿心头撞。

[金盏儿]只管里开宴出红妆,咫尺想像赋《高唐》。瑞云重绕金鸡帐,麝烟浓喷洗儿汤。不争玉楼巢翡翠,便是锦屋闭鸾凰。如今宫墙围野鹿,却是金殿锁鸳鸯。

(正末做脱靴科,云)力士,你休小觑此物!

[后庭花]这靴曾朝踏辇路霜,暮登天子堂,软趁残红片,轻沾落絮香。我若沾危邦,这的是脱身小样,不合将足下央。(末出朝科)

[尾]那厮主置定乱宫心,酝酿着漫天谎。侍仗着强爷壮娘,全不顾白玉阶头纳表章,只信着被窝儿里顿首诚惶。我绕着利名场,佯做个风狂,指点银瓶索酒尝。尽教谏臣们数量,至尊把我屈央,休想楚三闾肯跳汨罗江。(下)

右第一折。

(驾云了)(外末进宝了)(驾、旦、外一行了)(外做宣末科)(正末扮上了,引仆童上了,云)海! 对着此景,却不快活!(做交小童斟酒了,云)小童,此处无事,你自回去。如见朝野里官人们,你在这里。(仆童下)(末做住)

[端正好]满长安,花无数,霎时间暮景桑榆。偏得你□□中闭塞定贤门路,偏俺不合带杯中物。

[滚绣球]这酒寻芳踏雪沽,弃琴留剑与。便大交我眼睁睁死生无路,末不仕途中买我胡突。对着山河壮帝居,乾坤一草庐,便是我画堂深处,那吓蛮船似酒面上浮蛆。不恋着九间天子

174

常朝殿,曾如三尺黄公旧酒庐。但行处挈榼提壶。

（力士云了）（笼马上了）（做寻末科）（见住了）（力士云了）
（末云）你道是我在此处无好处。

[倘秀才]我直吃的芳草展花绣褥,直吃的明月上银台画烛。
自有春风醉后扶,怎和那儿女辈,泼无徒,做伴侣?

（力士云了）（末云）你朝野里不如我这里。

[滚绣球]禁庭中受用处,止不过皓齿歌、细腰舞,闹吵吵不
知其数,这其间众公卿似有如无。奏梨园乐章曲,按广寒羽衣
谱,一声声不叶音律,倒不如小槽边酒滴真珠。你那里四时开宴
充肥鹿,我这里万里摇船捉醉鱼,胸卷江湖。

（力士交末上马了）（末云）我醉也,恐怕去不的!（上马了）

[脱布衫]花梢惊燕子莺雏,锦鞴荡蝶翅蜂须,玉□迎桃蹂杏
坞,金镫挑落花飞絮。

[醉太平]不比趁雕轮绣毂,游月巷云衢;又不比荔枝千里赴
皇都,止不过上天街御路。全不似数声啼鸟留人住,他只待一鞭
行色催人去,怎肯满身花影倩人扶。一言既出。（正末、外末了）
（驾、旦上了）（末骑马上了）

[倘秀才]恰离了光灿灿花丛锦簇,又来到闹吵吵车尘马足,
抵多少白日明窗过隙驹。胜急价,更疾如,狂风骤雨。

（末蹿马了）（旦惊了）（驾怒了）（末见驾了,云）陛下,不干臣
事,是臣马的不是。

[叨叨令]凤城有似溪桥路,落红乱点莎茵绿,淡烟深锁垂杨
树,因此上玉骢错认西湖路。委实勒不住也末哥,委实勒不住也
末哥,便似跳龙门及第思乡去。

（等云了）（末饮酒科）（驾赐衣服了）

[喜春来]又不是风流天宝新人物,只是个落托长安旧酒徒。

怎消得明圣主,赐一领灭酒护身符。

[尧民歌]也不宜幞头象笏,玉带金鱼,金貂绣袄,真紫朝服。臣再洪饮天之美禄,倘或间少下青兔。也强如凤城春色典琴沽,白马红缨富之余。披一襟瑞霭出天衢,携两袖天香下蓬壶。须臾,须臾,行过长安市上去,便是臣衣锦还乡处。

(末带醉出朝科,云)古人尚然如此。

[四煞]想着刘伶数尺坟头上,谁恋架上三封天子书?那酒更压着救旱恩泽,洗心甘露,止渴青梅,灌顶醍醐。怕我先尝后买,散打零兜,高价宽沽。月明南浦,春醉酒□□。

(太真、禄山送末了)(出朝科)(末云了)

[三煞]娘娘甚酒中贞洁真贤妇?禄山甚财上分明大丈夫?止不过盏号温凉,布名火浣,瓶置玻璃,树长珊瑚,犀澄分水,裙织绫绢,帘卷虾须,真珠琥珀,红玛瑙,紫砗渠。

[二煞]这个曾手扶万丈擎天柱,这个曾口吐千年照殿珠。只消的一管霜毫,数张白纸,写万古清风,不勾一醉工夫。怕我连真带草,一数黑论黄,写紫描朱,从头至尾,依本画葫芦。

[尾]那是禄山义子心头怒,这是杨贵妃贼儿胆底虚。似这般忒自由,没拘束,猛轩腾,但发落,交近南蛮,至北隅,接西边,去东鲁,一年多,半载余,那里景凄凉,地凄楚。鬓袖垂肩仕女图,似秋草人情日日疏。待寄萧娘一纸书,天北天南一雁无。忽地兴兵起士卒,大势长驱入帝都。一战功成四海枯,得手如还入宫宇,一就无毒不丈夫,玉殿珠楼尽交付。抵多少竹帛烟消帝业虚,十万里江山共宝物,和那花朵儿浑家做不得主!(下)

右第二折。

(一行下)(禄山、旦云了)(外宣末了)(正末扮带酒上了)

[粉蝶儿]只被宿酒禁持,轰腾杀浩然之气。几曾明白见一

个乌兔西飞？今日醉乡中，如混沌，初分天地。恰辨得个南北东西，被子规声唤回春睡。

〔醉春风〕一壁恰烘得锦袍干，又酒淹得衫袖湿。半醒时犹透顶门香，不吃时怎由得你！你！耽搁得半世无成，非是我一心偏好，只为你满朝皆醉。

〔迎仙客〕比及沾雨露，恨不得吐虹霓，沧海倒倾和月吸。向翠红乡，图画里，不设着歌舞筵席，辜负了迟日江山丽。

〔醉高歌〕脚趔趄登辇路花基，神恍惚步瑶阶玉砌。吐了口中涎，按捺定心头气，勉强山呼万岁。（正末失惊了）

〔石榴花〕疑怪翠盘人用锦重围，不听得月殿乐声齐。往常恐东风吹与外人知，怎想这里泄漏天机？知他那窝儿醉倒唐皇帝？空有聚温泉一派香池，又无落花轻泛波纹细，怎生误走到武陵溪。

（外末，旦做住了）（外末同旦与正末礼了）（末云）不想如此！

〔斗鹌鹑〕恰才个倚翠偎红，揣与论黄数黑。只他行怕行羞，和我也面红面赤。谁待两白日细看春风玉一围？却是甚所为？更做个抱子携男，末不忒回干就湿！（力云了）（一同与正末把酒了）（末笑科）

〔普天乐〕不须你沈郎忧，萧郎难易，就未央宫摆布尊垒，直吃的尽醉方归。折末藏着剑锋，承着机密，汉国公卿臻臻地，来来吃回吕太后筵席。稳便呵鸾交凤友！休忧波莺花燕子！休忙波蝶使蜂媒！（正末云了）（外把盏科）（末云了）

〔干荷叶〕来的盏不曾推，有的且休提。准备明日向君王行主意的紧支持，习蹬的厮央及。被我连珠儿饮了两三杯，只理会酒肉坛场吃。

〔上小楼〕这孩儿何曾夜啼，无些惊气。娇的不肯离怀，懒慵挪步,怕风独立。三衙家绕定亲娘扒背,兀的后宫中养军千日!

〔幺〕穿了好的,吃了好的,盛比别人,非理分外,费衣搭食。甚时曾向人前分明喘气,他一身儿孝当竭力!

(云)力士,我只道官里宣唤,谁想如此。(旦云了)

〔满庭芳〕你心知腹知,宫中子母,村里夫妻。觑得俺唐明皇颠倒如儿戏,我不来这其间敢锦被堆。得了买不语一官半职,做了个六证三媒。枉了闲淘气,又道我唬吓你酒食,误了你爱月夜眠迟。

(正末做出殿科)(外扯住了)(外将荔子上了)(外央正末吃科)(末取物芊科,云)我待芊一个来,却芊着你两个。

〔快活三〕沾粘着不摘离,厮胡突不伶俐。尽压着玉枝浆,白莲酿,锦橙醋。官里更加上些忍辱波罗蜜。

〔鲍老儿〕若是搂定舌尖上度与吃,更压着王母蟠桃宴会。更做果木丛中占了第一,量这厮有多少甜滋味。压着商川甘蔗,鄱阳龙眼,杭地杨梅,吴江乳橘,福州橄榄,不如魏府鹅梨。(觑旦科)

〔哨遍〕两叶眉儿频系麖,锁青岚一带骊山翠。香霭暗宫闱,只是子孙司里酒病花医。只为个肥肌体,把锦帏绣幄,翠幕珠帘,做了个张盖世界的鸳鸯被。这张纸于官不利,乍云屏斜掩,雾帐低垂。那里是遮藏丑事护身符,只是张发露私情乐章集。看你执盖殷勤,捧砚驱驰,脱靴面皮。

(宾)你问我那里去?

〔耍孩儿〕一头离了莺花地,直赴俺蓬莱宴会。碧桃间拂面风吹,浩歌声聒耳如雷。平驱风月妆诗兴,倒卷江湖此酒杯。偃仰在银河内,折末冠簪颠倒,衫袖淋漓。

(云)我知道!我知道!

〔五煞〕见没处发付咱，便彪一声宣唤你。这场误赚神仙罪。我闲来亲去朝金阙，不记谁扶下玉梯。□□这腌臜辈，闹中取静，醉后□□。

〔四煞〕你亲上亲，我鬼中鬼，无用如碧澄澄绿湛湛清冷水。于民只解涤尘垢，润国何曾洗是非。水共禄山浑相类，见了些浮花浪蕊，玉骨冰肌。

〔三煞〕太古里家不和邻里欺，人贫贱也亲子离，不求金玉重重贵。你惟情之别外无想，除睡人间总不知。谎得来无巴臂！不曾三年乳哺，一划合肥。（外末共旦云了）（末指禄山云了）

〔二煞〕拈起纸笔，标是实，交千年万古传于世。看了书中有女颜如玉，路上行人口胜碑。儿曹悔之晚矣！归去来兮！

〔尾〕没遭罹李榆林，惑昏沉杨贵妃。见如今凤帏中搂抱定肥儿睡，更那里别寻个杜子美！（下）

右第三折。

（末上）

〔新水令〕谢你个月中人不弃我酒中仙，向浪花中死而无怨。是清风连夜饮，几曾渔火对愁眠。满眼的湖水湖烟，豁达似翰林院。

〔驻马听〕想着天子三宣，翠袖双扶不上船。不如素娥奉劝，巨瓯一饮倒垂莲。为杨妃昧龙庭夫乃妇之天，钓风波口似钩和线。虽然在海角边，举头日近长安远。

（云）我想此处，却不强如与他们闹闹吵吵地。

〔沉醉东风〕恰离了天子金銮殿前，又来到农家鹦鹉洲边。自休官，从遭贬，早递流水路三千。待交我蓑笠纶竿守自然，我比姜太公多来近远？

〔沽美酒〕他被窝里献利便，枕头上纳谏言，义子贼臣掌重

179

权。那里肯举善荐贤,他当家自迁转。

[太平令]大唐家朝野里龙蛇不辨,禁闱中猪狗同眠。河洛间途俗皆现,日月下清浑不变。把谪仙,盛贬,一年半年,浪淘尽尘埃满面。

(云)小生终日与酒为念。

[殿前欢]酒如川,鹭鸥长聚武陵源。鸳鸯不锁黄金殿,绿蓑衣带雨和烟。酒里坐,酒里眠,红蓼岸,黄芦堰,更压着金马门,琼林宴。岸边学渊明种柳,水面学太乙浮莲。

[甜水令]闹闹吵吵,欢欢喜喜,张筵开宴,送到杨柳岸古堤边。正稚子妻儿,痛哭号咷,幸衣留恋,早解缆如烟。

[折桂令]一时间趁蓬箔顺水推船,不比西出阳关,北使居延。几时得为爱青山,住东风懒着吟鞭。流落似守汩罗独醒屈原,飘零似泛浮槎没兴张骞。纳了一纸皇宣,撇下满门良贱,对十五婵娟,怎不凄然。他们向水底天心,两下里团圆。(末虚下)(水府龙王一齐上,坐定了)(末上)

[夜行船]画戟门开见队仙,听龙神细说根元。向人鬼中间,轮回里面,又转生一遍。

[川拨棹]赴科选,跳龙门,夺状元。早命掩黄泉,鱼跳深渊。不见九五数飞龙在天,海门潮信远。

[七弟兄]偶然,见面,恕生年,那里取禹门浪急桃花片,玉溪月满木兰船,锦溪露湿芙蓉面。

[梅花酒]他虽无帝主宣,文武双全,将相双权,銮驾齐肩。比侯门深似海,我怎敢酒量大如川。忆上元,芍药边、牡丹园、梧桐院、海棠轩、歌舞地、绮罗筵、衫袖湿、帽檐偏。相隔着,水中原,无旅店,少人烟。龟大夫,在旁边;鳖相公,守跟前;鼋先锋,可怜见。众水族,尽皆全,摆列着,一圆圈。

［收江南］可甚玉簪珠履客三千，比长安市上酒家眠，兀的不气喘，月明孤枕梦难全。

［后庭花］翰林才显耀彻，酒家钱还报彻。酬了莺花志，补完了天地缺。寻常病无些些，玉山低趄。不合将他短处劫，便将俺冤恨雪。君王行厮间迭，听谗臣耳畔说，贬离了丹凤阙。下江船不暂歇，采石渡逢令节，友人将筵会设，酒杯来一饮竭。正更阑人静也，波心中猛觑绝，见冰轮皎洁，手张狂、脚趔趄，探身躯将丹桂折。

［柳叶儿］因此上醉魂如灯灭，中秋夜禄尽衣绝，再相逢水底捞明月。生冤业，死离别，今番去了，那里来也！（下）

右第四折。

《古杭新刊关目的本李太白贬夜郎》

右《李太白贬夜郎》杂剧，据钟嗣成《录鬼簿》云"王伯成撰"。案：伯成，涿州人。涵虚子《音谱》称其"词如红鸳戏波"，然所撰杂剧，自明以来久不传，唯有《天宝遗事诸宫调》（弹词之类）时见于《雍熙乐府》及《曲谱》中，然不过数套而已。今此剧晚出，乃完全无损。曲文亦遒劲明丽，在马东篱、郑德辉之间，亦元曲中上乘也。

民国三年(1914)，三十八岁。

事迹

五月，《国学丛刊》复刊，受聘为编辑，并代罗振玉序。

先生《〈国学丛刊〉学（代罗叔言参事）》云："宣统辛亥，某始创《国学丛刊》于京师，遭遇国变，中道而辍。今年春，海上友人乞赓续之，亟允其请。"又，落款"甲寅五月"。（8卷，605、607页）

又，罗振玉《集蓼编》云："逮辛亥间，始创为《国学丛刊》，不数月以国变而止，至是赓续为之。时忠悫迫于生事，乃月馈二百元请主编校。"①

九月，代罗振玉校《历代符牌图录》《嵩里遗珍》《四朝钞币图录》。

赵万里《王静安先生年谱》云："（甲寅三十八岁）九月，为罗先生校写《历代符牌图录》《嵩里遗珍》《四朝钞币图录》等书，序目或所附考释付石印。"（20卷，430页）

是年，拟受邀至欧洲审定东方古文物，逢欧战乃罢。

罗振玉《集蓼编》云："予三十以前，无境外之交。旅沪时，始识东邦诸博士。宣统初，因法国伯希和教授得与沙畹博士书问相往还，又与英国斯坦因博士通书问。尝以我西陲古卷轴入欧洲者，所见仅百分之一二，欲至英、德、法各国阅览。沙畹博士闻之欣然，方联合英、德学者欲延予至欧洲，为审定东方古文物，予将约忠悫偕往。乃未几而巴尔干大战起，乃中止。"②

学术著述

正月至四月间，著《流沙坠简》，与罗振玉著述合刻。

先生致缪荃孙书信（民国三年闰五月二十五日）云："岁首与蕴公同考释《流沙坠简》，并自行写定，殆尽三四月之力为之。此事关系汉代史事极大，并现存之汉碑数十通亦不足以比之。"（15卷，54页）

按：先生著刻《流沙坠简》，历时四月。写作过程及各篇作期

① 罗振玉：《雪堂自述》，江苏人民出版社1999年版，第41页。
② 罗振玉：《雪堂自述》，江苏人民出版社1999年版，第43—44页。

可考者,兹按时序列出。

去年底至正月,整理考订文献材料。

先生《〈流沙坠简〉序》云:"癸丑岁暮,始于罗叔言先生处读斯坦因博士所得之汉晋简牍,及沙畹博士考释之书。时先生方写定《殷墟书契后编》,又以世人亟欲先睹是简也,乃属国维分任考订。"(4卷,3页)

正月,成《屯戍丛残考释》(另编订为《敦煌所出汉简跋》14则)。

先生《〈流沙坠简〉跋》云:"余为《屯戍丛残考释》,属稿于癸丑岁杪,讫甲寅正月而就。"(4卷,171页)

又按:密韵楼本《观堂集林》卷十四收《敦煌所出汉简跋》14则,系由《屯戍丛残考释》部分章节另行编订。

正月晦,成《序》。

先生《〈流沙坠简〉序》落款云:"甲寅正月之晦,海宁王国维序于日本京都之吉田山东麓寓庐。"(4卷,12页)

二月,读斯坦因纪行书,以为比对。

先生《〈流沙坠简〉跋》云:"二月以后从事写定,始得读斯坦因博士纪行之书,乃知沙氏书中每简所记罗马数字,皆纪其出土之地,而其地大都具于斯氏图中,思欲加入《考释》中,而写定已过半矣。"(4卷,171页)

三月初五日,成《跋》。

先生《〈流沙坠简〉跋》落款云:"甲寅上巳后二日"。(4卷,172页)

三月十二日,成《流沙坠简补遗考释》(另编订为《罗布淖尔东北古城所出晋简跋》《尼雅城北古城所出晋简跋》《尼雅古北城所出晋简跋二》)。

先生《流沙坠简补遗考释》落款云："甲寅三月清明节之后二日"。（4卷，173页）

又按：密韵楼本《观堂集林》卷十四收《罗布淖尔东北古城所出晋简跋》《尼雅城北古城所出晋简跋》《尼雅古北城所出晋简跋二》，系由《流沙坠简补遗考释》部分章节另行编订。

三月，由日人羽田亨《李柏书考》移录一表三书并论之，成《附录》（另编订为《罗布淖尔北所出前凉西域长史李柏书稿跋》）。

先生《附录》云："斯坦因博士发掘罗布淖尔北古城后，日本西本愿寺主大谷伯爵光瑞所派遣之橘瑞超氏继至其地，复行发掘，所得简纸颇多，中有前凉西域长史李柏表文一通，书稿三通。惟二书稿颇完善，襄曾见写真影片，录其文字；表文仅存十三字，则自羽田学士亨《李柏书考》中移录者也。此一表三书关系史事甚巨，故并考之，附于坠简之后。甲寅三月，海宁王国维。"（4卷，197页）

又按：密韵楼本《观堂集林》卷十四收《罗布淖尔北所出前凉西域长史李柏书稿跋》，系由《附录》部分章节另行编订。

四月七日，成《烽燧图表》，是为定说。

先生《烽燧图表》云："至《考释》《序》《跋》中，或因勾稽之疏，亦出书写之误，与此表有不合者，一以此表为正，不复赘举云。甲寅四月七日，海宁王国维记。"（4卷，215页）

是年，《流沙坠简》刊行。

又按：《流沙坠简》（7卷），罗振玉、王国维著，日本京都东山学社1914年出版。

五月，成《宋代金文著录表》。

先生致缪荃孙书信（民国三年闰五月二十五日）云："近二三

月作《金文著录表》,宋代一卷已成,国朝四卷正在具草。"(15 卷,
55 页)又,《〈宋代金文著录表〉序》落款云:"甲寅五月"。(4 卷,
233 页)

夏,跋《攀古楼彝器款识》。

先生《〈攀古楼彝器款识〉跋》落款云:"甲寅夏日,王国维阅
一过记。"(14 卷,553 页)

按:《攀古楼彝器款识》(2 卷),清潘祖荫著,金石考古专著。

八月,成《国朝金文著录表》。

先生《〈国朝金文著录表〉序》云:"自甲寅益夏讫于仲秋,经
涉五月,乃始毕事。"(4 卷,303 页)

十二月,两序罗振玉《殷墟书契考释》(607.609)。

先生《〈殷墟书契考释〉序》落款云:"甲寅冬十有二月。"(8
卷,609 页)又,先生《〈殷墟书契考释〉后序》落款云:"甲寅冬十二
月祀灶日"。(8 卷,610 页)

按:《殷墟书契考释》,罗振玉著,甲骨文研究专著。

是年,作《邸阁考》。

按:该文列入赵万里《王静安先生年谱》本年"编年文"部分,
刊于《盛京时报》本年四月初四至初六日《东山杂记》专栏。

民国四年(1915),三十九岁。

事迹

正月下旬,与神田喜一郎初晤。

神田喜一郎《忆王静安先生》云:"我与先生初次见面约在大
正四年三月(按:即农历 1915 年正月下旬),当时我祖父请罗叔
言与内藤湖南两先生为家藏《隶古定尚书》作跋,这本书影印出

来后,我尊祖父之命,携几部拜访了当时侨居京都东面净土寺村的罗叔言先生,正巧王静安先生也在那儿,这是我初次见到他。当时先生交给我由山田圣华房木活字排版的《壬癸集》,要我转交给我祖父。"(20卷,395页)

按:神田喜一郎(1897—1984),号鬯盦,书室称佞古书屋,日本汉学家,学士院会员。毕业于京都帝国大学(今京都大学)文学部史学科"支那"史学专业,先后任大谷大学教授、台北帝国大学教授、京都国立博物馆馆长等。神田家族为京都著名商家,其祖父神田信醇(1854—1918),字子醇,号香岩,是明治时代的著名汉学家和诗人。擅长书画鉴赏和收藏古籍,曾任京都博物馆学艺委员。

二月上旬,归国扫墓。于沪上与沈曾植订交,论古音韵学。

先生《尔雅草木虫鱼鸟兽释例弁言》云:"甲寅岁莫,国维侨居日本,为上虞罗叔言参事作《殷墟书契考释后序》,略述三百年来小学盛衰。嘉兴沈子培方伯见之,以为可与言古音韵之学也。"又,"乙卯春,归国展墓,谒方伯于上海,以此愿质之,方伯莞然曰:'君为学乃善自命题,何不多命数题,为我辈遣日之资乎?'因相与大笑。"(5卷,126页)又,赵万里《王静安先生年谱》云:"(乙卯三十九岁)二月初旬,携眷返国扫墓。"(20卷,431页)

按:沈子培,即沈曾植(1850—1922),字子培,号巽斋、乙盦、寐叟等,浙江嘉兴(今浙江省嘉兴市)人。光绪六年(1880)进士,历官总理衙门章京,后任上海南洋公学(今上海交通大学)监督。藏书颇富,曰"海日楼""全拙庵""护德瓶斋"。有《近疆西夷传注》《岛夷广证》《女真考略》《蒙古源流疏证》等传世。

三月,罗振玉邀共游阙里、洹曲,以病目留沪。

罗振玉《五十日梦痕录》云:"以平生诵习孔子,今发垂白矣,尚未得一瞻阙里；频年考究殷墟遗文，而足迹亦未尝至洹曲，乃于展墓后至曲阜，展谒至圣林庙，复涉洹、济、洛，吊殷墟，登龙门，乃遵海而返东山寓庐。"又，"（三月）十五日，避风未出门。静安来谈，云病目已数日。请其加意调摄，俾不至游辙中阻。"①

四月十四日，与罗振玉同乘春日丸返日。十七日，抵京都。

罗振玉《五十日梦痕录》云："（四月）十四日晨，与静安同趁春日丸。"又，"十五日，晴。舟行至稳。与静安谈游事，已恍忽如梦中矣。"又，"十六日晨，入门司港，发电致家人。"又，"十七日，入神户港。午后乘汽车，下午至京都驿。"②

五月，五子慈明生。

按：王慈明（1915—2009），浙江海宁州城（今海宁市盐官镇）人，先生之五子。毕业于上海交通大学，机械专家，退休前任职于四川量具刃具厂。

王慈明事迹，诸文献均未详载。参见《国学大师王国维之子王慈明：隐身成都数十年，多次大难不死》，网易新闻（转引自《华西都市报》），http://news.163.com/15/0418/06/ANFDEVCF00014AED.html。

十二月十九日东坡诞辰，应日本学者邀，赴春云楼雅集。

赵万里《王静安先生年谱》云："（乙卯三十九岁）十二月十九日，日人富冈铁斋百炼、矶野秋渚惟秋及内藤湖南、狩野子温诸先生假座圆山春云楼，各出所藏苏东坡墨迹或书籍陈列，以供众览，盖是日为东坡诞辰，先生及罗先生均与焉。"（20卷，433页）

按：先生当日手录古人咏苏轼诗句，并注云："雨山、君扒两

① 罗振玉：《雪堂自述》，江苏人民出版社1999年版，第87、94页。
② 罗振玉：《雪堂自述》，江苏人民出版社1999年版，第116页。

先生招集东山左阿弥旅馆作坡公生日,愧无佳语,因录古人成句。"①

年底,得同乡邹安代英人哈同之邀请信,聘往上海任杂志编辑。

先生《丙辰日记》云:"去冬十二月,同乡邹景叔太令移书谓,英人哈同君之夫人罗氏拟创学问杂志,属余任其事。其杂志体例分字学、礼学、文学、觉学、宗教诸门,并俟余到沪商酌。"(15卷,909页)

按:哈同(1851—1931),英籍犹太人。出身贫寒,曾闯荡香港、上海,在上海以房地产业发迹,是成立哈同洋行。曾兴建上海最大的私人花园爱俪园(哈同花园),在园内创办华严大学、仓圣明智大学,又于杭州孤山建罗苑等。其妻罗迦陵(1864—1941),本名俪蕤,号迦陵、慈淑老人,法名太隆,中法混血,母籍福建闽县(福建省福州市),生于上海。哈同夫妇热衷中国古典文化,广聘海内外著名学者于爱俪园工作。

邹安(1864—1940),字景叔、寿祺,号适庐,浙江海宁(今浙江省海宁市)人。光绪十七年(1891)举人,曾任江都知县;后参与创立广仓学会,任爱俪园仓圣明治大学教授、《艺术丛编》主编。有《周金文存》《艺术类征》等传世。

学术著述

正月三日至十二日,为《殷墟书契》一二卷作释文。

赵万里《王静安先生年谱》云:"乙卯三十九岁,正月三日至十二日,写《殷墟书契》一二两卷释文竟。"(20卷,431页)

---

① [日]原田悟郎辑:《王忠悫公遗墨》,昭和三年(1928)景印本,不分卷。

按:《殷墟书契》共四编,罗振玉著。《前编》(8卷),宣统三年(1911)首次连载于《国学丛刊》,民国二年(1913)罗氏东渡日本后,整理为8卷出版;《菁华》(1卷),民国三年(1914)出版;《后编》(2卷),民国五年(1916)出版;《续编》(6卷),民国二十二年(1933)出版。

正月,刊《洛诰笺》。冬十月、十二月,与日本学者林泰辅两论该篇。

按:《洛诰笺》,民国四年(1915)正月初刊于《国学丛刊》。其后,日本学者林泰辅于《东亚研究》发表《读〈国学丛刊〉》,对先生之文予以"攻错"。十月、十二月,先生两次与林氏书信往来,作"攻错"之答辩。《洛诰笺》及先生致林氏两封书信后结为《裸礼榷》,刊上海广仓学窘《学术丛编》1916年第4期。此三篇收入密韵楼本《观堂集林》时,定名为《洛诰解》《与林浩卿博士论洛诰书》《再与林博士论洛诰书》。

又按:林泰辅(1854—1922),名直养,字浩卿,号进斋,通称泰辅,"日本甲骨学先驱"。毕业于东京帝国大学(今东京大学)古典讲习科,历任山口高中教师、东京高师教授等著有《周公及其时代》《龟甲兽骨文字》等传世。

二月,作《鬼方昆夷猃狁考》。

赵万里《王静安先生年谱》本年"编年文"部分,《鬼方昆夷猃狁考》下小字注云:"初名《古代外族考》,二月初脱稿,见《雪堂丛刻》及《观堂集林》。"(20卷,433—434页)按:该文收密韵楼本《观堂集林》卷十三。

三月,作《不𢑫敦盖铭考释》

赵万里《王静安先生年谱》本年"编年文"部分,《不𢑫敦盖铭考释》下小字注云:"三月,见《雪堂丛刻》,今收入《古金文考释五

种》中。"(20卷，434页)

春，跋《宋椠大唐三藏取经诗话》，间论西游文学之传承变化。①

先生《〈宋椠大唐三藏取经诗话〉跋》云："宋《宋椠大唐三藏取经诗话》三卷，日本高山寺旧藏，今在三浦将军许。"又，"其称'诗话'，非唐宋士夫所谓'诗话'，以其中有诗有话，故得此名。其有词有话者，则谓之'词话'。《也是园书目》有宋人词话十六种，《宣和遗事》其一也。'词话'之名非遵王所能杜撰，必此十六种中有题'词话'者。此书有诗无词，故名'诗话'，皆《梦粱录》《都城纪胜》所谓'说话'之一种也。书中载元奘取经，皆出猴行者之力，即《西游演义》所本。又考陶南村《辍耕录》所载院本名目，实金人之作，中有《唐三藏》一本。《录鬼簿》载元吴昌龄杂剧有《唐三藏西天取经》，其书至国初尚存。《也是园书目》有吴昌龄《西游记》四卷，《曹楝亭书目》有《西游记》六卷，无名氏《传奇汇考》亦有《北西游记》，云'今用北曲，元人作'，盖即昌龄所撰杂剧也。今金人院本、元人杂剧皆佚，而南宋人所撰话本尚存，岂非人间希有之秘笈乎！闻日本德富苏峰尚藏一大字本，题《大唐三藏取经记》，不知与小字本异同何如也。乙卯春。"(14卷，399—400页)

四月，作《三代地理小记》。

赵万里《王静安先生年谱》本年"编年文"部分，《三代地理小记》下小字注云："四月，见《雪堂丛刻》。后又别出《说自契至于成汤八迁》《说商》《说亳》《说耿》《说殷》《秦都邑考》等六篇，入

---

① 该篇跋文文末有明确落款时间，然前人年谱(如袁光英《王国维年谱长篇(1877—1927)》、陈鸿祥《王国维年谱》等)均系于1913年后，未知何据。

《观堂集林》。"(20卷，434页)按：《说自契至于成汤八迁》等，皆收密韵楼本《观堂集林》卷十二。

五月初十日，作《方氏三家彝拓本跋》。

先生《方氏三家彝拓本跋》落款云："丙辰夏至，海宁王国维。"(14卷，407页)

七月，作《古胡服考》。

赵万里《王静安先生年谱》本年"编年文"部分，《古胡服考》下小字注云："七月，初名《袴褶服考》，见《雪堂丛刻》及《观堂集林》。"(20卷，434页)按：该文后改名《胡服考》，收密韵楼本《观堂集林》卷十八。

九月，作《元刊杂剧三十种序录》《古礼器略说》。

先生《元刊杂剧三十种序录》落款云："乙卯秋九月初吉。"按：该文初刊《盛京时报》民国二年(1913)七月初九至十三日《东山杂记》专栏，无标题；后改写为此篇，文字略有差异。全文详见本年"主要戏曲学术成果"条。

赵万里《王静安先生年谱》本年"编年文"部分，《古礼器略说》下小字注云："九月，见《雪堂丛刻》，后别出《说罚》《说觥》《说彝》《说俎》上下六篇，入《观堂集林》。"(20卷，434页)按：六篇曰《说罚》《说觥》《说盉》《说彝》《说俎上》《说俎下》，皆收密韵楼本《观堂集林》卷三。

十一月，作《生霸死霸考》。

赵万里《王静安先生年谱》本年"编年文"部分，《生霸死霸考》下小字注云："十一月，见《雪堂丛刻》及《观堂集林》。"(20卷，434页)按：该文收密韵楼本《观堂集林》卷一。

是年，作《浙江考》《汉会稽郡东部都尉治所考》《后汉会稽郡东部侯官考》《书宣和博古图后》。

赵万里《王静安先生年谱》本年"编年文"部分,《浙江考》《汉会稽郡东部都尉治所考》《后汉会稽郡东部侯官考》下小字注云:"上三篇均见《海内外杂文》及《观堂集林》。"(20卷,434页)按:该文收密韵楼本《观堂集林》卷十二。

按:《书宣和博古图后》,该文初刊《盛京时报》民国三年(1914)八月二十六至二十八日《二牗轩随录》专栏,无标题;后改写为此篇,文字略有差异。

主要戏曲学术成就

《元刊杂剧三十种序录》。

按:该文改订自《盛京时报·东山杂记》专栏,文字略有差异,摘录如下。

元刊杂剧三十种序录

《元刊杂剧三十种》,今藏上虞罗氏,旧藏吴县黄荛圃丕烈家。书匣上刻荛翁楷书十二字,曰"元刻古今杂剧乙编士礼居藏",隶书二字,曰"集部"。往见荛翁题跋,辄自夸所藏词曲之富,而怪其所跋词曲不过数种,殊无以征此说。后见钱唐丁氏所藏元刊《乐府新编阳春白雪》,溧阳端氏所藏元刊《琵琶》《荆钗》二记,皆荛翁故物,今复见是编《杂剧三十种》,且题曰乙编,则必尚有甲编,丙、丁以降亦容有之,则信乎足以此自豪矣。日本京都文科大学既假此编景刊行世,流传中土者绝少,又原书次序先后舛错,因为之釐定,并书其端曰:"元杂剧之存于今者寡矣。国初藏书家搜罗元剧者,曰虞山钱氏、江阴季氏。钱氏《也是园书目》丛录元人杂剧一百四十种,《季沧苇书目》有钞本元曲三百本、一百册。然其后均不知所归,亦未有纪及此事者,盖存佚已不可问矣。举世所见，独明长兴臧晋叔懋循之《元曲选》百种与《西厢》五剧。而臧选之中，尚有明初人作六种，则传世元剧实尚不及百种。今此编三十种中，其十三种臧选有之，其余十七种皆海内孤本。并有自元以来未见著录者，有明中叶后人所不得见者，于是传世元剧骤增至一百十有六种。即与臧选复出者，体制文字亦大有异同，足供比勘之助。且臧选刊于明万历间，《西厢》刊本世号最善者，亦仅明季翻刊周宪王本。故南戏尚有元刊本，而北剧则无闻焉。凡戏剧诸书经后人写刊者，往往改易体例，增损字句。此本虽出坊间，多讹别之字，而元剧之真面目，独赖是以见，诚可谓惊人秘笈矣。原书本无次第及作者姓氏，囊曾为之釐定时代、考订撰人。录目如左，世之君子以览观焉。乙卯秋九月初吉。"

目次：

《大都新编关张双赴西蜀梦》

元关汉卿撰。汉卿号已斋叟，大都人，太医院尹。案：杂剧之名，已见于唐宋时，至元时杂剧一体实汉卿创之。元钟嗣成《录鬼簿》著录杂剧，以汉卿为首；明宁宪王《太和正音谱》以马致远为首，然于关汉卿则云"初为杂剧之始"——均以杂剧为汉卿所创也。汉卿时代，世无定说。杨廉夫《元宫词》云："开国遗音乐府传，白翎飞上十三弦。大金优谏关卿在，《伊尹扶汤》进剧编。"是以汉卿为金人也。《录鬼簿》但纪汉卿为太医院尹，而明蒋仲舒《尧山堂外纪》则云"金末为太医院尹，金亡不仕"，蒋氏之言不知有据否。据陶九成《辍耕录》，则汉卿入元，中统初尚存。而自金亡至元中统元年，凡二十有六年，则若使金亡时汉卿尚少壮也。又《鬼董》一书，末有元泰定丙寅临安钱孚《跋》云："关解元之所传。"后人皆以解元即汉卿，《尧山堂外纪》遂以此书为汉卿撰，钱少詹《补元史艺文志》仍之。案：蒙古灭金后，惟太宗九年一行科举，后废而不举者七十八年。是汉卿得解当在金世，至中统之初，固已垂老矣。由是言之，汉卿所撰杂剧六十余种，当出于金元兴与元中统二三十年之间。此剧刊板出于元季，而上冠以"大都新编"四字，盖翻刊旧本也。《录鬼簿》《太和正音谱》并著录。

《新刊关目闺怨佳人拜月亭》

元关汉卿撰。此剧纪事与南曲《拜月亭记》同，皆谱金宣宗南迁时事，乃南曲所从出也。明人如何元朗、臧晋叔辈激赏南《拜月亭》，以为在《琵琶》之上。然南曲佳处多出此剧，盖何、臧诸氏均未见此本也。《录鬼簿》《正音谱》《也是园书目》并著录。钱目作《王瑞兰私祷拜月亭》，或系别本。

《古杭新刊的本关大王单刀会》

元关汉卿撰。《录鬼簿》《正音谱》、钱目并著录。钱作《关大王独赴单刀会》。

《新刊关目诈妮子调风月》

元关汉卿撰。《录鬼簿》《正音谱》并录。

《新刊关目好酒赵元遇上皇》

元高文秀撰。文秀，东平人，府学生，早卒。此剧《录鬼簿》《正音谱》、钱目并著录。

《大都新编楚昭王疏者下船》

元郑廷玉撰。廷玉，彰德人。《录鬼簿》、《正音谱》、钱目并著录。《元曲选》乙集有刊本。

《新刊关目看钱奴冤家债主》

元郑廷玉撰。《录鬼簿》、《正音谱》、钱目并著录。《元曲选》

癸集有刊本。

《新刊的本泰华山陈抟高卧》

元马致远撰。致远号东篱，大都人，江浙行省务官。此剧《录鬼簿》、《正音谱》、钱目并著录。《元曲选》戊集有刊本。

《新刊关目马丹阳三度任风子》

元马致远撰。《正音谱》、钱目并著录。《元曲选》癸集有刊本。

《新刊的本散家财天赐老生儿》

元武汉臣撰。汉臣，济南府人。《录鬼簿》、《正音谱》、钱目并著录。《元曲选》丙集有刊本。

《古杭新刊尉迟恭三夺槊》

元尚仲贤撰。仲贤，真定人，江浙行省务官。是剧《录鬼簿》著录。《尉迟恭单鞭夺槊》，与此全异。

《新刊关目汉高皇濯足气英布》

元尚仲贤撰。《录鬼簿》、《正音谱》、钱目并著录。《元曲选》辛集有刊本，不署撰人。

《赵氏孤儿》

元纪君祥撰。君祥，大都人。《录鬼簿》、《正音谱》、钱目并著录。《元曲选》壬集有刊本。《录鬼簿》《元曲选》作《赵氏孤儿冤报冤》，钱作《赵氏孤儿大报仇》。

《古杭新刊关目风月紫云庭》

《录鬼簿》于石君宝、戴善甫下均有诸宫调《风月紫云庭》杂剧。君宝（《正音谱》、《元曲选》、钱目均作"君实"），平阳人。善甫，真定人，江浙行省务官。此本未知谁作。

《大都新刊关目公孙汗衫记》

元张国宾撰。国宾，大都人，教坊管勾。是剧《录鬼簿》、《正音谱》并著录。《元曲选》甲集有刊本，作《相国寺公孙合汗衫》。

《新刊的本薛仁贵衣锦还乡关目全》

元张国宾撰。《录鬼簿》《正音谱》并著录。《元曲选》乙集有刊本。

《新刊关目张鼎智勘魔合罗》

元孟汉卿撰。汉卿，亳州人。是剧《录鬼簿》、《正音谱》、钱目并著录。《元曲选》辛集有刊本，作《张孔目智勘磨合罗》。

《古杭新刊关目李太白贬夜郎》

元王伯成撰。伯成，涿州人。《录鬼簿》《正音谱》并著录。

《新编岳孔目借铁拐李还魂》

元岳伯川撰。伯川，平阳人，或云镇江人。《录鬼簿》、《正音谱》、钱目并著录。《元曲选》丙集有刊本，作《吕洞宾度铁拐李》（《录鬼簿》同），钱作《铁拐李借尸还魂》。

《新编关目晋文公火烧介子推》

元狄君厚撰。君厚，平阳人。《录鬼簿》《正音谱》并著录。

《大都新刊关目的本东窗事犯》

《录鬼簿》载孔文卿、金仁杰所撰杂剧，均有《秦太师东窗事犯》。文卿，平阳人。仁杰，字志甫，杭州人，建康崇宁务官。此本未知谁作，《正音谱》、钱目亦著录。

《古杭新刊霍光鬼谏》

元杨梓撰。梓，海盐人。至元三十年元师征爪哇，梓以招谕爪哇等处宣慰司官，以五百人、船十艘先往招谕之。大军继进，爪哇降,梓引其宰相昔剌难答吒耶五十余人来迎。(《元史·爪哇传》)后为安抚大使,官至嘉议大夫、杭州路总管致仕。卒赠两浙都转运使,上轻车都尉、宏农郡侯,谥康惠(姚桐寿《乐郊私语》及董谷《续澉水志》)。《乐郊私语》称澉川杨氏康惠公梓"节侠风流,善音律","今杂剧中有《豫让吞炭》《霍光鬼谏》《敬德不服老》,皆公自制,以寓祖父之意,第去其著作姓名耳"。则是剧实梓所撰。有元一代杂剧家皆书生小吏,名公卿为之者惟梓一人。《正音谱》著录此剧,作"无名氏撰",盖未见《乐郊私语》耳。

《新刊死生交范张鸡黍》

元宫天挺撰。天挺字大用,大名开州人,历学官,除钓台书院山长,卒于常州。此剧《录鬼簿》、《正音谱》、钱目并著录。《元曲选》己集有刊本。

《新刊关目严子陵垂钓七里滩》

元宫天挺撰。各书均未著录,惟《录鬼簿》载宫大用所撰杂剧有《严子陵钓鱼台》。此剧文字雄劲道丽,有健鹘摩空之致,与《范张鸡黍》定出一手,故定为大用之作。大用曾为钓台书院山长,故作是剧也。

《古杭新刊关目辅成王周公摄政》

元郑光祖撰。光祖字德辉,平阳襄陵人,以儒补杭州路吏。此剧《录鬼簿》《正音谱》并著录。

《新刊关目全萧何追韩信》

元金仁杰撰。仁杰,字、里见前。《录鬼簿》、《正音谱》并著录。

《新刊关目陈季卿悟道竹叶舟》

元范康撰。康字子安,杭州人。《录鬼簿》、《正音谱》、钱目并著录。《元曲选》己集有刊本。

《新刊关目诸葛亮博望烧屯》

元无名氏撰。《录鬼簿》、钱目并著录。

《新编足本关目张千替杀妻》

元无名氏撰。《正音谱》著录作《张子替杀妻》。

《古杭新刊小张屠焚儿救母》

元无名氏撰。各书均未著录。此剧纪汴梁张某事母至孝，母病剧，与其妻遥祷东岳神，愿以其子焚诸醮盆内，以乞母命。后为鬼卒所救，儿得不死。案《元典章》五十七载："皇庆元年正月某日，福建廉访使承奉行台准御史台咨：承奉中书省劄付呈，据山东京西道廉访司申。本道封内有泰山东岳，已有皇朝颁降祀典，岁时致祭，殊非细民诇渎之事。（中略）近为刘信酬愿，将伊三载痴儿抛投醮纸火池，以致伤残骨肉，灭绝天理"云云。则此事元时乃真有之，不过剧中易刘为张，又谬悠其事实耳。然则此剧之作，当在皇庆以后矣。

右杂剧三十种，题"大都新编"者三，"大都新刊"者一，"古杭新刊"者七，又小字二十六种，大字四种，似元人集各处刊本为一帙者。然其纸墨与板式大小大略相同，知仍是元季一处汇刊。其署"大都新刊"或"古杭新刊"者，乃仍旧本标题耳。题"大都"或"古杭新刊"云云，恐著其原本所出，未必后人汇集各处本而成此书也。

（引文据《海宁王静安先生遗书》摘录，笔者重新标点。）

第四章

余势期

民国五年（1916）至民国十六年（1927）

笔者按：这一时期先生归国，于上海、北京辗转谋生。其名望响彻学界，其生计常陷窘迫。在动荡污杂的年代，先生如老僧入定般坚持着文人的气节与操守。食人禄则兢兢业业，遇君恩则克忠克诚。他不是时代的弄潮儿，却是文化的砥柱石。

此间先生的学术兴趣全面聚焦于金石考古，然于书录信札间，我们仍能找寻到他的戏曲发见。吉光片羽，于先生为余沥，于后世为汪洋。将这一段时光补齐，才能一窥先生戏曲研究历程的全貌。

民国五年(1916),四十岁。

事迹

正月初二日,诸学者送行,临行与罗振玉互赠藏书。初三日,乘筑前丸启程归国。

先生《丙辰日记》云:"(正月)初二日,晴。早起收拾行李,共十二件。与韫公话别。狩野博士直喜来送行,立谈即去。午后一时赴车站,韫公与君美、君楚、君羽兄弟三人俱送至车站揖别,独与潜儿登车。二时四十七分开车,五时抵神户,住西村旅馆。少顷博文堂主人来送,少坐即去。旋与潜儿出至谷香楼晚饭,归尚未七时也。"又,"此次临行购得《太平御览》《戴氏遗书》残本,复从韫公乞得复本书若干部,而以词曲书赠韫公,盖近日不为此学已数年矣。"(15卷,910、911页)

先生《丙辰日记》云:"(正月)初三日,晴。早七时起,八时朝膳。九时坐小汽船赴筑前丸,十时开行。是日行濑户内海中,无风浪,唯船中用蒸气管,热不可耐。"(15卷,911页)

初七日,抵沪,寓居旧友樊炳清家。旅途至抵沪十数日内,治文字学不辍。

先生《丙辰日记》云:"(正月初七日)午后二时船泊三菱码头,则纬君、抗父、子敬暨张尧香兄已在埠相迎。此次在门司致电纬兄,托尧翁雇就踏车到埠相接。尧翁自晨已在埠相候。比船到后,书箱等装在舱下,俟起货一半乃始取出,故至五时左右始装车运回。与抗公同行,即至其家。"(15卷,913页)

按:先生《丙辰日记》记录了数日内治学心得,另有旅途中寄罗振玉论学书信三通。先生《丙辰日记》:"(正月初五日)作一书致韫公,论石鼓'敄'字,并为举《说文》一字两声者,共得三字。"又,"(正月初七日)昨晚在卧床中思石鼓第二鼓之'罄'字,当即《说文·火部》之'炱'字。"又,"(正月初十日)王箓友《说文释例》中说一字两声者数字。……午后书《通志考异》稿五页。"又,"(正月十三日)拟将《说文》中籀文辑出为《史籀篇辑释》,午前共钞得百余字。"又,"(正月十五日)写《说文》中籀文数十字。"(15卷,912、913、914、916、917页)

正月初九日,以爱俪园所见所闻致书罗振玉,犹豫是否就职。十九日,迁居英租界,寓所以"尚明轩"名之。二十二日,出席仓圣明智大学开学典礼。下旬,经与主管姬觉弥交涉,出任《学术丛编》主编,并拟定《学术丛编》编纂条例。

先生致罗振玉书信(民国五年正月初九日)云:"姬君为人,至沪见敬、抗二公即略闻其不妥,尧香亦知之。及晤乙老,又道其详。外间或云哈同夫人罗女士之干儿,乙老则直云罗氏嬖人也。而罗氏者,或云出于上海娼寮,或云广东咸水妹,其名誉颇不甚佳。姬则本姓潘,后改姓,皆谓系下等人。尧香谓其曾在广学会,与许默斋同事,后入哈处,逐乌目山僧而代之。乙老并言其刻薄倾险,有江西士人黎某在哈处校经,后以不合去,而姬君并扣其行李;又言僧某(似系乌目山僧)凤以忍辱著,欲籍哈以行其志,亦卒辞去。乙老谓欲与此种人共事,非与哈亲立合同不可,又谓其人为善不足、为恶有余。看来此人非可与共事者。现在景叔回杭,一二日内可至,俟景叔到后与之一见,看其为人再定办法。大约不出二途:(一)使景叔能负责任,则我处只严定办事界限,使景叔担保,每月交稿若干,润费若干,不问其他;(二)径弃前约。即使第一条能行,其人如此,决非久计。而其所办学堂,外间亦均有辞,学生只食蔬菜,又数年不许外出,故二三年后多得脚气病。其人如此,教科可知,故此次无论如何,学堂事决不问,哈君屋决不住,而昕伯处尚有三楼之底屋一所,至今未曾租出,月租二十九元(二月始租),拟即向尧香定之,数日内即可搬入。"(15卷,92—93页)又,先生《丙辰日记》云:"(正月十三日)邹景叔来,约午饭后与姬君俱来访。午后一时二人同来,即乘其汽车至哈同花园,晤哈同君。姬君导观各处,并苍①圣明智大学。大学尚未开办,仅有中小学而已。"(15卷,916页)

先生《丙辰日记》云:"(正月)十九日,阴。早七时起。午前九时许大车来,搬物至吴兴里,敬公处所借之人亦至。遂先坐人力车至吴兴里,抗公同往。未几行李至,指麾陈列等事。"(15卷,918页)又,先生《史籀篇叙录》落款云:"丙辰二月朔书于海上寓居之尚明轩。"(5卷,8页)

先生《丙辰日记》云:"(正月二十二日)食点后即出,至哈同花园,因苍圣明智大学今日开学,姬君约往与礼故也。"又,"是日园主哈同君未到,园长哈君夫人陆女士、校长姬君与诸教习等率诸生拜仓颉,行三跪九叩首,我辈外人亦与于礼。"(15卷,919、920页)。

先生《丙辰日记》云:"(正月十六日)旁(按:傍)晚景叔至,告姬君已允用第一种办法,因与抗公学报布置事。"又,先生致罗振玉书信(民国五年正月十七日)云:"现在报事定分部办理,美术以板大别行,哲学、宗教以性质不同别行,此报惟讲学术。美术景叔任之,渠拟将其金文尽行印出,此事极善。"又,"如此则《国学丛刊》虽停而不停,当亦公之所乐闻也。"(民国五年正月二十一日)云:"此次交涉虽近强硬,然未尝形于辞色。迁居二日,诸

---

① 仓圣明智大学、仓颉、仓颉篇,先生行文时写作"苍"。引文据实摘录,不作修改。

事稍定,今日往园,现已定分三支:一、《学术丛编》,由维任之;二、《艺术丛编》,景叔任之;三、《苍圣明智大学杂志》,则况夔笙任之。"(15卷,101、105页)

二月初十日,与罗振玉会。十八日,家眷来沪团聚。

先生《丙辰日记》云:"(二月)初十日,早出,七时余至汇山码头。春日九尚未到,徘徊岸上,遇纬公、尧香,久立谈。同至小茶馆,茶至九时半,船到,见蕴公(按:即罗振玉)偕君楚在甲板上。少顷,同至纬公家饭,午后归。蕴公至,乙老亦来,久谈。"(15卷,924页)又,"(正月)廿二日,阴。早七时起。作《学术丛编条例》。"(15卷,919页)

按:姬觉弥(1885—1964),本名潘小孪,徐州睢宁(今江苏省徐州市)人。生于贫苦农家,前往上海谋生时得到哈同夫妇赏识,成为爱俪园总管,并改名姬觉弥。曾任哈同洋行经理、仓圣明智大学校长,晚年移居香港。

先生《丙辰日记》云:"(二月)十八日,雨。天明即起,赴铁马路桥,小轮未到。至桥侧茶馆待之。未几,张尧翁来,小轮亦到。料理行李等,先令潜明送莫外姑、内人并小儿等至寓,余与尧香稍迟回,九时许到家。"(15卷,926页)

三月二十八日,被迫出席姬觉弥生日,然鄙视其行径。

先生致罗振玉书信(民国五年三月二十五日)云:"此月廿八,云是仓颉生辰,其日该校行礼尚不足怪,而姬之生日亦即此日,奇妙之至!姬今年三十,账房为之酿资,各人自十元至二元分为四等(写字人薪水十元左右者亦令出二元),闻其洋行中买办有出至百五十元者。须演戏二日,仓颉前行礼,有单来通知,势不能不往,并为之拜寿,其日必有大笑话可观可听。"(15卷,126页)又,先生致罗振玉书信(民国五年四月一日)云:"哈园因姬三十生日演戏二日,园中人因此须忙数日,其内容可想见。"
(15卷,131页)

六月下旬,在张元济处借看伯希和赴沪所携文献照片。

先生致罗振玉书信(民国五年六月二十七日)云:"昨日哈园宴客,晤褚礼堂,知伯希和今日过此赴北京使馆武官之任。今日过乙老,始得其详。此次伯君过沪,张菊笙宴之,请乙老往陪。伯出《舜典释文》照片(并有《周易释文》),乙老劝菊笙及蒋孟平印之,菊笙许诺,然不知能付印否耳(《尚书释文》照片在菊笙处,当访菊笙索观。至《周易释文》则公处有玻璃片,其版权与费用已由公向商务赎回,此事亦须告之。菊于此本不了了,若欲印,则公固无不可,但当偿还前费,但恐亦无此事耳)。"

张元济(1867—1959),字筱斋,号菊生,浙江海盐(今浙江省嘉兴市)人,民国首届中央研究院院士,新中国首届全国政协委员、人大代表。光绪十八年(1892)进士,曾任总理各国事务衙门章京。投身维新运动,在北京创办溪学堂。戊戌变法失败后革职,任上海南洋公学译书院院长。光绪二十七年(1901),投资上海商务印书馆。新中国成立后,担任上海文史馆馆长,继任商务印书馆董事长。有《涵芬楼烬余书录》等传世。

七月,代爱俪园广仓学大会作《启》并《章程》。

先生致罗振玉书信(民国五年七月二十三日)云:"哈园欲开所谓广仓学大会者,为之作启并拟章程,此亦无法退却之事,不能不应酬。"(15卷,185页)

九月十五日,参观爱俪园书画展览会。

先生致罗振玉书信(民国五年九月十八日)云:"十五日开会,并陈列古物开展览会,是日维一往观,而某复以招待员徽章佩诸维胸,维即藏之不用。十六、十七、十八继续开会,即拟绝迹

不往。"(15卷,217页)

十一月二十日,购得孙诒让《契文举例》手稿,后由罗振玉刊行。

先生致罗振玉书信(民国五年十一月二十日)云:"兹有一事奉告者,旁(按:傍)晚出至蟬隐,见孙仲容比部《契文举例》手稿,乃刘彜仲携来者,以五元从蟬隐得之。此书明年如接办《学术丛编》,拟加删节,录其可存者为一卷印之何如? 想公知此稿尚存,当为欣喜。"(15卷,253页)

按:《契文举例》(2卷),清孙诒让著,甲骨文研究专著,堪称开山之作。该书后收入罗振玉辑《吉石庵丛书》出版。

十二月间,手录沈曾植诗。

先生致罗振玉书信(民国五年十二月初四日)云:"初二以后无事,为乙老写去年诗稿共十八页,二日半而成。"(15卷,263页)又,先生致罗振玉书信(民国五年十二月初七日)云:"近三日钞乙老诗,得十八页,计共五十余页,大约再得六日,可以写成。"(15卷,267页)

年底,交割诸冗事毕,辞谢各处聘请,仍续爱俪园合同。赴京都罗振玉处度假。

按:本年末,先生分别收到罗振玉、沈曾植、刘承干之邀聘,亦与爱俪园主管姬觉弥嫌隙已久,故尝与罗振玉商讨去留。最终仍与爱俪园续约,年底应罗氏之邀赴京都度假。其心路过程,兹摘录如下。

先生致罗振玉书信(民国五年九月十八日)云:"公函中言再往东作寓公之说,维所极愿。若全眷浮海,恐不能行。现维拟二种办法,一归海宁,一仍住上海。若归海宁,则以大儿入青年会寄宿舍,年费二百余元;次儿或送嘉兴,则所费不多。若全家用度则月五六十元,岁费约千元左右,比之寓沪可省三分之一。维则每年往东一次,与公同行,暂则住一月,久则数月亦可。每年研究均以家所有书为根本,而至东则参考诸书以成之,此为最妥办法。若寓沪则所需较多,一年或需两度赴东,而所驻之期均不能过久,好在今年决不能作归计,尚可从容定计也。"(15卷,218页)

先生致罗振玉书信(民国五年九月二十二日)云:"昨日至景家,景云已将辞意告姬,姬意亦欲以此为转圜,语未竟而姬亦至,有谢罪之语,维亦含糊处之。此事尚未解决,徐与景定切实办法。看来如勉守一年之约,薪水有拖欠而或不至缺少。"(15卷,219页)

先生致罗振玉书信(民国五年十一月十八日)云:"至姬之为人,'无常'二字足以尽之。前此入人言乃有他语,此次又欲坚留,则当因外间此报品评尚佳,又因日本人来购此报之故。此次除申明条件外,尚有何办法,请公教之。"(15卷,250页)

先生致罗振玉书信(民国五年十一月二十四日)云:"乙老则又商襄办《通志》事,云明年拟以维为分纂,则为月薪而非计字取酬,与前年之事异。维答以哈园现在议留,彼固不可与共事,然于研究学问则可由自己所好者为之;若《通志》则因素无研究,又范围太广,现彼处尚在维繫,是以或从缓议。乙老则谓兼办无妨,此系帮我忙,我所做之事有欲请代劳者,即兄不允当时时奉扰云云。而公致刘、缪之函亦已寄出,皆缘哈园议留事出意外,此事盖因今年结束报稿,成绩可观,悟他人为之必不能如此(其他未必知,即不误期限一事,觉他人不能办到)。"又,"既接办哈事,则刘处乃养老性质,自当作罢,但须有说以处之(请示及,盖恐艺风来谈及故也)。乙老处则当俟缓言之。乙老'帮忙'之说

亦是实情,亦兼含养,意甚可感。"(15 卷,255—256 页)

先生致罗振玉书信(民国五年十二月初八日)云:"姬于维函面允如约……云一切以今春致景叔之书并如今报纸为条件,而今春致景叔论条件之函,姬处已觅不得,只以今年所出报为明年报之榜样亦无不可。总之,无论何如,明岁一年中小淘气必有之,大则或可无他事也。合同今年本未立,明岁亦未便促其必立耳。"(15 卷,268 页)

赵万里《王静安先生年谱》云:"(丙辰四十岁)十二月,为罗先生所招,乘轮赴日,寓罗先生家,即在海东度岁。"(20 卷,441 页)

学术著述

二月,成《史籀篇疏证》二卷,作《流沙坠简考释补正》《周书顾命考》,代姬觉弥作《学术丛编》序。

先生《史籀篇叙录》落款云:"丙辰二月朔书于海上寓居之尚明轩。"(5 卷,8 页)按:《史籀篇疏证》,分《史籀篇叙录》《史籀篇疏证》两部分,初刊《学术丛编》第二册(1916 年)。

先生《流沙坠简考释补正》云:"二年以来,浏览所及,足以补苴前说者,辄记于书眉,共得数十事。写而出之,以质世之读书者。丙辰二月,海宁王国维。"(4 卷,216 页)

先生《周书顾命后考》云:"丙辰春二月,余草《周书顾命考》一篇。"(8 卷,24 页)

先生《叙〈学术丛编〉》落款云:"丙辰春二月,睢宁姬佛陀觉弥氏叙。"(14 卷,687 页)又,先生《丙辰日记》云:"(二月)十二日,作《〈学术丛编〉序》成。"(15 卷,925 页)

三月,作《殷礼征文》《释史》《乐诗考略》《毛公鼎考释》。

先生《丙辰日记》云："（三月）此月自初二后又失记一月事。是月写定《殷礼征文》一卷、《释史》一篇、《乐诗考略》一篇，又作《毛公鼎释文》，未写出。"（15 卷，928 页）又，先生致罗振玉书信（民国五年三月二十五日）云："《毛公鼎考释》初稿已具，可得十余纸。"（15 卷，126 页）

四月，跋《大元马政记》，作《毛公鼎考释序》，手临沈曾植校残宋本《水经注》。《学术丛刊》发行，代罗迦陵序。

先生致罗振玉书信（民国五年四月初一日）云："《大元马政记》今日作一跋，其开卷一段见《元文类·经世大典叙录》。"（15 卷，131 页）

先生致罗振玉书信（民国五年四月初一日）云："《水经注》校本，明日当往借校。"（15 卷，131 页）

赵万里《王静安先生年谱》云："（丙辰四十岁）四月初二日，临沈乙庵先生校吴县曹氏旧藏残宋本《水经注》卷三十九之半及卷四十。"

按：《水经注》（40 卷），北魏郦道元著，地理散文。

先生《毛公鼎考释序》落款云："丙辰四月。"（8 卷，193 页）

先生《学术丛刊序》云："丙辰孟夏，本学所刊《学术丛编》既成。"又，落款云："太隆罗诗氏叙于爱俪园之觉斯堂。"（14 卷，685 页）

八月，成《魏石经考》二卷。

按：先生著《魏石经考》，耗时既久，兹梳理其经过如下。

三月中旬，始读魏三字石经拓本。

先生致罗振玉书信（民国五年三月十八日）云："一昨忽得一快事，此日本拟考黄县丁氏所藏魏三字石经残字，取杨星老所印拓本观之，乃排列其行款，始知每行经文二十字，并三体计之，则

六十字。"(15卷,120页)

五月二十日,草成上卷。

先生致罗振玉书信(民国五年五月二十日)云:"今日写《魏石经考》上卷毕,得十八纸,尚须加碑图六纸。"(15卷,148页)

六月十八日,写定上卷,以为可存。

先生致罗振玉书信(民国五年六月十八日)云:《魏石经考》上卷已写成,得十九页,虽其粗漏,然前人实罕用此方法,故所解决之问题实颇不少也。下卷考文字,则却无甚精采,亦题目使然也。今年上半年成绩,共得书一百五十叶,得七万五千字,其中当以《乐诗考略》与《魏石经考》为可存,不知下半年又复如何耳?"(15卷,161页)

六月二十五日,草成全书书稿。

先生致罗振玉书信(民国五年六月二十五日)云:"《魏石经考》二卷今日写毕,得三十九页,外加碑图六图。尚须覆校并手钞一次,然后可令人写也。"(15卷,167页)

七月初四日,一改。

先生致罗振玉书信(民国五年七月初四日)云:"又修改《魏石经考》,尚须重写一次,其中《魏诗经经本考》一篇几全行改易,其子目为:《汉石经经数石数考》《魏石经经数石数考》《魏石经经本考》《魏石经拓本考》《魏石经经文考》《魏石经篇题考》《魏石经古文考》《魏石经书法考》,共八篇,分为二卷,附以碑图七。此次殆可为定稿矣。"(15卷,176页)

八月十二日,二改。

先生致罗振玉书信(民国五年八月十二日)云:"此次《魏石经考》又加增改,惟《经文考》与《古文考》二篇尚多缺漏,因惮于改写故悉仍之,然已改写十余页矣。"(15卷,193页)

八月十七日,定稿。

先生致罗振玉书信(民国五年八月十七日)云:"此数月中成绩甚无可观,自四月下旬起作《魏石经考》,直至今日始将全稿及碑图写定(此次改写二十纸左右,惮于全写,故《经文考》及《古文考》中尚多缺漏)。"(15卷,193页)

九月,作《周书顾命后考》《书绩溪胡氏〈西京博士考〉昭文张氏〈两汉博士考〉后》《疆村校词图序》,跋明嘉靖本《孔子家语》及《元秘书监志》《隋志》《仓颉篇残简》。

赵万里《王静安先生年谱》本年"编年文"部分,《周书顾命后考》下小字注云:"九月,见《广仓学窘丛书》及《观堂集林》。"(20卷,441页)

先生《书绩溪胡氏〈西京博士考〉昭文张氏〈两汉博士考〉后》落款云:"丙辰九月。"(8卷,551页)

先生致罗振玉书信(民国五年约九月底)云:"为朱古微作《疆村校词图序》,借疆村二字,记近来士大夫居上海一事。"(15卷,223页)

先生致罗振玉书信(民国五年约九月底)云:"近以三十元购得孔刻《北堂书钞》(连《孔子家语》在内),闻乙老有严铁樵校旧钞本,拟借录并校之。"(15卷,223页)又,先生《明嘉靖本〈孔子家语〉跋》云:"是夜以汲古景宋本校此本",落款"丙辰九月廿三日灯下"。又,"廿四、廿五两日以景宋本一校"。(14卷,556页)

按:《孔子家语》(27卷,今存10卷),记录了孔子及其弟子的思想言行。

先生致罗振玉书信(民国五年约九月底)云:"近结束报稿,作《元秘书监志》及《隋志》二跋。"(15卷,223页)

按:《元秘书监志》(11卷),元王士点、商企翁编,史书。

《随志》(2卷),无名氏著,先生疑作者为明范钦,史书。此书与明颜木著《随志》(2卷,地理书),虽系同名同代同卷数,然非一种。

先生致罗振玉书信(民国五年九月初四日)云:"钞公《流沙坠简》中之《仓颉篇残简考释》,得三纸,并加一跋与之。"(15卷,207页)

按:《仓颉篇》(3篇),秦李斯等著,启蒙识字课本。

九月底,成《汉魏博士考》三卷。

按:先生著《汉魏博士考》,兹梳理其经过如下。

八月二十九日,成上卷。

先生致罗振玉书信(民国五年八月二十八日)云:"明日写《汉魏博士考》上卷可毕,得二十六七页,下卷下月上旬亦可写了。"(15卷,205页)

九月二十六日,成二卷。

先生致罗振玉书信(民国五年九月二十六日)云:"《汉魏博士考》已写成二卷,尚有魏一卷未钞(共三卷,总考一卷,两汉一卷,魏及吴、蜀一卷),本拟此月卒业,因校《家语》三日,恐不能矣。"(15卷,222页)

九月底,成稿。

先生致罗振玉书信(民国五年十月初二日)云:"《汉魏博士考》已于上月杪写成,计得三卷(八十六纸)。"

十月至十一月间,成《汉代古文考》九篇。

先生致罗振玉书信(民国五年十月初六日)云:"今年报稿止差五十余页,《说文古文考》为之不难,然写之甚费事,且照此页数亦嫌太略。故拟作《未改字尚书古文考》,以了此残局,然亦须自书也。"(15卷,228页)又,先生致罗振玉书信(民国五年约十月中旬)云:"现拟作《小学小记》,以短文凑集而成(如《说汉人所用古文二字之意义》《汉世古文传授考》《说篆》等),长短可任意,且可排印,不须自书矣。"(15卷,234页)

按:《汉代古文考》九篇,曰《战国时秦用籀文六国用古文说》《〈史记〉所用古文二字说》《〈汉书〉所用古文二字说》《〈说文〉中所用古文二字说》《〈说文叙〉篆文合以古籀说》《汉时古文本诸经传考》《汉时古文诸经有转写本说》《两汉古文家多小学家说》《科斗文字说》。初刊于《学术丛编》第11期,为先生应供稿需要之作。后收入密韵楼本《观堂集林》卷七,删去《汉代古文考》之总标题,各篇题目略有改动。曰《战国时秦用籀文六国用古文说》《〈史记〉所谓古文说》《〈汉书〉所谓古文说》《〈说文〉所谓古文说》《〈说文今叙〉篆文合以古籀说》《汉时古文本诸经传考》《汉时古文诸经有转写本说》《两汉古文家多小学家说》《科斗文字说》。

十一月晦,成《尔雅草木虫鱼鸟兽释例》。

先生《尔雅草木虫鱼鸟兽释例弁言》落款云:"丙辰仲冬"(5卷,127页)又,先生致罗振玉书信(民国五年十一月三十日)云:"今日写《尔雅草木虫鱼鸟兽释例》毕,虽多疏舛未及改正,亦有不能尽当者,然似前人尚未为此事,序文亦有不当意处,然已写则惮改,又此次实急就以应十二月之稿,不及从容定稿,故拟之考书院作而已。"(15卷,260页)

另,是年或有其他著述。

补:本年《广仓学会杂志》所刊之《乡饮乡射燕礼大射用乐异同说》,未署作者,附录先生评语:"首篇于王氏《尚书注》外,能旁引《孔子家语》,互相疏证,为他卷所未及。次篇独得题旨说亦明辨以晰。"陈鸿祥《王国维年谱》疑为先生之作。① 兹补录于此，待方家评说。

民国六年(1917)，四十一岁。

事迹

正月十四日，返沪。

先生致罗振玉书信(民国六年正月十五日)云："海行自门司后风雪间作，波浪尚不甚大，已于昨日午时抵沪。"(15卷，274页)

二月二十九日，陪同富冈谦藏访徐乃昌藏古器物。次月初三日，再约访刘承干藏书。

先生致罗振玉书信(民国六年闰二月初一日)云："富冈君到后，因语言不便，将一切介绍事尽由维办理，已近与之同访乙老及艺风，昨日并观徐积余藏镜及铜器。艺亦来徐处，与之同访张石民，观诸宋本。星期日约定观刘翰怡书，则其事了矣。"(15卷，289—290页)

按：徐乃昌(1869—1946)，字积余，号随庵老人，安徽南陵(今安徽省芜湖市)人。光绪十九年(1893)举人，曾任淮安知府、江南盐巡道，督办三江师范学堂(今南京大学)。清亡后，隐居著述。其藏书精珍，多亲手校阅。有《南陵建制沿革表》《金石古物考》《汉书儒林传补遗》《积学斋书记》等传世。

刘承干(1881—1963)，字贞一，号翰怡、求恕居士、嘉业老人。浙江南浔(今浙江省湖州市)人。光绪三十一年(1905)秀

---

① 详见陈鸿祥：《王国维年谱》，齐鲁书社1991年版，第176页。

才，宣统间连续赈灾捐款，获四品京堂。藏书颇富，曰"嘉业堂"，新中国成立后捐赠浙江图书馆。嘉业堂刻书精美，多赠予学人，评价甚高。

闰二月中旬，购得明正德刻本《楚辞章句》。

先生致罗振玉书信（民国六年闰二月十三日）云："《楚辞章句》么巳以鲍刻《白石道人集》外加四元易得（《白石集》作十二元，可谓贵矣），乃黄省曾校刻本，前有正德戊寅王鏊序，知是正德末年刊本，版式、字样颇似仿宋，而不避宋讳，版心亦极干净，为到沪后所得佳书矣。"（15卷，293页）

闰二月下旬，归乡扫墓，见学宫宋碑。又恰逢乡人修海宁县志，托人代钞志书数种。

先生致罗振玉书信（民国六年闰二月二十二日）云："维于十九日还海宁扫墓，到宁后正逢连雨，至今第四日，尚未开霁，未能下乡，至为闷损。昨日往观学宫历代碑碣，其宋碑四尚存，唯元加封孔子诏碑并阴不见，其于《海昌备志》所载者大略完好。志事劝刻《乾隆志》及《备志》，尚无端倪，须于日内集分纂会议定之。而《宁志》材料，管芷湘先生之族人颇有搜集，如明赵维寰、谈孺木及周松霭、耕崖诸私志均尚有之，近日托其各钞一份。其实尽可汇科一书，然不能望之志局矣。"（15卷，297页）

三月二十八日，爱俪园举办万年耆老会，为作《仓圣万年耆老会缘起》及乡饮酒礼席次图。

先生《仓圣万年耆老会缘起》云："爰于夏正三月下澣八日，祀侯冈之圣诞，集爱俪园之旧园。"（14卷，691页）

先生致邹安、费恕皆书信（约民国六年三月下旬）云："昨出示王二南教授书并其所录乡饮酒礼各条，敬悉一是。此次园中举行乡饮之礼，本为养老而设，如一切照《仪礼》举行，则肄习既费时，盘品节至多，拜跪尤数，则老人筋力所不堪。王君所钞《大清会典》乡饮酒礼，较古礼甚简，除去读律令一节，均可照行。惟《会典》席次图与古礼不合，兹另为一图奉呈。"（15卷,587页）

六月，辞谢京师大学堂教授聘，拒张尔田、张东荪兄弟联姻之议。

先生致罗振玉书信（民国六年六月十八日）云："前日蔡元培忽致书某乡人，欲延永为京师大学教授，即以他辞谢之。又，张孟劬之弟本党人，而近与政界接近者也，不知长儿已定亲，乃欲以其妻妹字之，由孟劬托孙隘庵作媒。此种事多不可解，吾辈简单人，苦无解剖之能力也。"

按：张尔田（1874—1945），一名采田，字孟劬，号遁庵、遁庵居士、许村樵人，浙江杭县（今浙江省杭州市）人。晚清曾出仕，辛亥革命后赋闲，参与撰写《清史稿》《浙江通志》。后任北京大学、北京师范大学教授，燕京大学国学总导师等。有《槐后唱和》《遁庵乐府》《玉溪生年谱会笺》传世。

张东荪（1886—1973），原名万田，字东荪，笔名圣心，晚号独宜老人，浙江杭县（今浙江省杭州市）人。毕业于日本东京帝国大学（今东京大学），任中国公学大学、燕京大学、清华大学教授等。辛亥革命后，参加袁世凯的御用政党进步党；后投靠北洋军阀，主编其机关报《时事新报》。1941年参加中国民主政团同盟，1946成为中国民主社会党主要领导人之一。新中国成立后，任全国政协委员、民盟常务委员等职。

八月，三女松明生。

先生致罗振玉书信（民国六年八月十八日）云："内人产后母子均健，祈告尊府诸人弗念。"（15卷,341页）

按：王松明（1917—？），浙江海宁州城（今海宁市盐官镇）人，先生之三女。任教于台湾高雄海关子弟学校。

九月二十四日,与内藤湖南晤,约至刘承干处观书。内藤返日时,作诗送行。

先生致罗振玉书信(民国六年九月二十四日)云:"今日湖南博士来此(《壬癸集》收到)。渠等自青岛行,登泰山、谒孔林,济南、金陵又复小住,故至今日始到。"又,"明日往刘翰怡观书,后日逊约晚餐,当可畅谈。"(15卷,357页)

按:先生作《海上送日本内藤博士》事,收密韵楼本《观堂集林》卷二十。该诗亦收入日本版《王忠悫公遗墨》,题名《湖南先生壮游赤县,自齐鲁来访余海上,出赠唐写本古文尚书残卷(景本),赠诗志谢,并送其行》。①

十月,收近年文章,刊为《永观堂海内外杂文》。

先生致罗振玉书信(民国六年九月二十日)云:"小集又改编,以书籍序跋为上卷,关金石地理者为中卷,关词曲者及杂文为下卷,约可得百三十页,题曰《永观堂海内外杂文》。中卷已钞成,上卷亦数日可了,大约下月初旬可具稿矣。"(15卷,356页)

十一月下旬,柯劭忞次子问学。

先生致罗振玉书信(民国六年十一月二十九日)云:"凤老有书来,另其次子名昌沂问业,今年十五岁,寄来金文跋二首,虽未入门,语亦多歧,然以童年能此,殊属难得,当详示以研究方法。"(15卷,372页)

按:柯昌沂(1902—?),字菀卿,号息庵,山东胶州(今山东省青岛市)人。柯劭忞次子,京师图书馆馆员。

年底,《学术丛编》停办,转聘编纂四库未收书。

---

① [日]原田悟郎辑:《王忠悫公遗墨》,昭和三年(1928)景印本,不分卷。

按:爱俪园事务之变动,本年秋始议。

先生致罗振玉书信(民国六年八月二十二日)云:"渠言哈园《学术丛编》明年拟停办,此事自在意中,渠辈对此兴味已倦。又云明年欲令永办《四库》书事,而渠尚无下文。又此公乃无常之人,明年再办《丛编》亦未可知。现在有此微闻,大约即此而止,无所谓下文也。"(15 卷,343 页)

先生致罗振玉书信(民国六年九月十八日)云:"哈园事,前夕姬君于开会后,席上言及欲印《四库》未收书事(属永选定校理),其言虽壮,而实则不过聊以点缀,且征书岂易事,恐所印之书每年亦不过如杂志之所印者而已。"又,"则明年停出学报之说殆信。"(15 卷,355 页)

先生致罗振玉书信(民国六年十一月二十五日)云:"哈园所印书仍欲以'四库未收书'为名,盖其印书之本意在欲沾一'四库'之名。此事无从挽回,不必印刷事可以商议。"(15 卷,370页)

是年,常以国事丧乱忧心忡忡。

按:本年国内政局动荡,先生常与罗振玉书信,言及上海局势,表达担忧之情。兹摘录要者如下。

先生致罗振玉书信(民国六年二月初二日)云:"大树(按:后汉将领冯异,此处代指冯国璋)入都,外间颇有扶正之谣,观现数日政局皆在新会手中,或径行去年所主政策,但不知与匹磾(按:晋鲜卑将领段匹磾,此处代指段祺瑞)关系如何。"(15 卷,281页)

先生致罗振玉书信(民国六年四月十七日)云:"此次北方事变不能乐观,公前书言继起正自有人,自是定论,然继起者标榜新帜,恐较前人更为可畏也。但愿横渠(按:北宋张载,此处代指

张勋)能(按:原文缺)耳,则较稳健耳。"(15卷,302页)

先生致罗振玉书信(民国六年五月十七日)云:"此间局势今日始明,后事如何,尚难预睹。大约北方反对者为段祺瑞,惟李长泰马厂之师从之,此军在津浦道上,或发生战事亦未可知。南方则冯之态度,今日报纸始有表示。彼依据约法,欲自为大总统,而沪上党人与海军反对极力,欲迎黎南下,在上海立政府,二者之间必生内讧。沪与浙均受冯意,声言北伐。然其兵(杨之一部)乃由宁南下,驻江浙间,其意可知。"又,"海上人心浮动,以后便拟简出,恐招意外之侮辱也。"(15卷,307、308页)

先生致罗振玉书信(民国六年五月十八日)云:"今日情势大变,北军已多应段,战事即将起于京津间,张军中断,结果恐不可言。北行诸老恐只有以一死谢国。曲江之哀,猿鹤沙虫之痛,伤哉!"(15卷,308页)

先生致罗振玉书信(民国六年五月二十六日)云:"此次之变,段、冯、梁三人实为元恶,冯思为总统,段则欲乘此机以恢复其已失之势力,梁为幕中画策之人。然其结果已可逆睹,首则必为国会与冯、段之争,而国会与民党必败;继则为冯、段之争,为军人与进步党之争,此种局面不能支持一年,可预决也。"(15卷,309页)

先生致罗振玉书信(民国六年十一月十九日)云:"永居上海二年,于此间社会情形乃稍详悉,无论公私皆腐败颠顶至无可言。"又,"至于政局,则系此种腐败局面之放大而又极端者,不知我羲皇之子孙、周孔之后裔乃有此现象。"又,"现在窃钩窃国同一无罪,此后不为安南、高丽人不可得矣。"(15卷,366—367页)

学术著述

正月,以日本宽永本《孔子家语》校明嘉靖本。

先生《明嘉靖本〈孔子家语〉跋》云:"丁巳正月,罗叔言参事赠余日本宽永活字本,与此本大同。"(14卷,556页)

二月初一日,成《太史公系年考略》一卷。

先生致罗振玉书信(民国六年二月初二日)云:"《史公年谱》昨已写定,得二十三页,其中颇有发明。"(15卷,281页)

按:《太史公系年考略》,初名《太史公系年考略》,刊于《广仓学宭学术丛书》;后改名《太史公行年考》,收密韵楼本《观堂集林》卷十一。

闰二月初七日,成《殷卜辞中所见先公先王考》。下旬,作《殷卜辞中所见先公先王续考》。

先生致罗振玉书信(民国六年闰二月初七日)云:"《卜辞先王先公考》已近于今日写定第二稿,即行寄呈。"(15卷,292页)

按:该文定名为《殷卜辞中所见先公先王考》,收入密韵楼本《观堂集林》卷九。

先生《殷卜辞中所见先公先王续考》落款云:"闰二月下旬。"(8卷,288页)

三月,成《古本竹书纪年辑校》一卷,代罗振玉作《殷文存序》。

赵万里《王静安先生年谱》本年"编年文"部分,《古本竹书纪年辑校序》下小字注云:"三月。"(20卷,449页)又,先生《古本竹书纪年辑校序》云:"丁巳二月,余既作《殷先公先王考》毕,思治此书,乃取今本《纪年》,一一条其出处,注于书眉。既又假得朱氏辑本,病其尚未详备,又所出诸书异同亦未尽列,至其去取亦不能无得失,乃取朱书为本,而以余所校注者补正之,凡增删改正若干事。至于余读此书有所考证,当别为札记,将继是而写定焉。"(5卷,153页)

甘孺《永丰乡人行年录(罗振玉年谱)》云:"(中华民国六年丁巳,乡人五十二岁)乡人又辑彝器中以干支纪名者若干器为殷文存,付广仓刊之其艺术丛编中,王静安代作序。"①又,该文落款原题"丁巳三月,上虞罗振玉书于日本京都东山之永慕园"。(14卷,695页)

四月,成《今本竹书纪年疏证》二卷。

先生《〈今本竹书纪年疏证〉序》落款云:"丁巳孟夏"。(5卷,201页)

五月十一日,编成《戬寿堂所藏殷墟文字考释》一卷。

先生致罗振玉书信(民国六年五月十二日)云:"《戬寿堂所藏殷墟文字》已于昨日编竣,序文亦已作就,略述龟甲出土历史并已出版诸书。全书共得五十纸,约有七八百片。"(15卷,306页)又,该书序云:"海宁王静安征君国维据此以定殷先公之世系",落款云:"丁巳五月太隆罗诗氏叙于上海爱俪园之戬寿堂"。(5卷,321页)

六月初三日,成《两周金石文韵读》一卷。

先生致罗振玉书信(民国六年六月初五日)云:"近顷无聊之极,前日辑古金文之有韵者三十余器及石鼓文,为《周代金石文韵读》一卷。"(15卷,312页)

按:《两周金石文韵读》,初刊《学术丛编》第21期,题名为此。收入《海宁王静安先生遗书》时,又改名为《周代金石文韵读

---

① 甘孺:《永丰乡人行年录(罗振玉年谱)》,江苏人民出版社1980年版,第65页。

序》。今以其初刊之名为准。

六月十二日，为罗振玉《殷墟书契待问编》补注三十余条。

先生致罗振玉书信（民国六年六月初八日）云："永所注于《待问篇》上者，近复有所增，约得二十余字，然可为确信者，亦不过得半耳，迟数日当写奉。"（15卷，314页）又，先生致罗振玉书信（民国六年六月十二日）云："前日覆一函，想达左右，承询新释各字，敬列陈于后（按：后附补注三十三条）。"（15卷，315—317页）

六月十六日，于爱俪园古物展览会见南越王胡冢古物。下旬，作《汉黄肠木刻字跋》。

先生致罗振玉书信（民国六年六月十七日）云："昨日哈园古物展览会有南越王胡冢中物：铜器、陶器、黄肠木，共数十事。"（15卷，320页）又，先生致罗振玉书信（民国六年六月二十三日）云："南越冢物说明书一纸奉呈，惟人言其中各物羼入甚多，要之唯木刻数字为可恃耳。"（15卷，325页）

按：《汉黄肠木刻字跋》，收密韵楼本《观堂集林》卷十五，《海宁王忠悫公遗书》本作《南越黄肠木刻字跋》。

六月二十二日，成《唐韵别考》。

先生致罗振玉书信（民国六年六月二十七日）云："此次研究《唐韵》之结果，写为《唐韵别考》，其子目：一、陆法言《切韵》；二、唐诸家《切韵》；三、孙愐《唐韵》；四、论唐人韵书部次；五、诸家部次表；六、《陆韵》《唐韵》《广韵》字数表。昨日写成，计二十叶。此书原拟东原先生《声韵》，以不论古韵，故名《唐韵别考》，非续河间纪氏《唐韵考》也。"（15卷，326—327页）

同月，为张尔田《玉溪生诗年谱会笺》作序。

先生《玉溪生诗年谱会笺序》落款云："丁巳六月。"（8卷，616

页）

七月上旬，作《魏鹤山〈唐韵后序〉》，为刘承干编《历代词人征略》。

先生致罗振玉书信（民国六年七月初十日）云："魏崔山《唐韵后序》永已录于唐写本后，今寄奉原钞一纸。"（15卷，333页）

按：《魏鹤山〈唐韵后序〉》，初刊《学术丛编》第22期，收入《海宁王静安先生遗书》本《观堂别集》时改名《魏鹤山〈唐韵后序〉书后》。

先生致罗振玉书信（民国六年七月初十日）云："近为翰怡编《历代词人征略》，仅可自了耳。"（15卷，332页）

七月二十七日，成《殷周制度论》。

先生致罗振玉书信（民国六年七月二十三日）云："《殷周制度论》至今日始脱稿，约得二十纸。此文根据《尚书》《礼经》与卜辞立说。惟近久不为名理之文，故尚嫌未能畅发，且存此以待后日修补耳。"（15卷，334页）又，先生致罗振玉书信（民国六年七月二十七日）云："《殷周制度论》于今日写定。"（15卷，335页）

八月初二日，为孙德谦《汉书艺文志举例》序。

先生《〈汉书艺文志举例〉后序》落款云："丁巳八月。"（14卷，166页）又，先生致罗振玉书信（民国六年八月初三日）云："昨为孙益庵作其所撰《汉书艺文志举例》序。其书毛举细故，殊无心得，可见著书不易也。"（15卷，338页）

按：孙德谦（1869—1935），字受之，号益庵，江苏元和（今江苏省苏州市）人。历任江浙通志局纂修，东吴大学、大夏大学教授等。有《汉书艺文志举例》《太史公书义法》等传世。

八月下旬，作《唐韵又考》。

先生致罗振玉书信（民国六年八月二十五日）云："近二日作

《唐韵又考》略成。"（15卷，345页）

同月，作《两周金石文韵读》《宋史忠义传王禀补传》《广雅疏证补正跋》。

先生《〈两周金石文韵读〉序》落款云："丁巳八月海宁王国维。"（6卷，3页）

赵万里《王静安先生年谱》本年"编年文"部分，《宋史忠义传王禀补传》下小字注云："八月，见《广仓学窘丛书》，后重订入《观堂集林》，更名为《补家谱忠壮公传》。"（20卷，449页）按：该文收密韵楼本《观堂集林》卷十九。

先生《广雅疏证补正跋》落款云："丁巳八月海宁王国维。"（14卷，412页）

三月至八月间，作元《经世大典》跋五种。

按：本年《学术丛编》连载五篇跋文，分论元《经世大典》各目，整理如下表。

题目	作期	期号
元高丽纪事跋	三月	1917年第14册
元代画塑记跋	约春夏间	1917年第15册
大元仓库记跋	六月	1917年第19册
大元毡罽工物记跋	六月	1917年第20册
大元官制杂记跋	八月	1917年第22册

九月十二日，略跋《魏毋邱俭凡都山纪功残石》。十三日，代他人跋克鼎、曾伯霖簠。

先生致罗振玉书信（民国六年九月十三日）云："昨日以魏毋邱俭纪功石刻影照拓本装成，漫书其上，得千字，将来可修改为

224

一跋。"(15卷,354页)按:该文后定名为《魏毋邱俭凡都山纪功残石跋》,收入密韵楼本《观堂集林》卷十六。

先生致罗振玉书信(民国六年九月十三日)云:"今日以三时间作克鼎、曾伯霖簠二跋,为况夔笙代笔。夔笙盖为人捉刀以易米者,而永又为代之。二跋共得千字(买文者以多为贵),随笔写出,亦有数语道著,可笑也。"(15卷,354页)

九月下旬,作《韵学丛说》。

先生致罗振玉书信(民国六年九月十八日)云:"论古韵书诸表一时不得成,只成总论六页,与前续考《唐韵》者写为《音韵丛说》,约可得十六七纸,以充下月报料,三日内可写成。"(15卷,356页)

同月,跋《江氏音学》,作《五声说》。

先生《〈江氏音学〉跋》落款云:"丁巳九月记。"(8卷,256页)

先生致罗振玉书信(民国六年九月十三日)云:"连日草《五声论》。"(15卷,354页)按:该文后定名为《五声说》,收入密韵楼本《观堂集林》卷八。

十一月十二日,校定《广韵》。

先生致罗振玉书信(民国六年十一月十二日)云:"《广韵》校就。误字虽多,然有极佳者,惟前三卷校之甚疏,颇多遗漏耳。"(15卷,362页)

按:《广韵》(5卷),全称《大宋重修广韵》,北宋官修,韵书。

十一月下旬,跋校《封氏闻见记》。

先生致罗振玉书信(民国六年十一月二十二日)云:"近日阅唐人说部,以《唐语林》校《封氏闻见记》,殊有补益;读《刊谬正俗》,亦有补正。"(15卷369—370页)

按:《封氏闻见记》(10卷),唐封演著,笔记。

同月,辑校七种隶古定古写本《尚书》,成《古本尚书孔氏传汇校》。

赵万里《王静安先生年谱》云:"(丁巳四十一岁,十一月)是月,校录日本古写本及敦煌唐写本《尚书孔传》于别纸,并据以校薛氏(季宣)《书古文训》,知薛本与真本《隶古定尚书》文字实有大殊。"(20卷,448页)

按:该书存稿本,各家王氏全集、选集均未收录。相关介绍详见赵万里《〈古本尚书孔氏传汇校不分卷〉提要》[1]。

十二月底,校定《輶轩使者绝代语释别国方言》。

先生致罗振玉书信(民国六年十二月二十七日)云:"此二月仅得《方言》一书,他无可书。"

按:《方言》(13卷),全称《輶轩使者绝代语释别国方言》,西汉扬雄著,训诂学著作。

除夕,跋校《楚辞章句》。

先生《〈楚辞章句〉跋》云:"丁巳除夕,以正德黄勉之刊《章句》本校此二卷。"(14卷,563页)

是年,另跋古器、古籍十二种。

按:赵万里《王静安先生年谱》本年"编年文"部分(20卷,428页),录本年所作跋文数种。除上文已述作期可定者,另有12篇,曰《商三句兵跋》《刘国平治□谷关诵跋》《楚公钟跋》《铸公簠跋》《书春秋公羊传解诂后》《书论语郑氏注残卷后》《新莽四虎符跋》《王复斋钟鼎款识中晋前尺跋》《唐尺考》《书毛诗诂训传后》《新莽一斤十二两铜权跋》《裴岑纪功刻石跋》。诸文分别收入密

---

① 中国科学院图书馆编:《续修四库全书总目提要·经部》(上),中华书局1993年版,第271页。

韵楼本《观堂集林》卷十五、十六及《永观堂海内外杂文》,其中《唐尺考》改名《日本奈良正仓院藏六唐尺摹本跋》)。

又按:《商三句兵跋》,袁光英《王国维年谱长编(1877—1927)》系于本年"(公历)11月—12月"①,所依据者为先生八月初四日、九月初六日(袁《谱》误记为公历10月20日,即九月初五日)致罗振玉书信。陈鸿祥《王国维年谱》系于本年"(农历)七月"②,所依据者为先生八月初四日致罗振玉书信(陈《谱》漏算闰月,本年时间多有误)。然先生书信虽提及商三句兵信息,却未明言作跋之事,不足以引为确证。故本书仍将此跋文系于时间未详之条目下。兹摘录两封书信如下,待方家评说。

先生致罗振玉书信(民国六年八月初四日)云:"作函未寄,今晨纬公来,交到手书,并所赐三句兵、十钟、一敦拓本,谢谢。合之旧藏拓本,正得二十钟,便可装成一册矣。景叔当交去,其所集专文,不独书名甚奇,其所藏建武专等必当入录,皆伪品也。商句兵无所发明,惟其谓'大父',即服经之'世父'。古'世''大'二字不独同义,亦且同音,可证此祖、父、兄二十人实系三世弟兄。近作《殷商制度考》,即以此三器证商人诸侯以下亦无嫡庶之制,不独帝王为然。惟'世''大'同学,《考》中未及言之耳。"(15卷,338页)

先生致罗振玉书信(民国六年九月初六日)云:"商三句兵拓本装之壁间,窃谓此戈之初形也。卜辞'戈'字作图𢦏。图𠃌像其柲,图一像戈形。是古戈有援有内,而胡则可有可无。公所藏三器,援近内处稍迤而下,已为有胡之渐矣。此说公谓何如?"

① 袁光英:《王国维年谱长编(1877—1927)》,天津人民出版社1996年版,第239—240页。

② 陈鸿祥:《王国维年谱》,齐鲁书社1991年版,第200页。

(15卷,350页)

民国七年(1918),四十二岁。

事迹

正月十五日,于爱俪园古物研究会结交高邮王氏后裔,与之论刻《道藏》事,并提议罗振玉印行王家旧藏手札。

先生致罗振玉书信(民国七年正月十九日)云:"前十五日哈园古物研究会中晤高邮王丹铭君,询知此君现在西门白云观读《道藏》,并有刻《道藏》之愿。此君本系太守,现作道士装,道号丹明,或已于白云观受箓亦未可知。询其家中书版,则云无存,惟文简小集及文肃以下三世行状则各房尚有数部,可着人至家取之。其诸家手札仍在哈园,须询其果印与否,再行索还。"又,"维意哈园如不印,则公可印之。其册共八十余开,每开八行书,多者四纸,大约印费不多,不必烦彼等鉴定矣。"又,"故论其(按:指王丹铭)人品实不愧名臣之后,至于家学则稍替矣。公春间来此可一访其人,并观观中《道藏》(据王君云甚完),亦一快事也。"(15卷,391—392页)

按:高邮王氏,清乾嘉间江苏高邮(今江苏省扬州市)的著名学术家族。家族成员王念孙、王引之父子均为训诂学家和扬州学派的重要代表。

月间物价腾贵,有借债之举。

先生致罗振玉书信(民国七年正月二十四日)云:"近来物价日贵,人口益增,去岁所入仅能勉敷所出,而冬间因内人等患病,将前年预备之不动费尽行用罄,今月遂不能不借债。"(15卷,394页)

二月十二日,为东文学社同学沈纮送丧,自题并代罗振玉题挽联。

先生致罗振玉书信(民国七年二月十二日)云:"今日与抗父往送昕伯之丧。此次代公作挽联一,又自作一,录呈。'问君胡不归,赤县竟无干净土;斯人宜有后,丹山喜见凤皇雏。'此联代公作。'壮志竟何为,遣著销烟,万岁千秋同寂寞;音书凄久断,旧词在箧,归迟春早忆缠绵。'"(15卷,401页)

按:沈纮(? —1918),字昕伯,浙江桐乡(今浙江省嘉兴市)人,先生东文学社同学、好友。"东文学社三杰"之一,曾游学欧洲十余年,病逝于巴黎。译有多种日文著作。

四月晦,自录早年词二十四阕为《履霜词》并跋。

先生《〈履霜词〉跋》云:"光宣之间为小词得六七十阕,戊午夏日小疾无聊,录存二十四阕,题曰《履霜词》。呜呼! 所以有今日之坚冰者,非一朝一夕之故矣。四月晦日国维书于海上寓庐之永观堂。"(14卷,639页)

五月十五日,游爱俪园陈列会,见罗两峰画及黄宾虹藏"凶奴相邦"玉玺。

先生致罗振玉书信(民国七年五月十六日)云:"昨哈园陈列会,南海诸物无甚可异者,惟桐城叶某一罗两峰画竹卷极佳,共十二片合成,其中双勾诸页尤佳,不让元明诸家也。又黄滨(宾)虹出一玉玺,文曰'凶奴相邦'。此印果真,则于学术所关甚大,因向索印本二分,到后当以其一寄呈,请鉴定之。"(15卷,423页)

同月,再辞谢京师大学堂教授聘。

先生致罗振玉书信(民国七年五月初六日)云:"张孟劬来书言,京师大学下学期内定聘维授文学,凤老书所询何时入都者,殆因此而讳也。"(15卷,417页)又,先生致罗振玉书信(民国七年五月十八日)云:"京师大学昨有使者到此,仍申教授古物学及宋元以后文学之请。永对以与哈园有成约,并一时不能离沪情形。闻尚有第二次人来,将来拟以哈园一信覆之(其措词乃永商之哈园,而哈园不允者)。"(15卷,424页)

七夕,为哈同夫妻祝寿。

先生致罗振玉书信(民国七年七月初七日)云:"近因哈园生日,又应酬数日。"(15卷,442页)

七月十六日,日本学者长井江沆来访,然不喜其为人。

先生致罗振玉书信(民国七年七月十六日)云:"昨日有日人长井江沆者来访,此君狂甚,历诋林浩卿辈。闻其以《说文》说孟氏《易》,又言石鼓为秦文公十七年七月七日丙申日所作。公闻此说,可以得其大凡。"(15卷,446页)

按:长井江沆(?),本名俊人,号江沆、金凤等,日本汉学家、东洋史学家。民国初年旅居上海。著有《江氏周易时义》《江氏离骚传》《江氏自诗综》等。

是月底,婉辞日本京都大学教授聘。

先生致罗振玉书信(民国七年七月二十四日)云:"内藤博士有欲延维至大学之意,盖出于相慕之真意。渠于近数年维所作之书无不读者,且时用维说,但虽有此意,亦未必能通过耳。"(15卷,450页)

八月,拟应邀续纂《续皇朝文献通考》。

先生致罗振玉书信(民国七年八月十四日)云:"昨晚孙益庵言及刘澄如所撰《续皇朝文献通考》尚待续补,刘聚卿荐章式之为之,而式之非二百元不能来。询维愿为此否,如愿为则俟与翰怡言之,但月脩不能过五十元。维告以今岁明年正需此补助,此

事或可望有成,但成亦不知在何时耳。"(15卷,454页)

九月,爱俪园行秋祭乡射礼,先于八月底为之草定节文及配享从祀名单。

先生致罗振玉书信(民国七年八月二十七日)云:"哈园下月中旬秋祭仓颉,又欲行乡射礼,日内正为之草定节文,大约明日可脱稿。"按:是时,先生为作《己未广仓学会秋祀仓圣行乡射礼仪注》《仓圣庙配享暨从祀诸贤姓名事由》,前者刊于《艺术丛编》第19期,未署作者;后者未刊。

十二月,与罗振玉论欧亚政局,有隐忧之意。

先生致罗振玉书信(民国七年十二月十八日)云:"俄过激党之祸,德匈及葡瑞诸国均受其影响,恐英法美诸国人亦未必不渐渍其说,如此则欧洲之文化富强不难于数年中灭绝。东方诸国受其祸亦未必后于西洋。"(15卷,476页)又,先生致罗振玉书信(民国七年十二月十九日)云:"德利用之以倾俄,终受其祸,乃甘蹈其覆辙而不悟耶!长此以往,则全世界将受其祸。"(15卷,478页)

年底,转聘仓圣明智大学经学教授,次年即任。

先生致罗振玉书信(民国七年十二月十九日)云:"哈园馆事今年彼此均未谈及。昨届中学毕业之期,姬君留维共谈,言及明年开办预科,经学教授极难其选,坚嘱维担任此事。维亦微闻姬君有亏累,将来节简经费必自不要者始,而印书之事终不能开办,去年虽编数书,势成闲散,前日属维物色经学教员时曾怀此意,因有此请,遂亟允之。惟要以功课排在上半日,并令备车迎送各节,姬亦允之。明年之局如无大枝节横生,可云固定矣。君楚不能即来,姬君颇着急,谓增梵文一科既登报章,今将如何。维告以病愈必来,因此科稍缓半年或一年增设亦自不妨,与告白

所登固无触抵也。"(15卷,478页)

按:该通书信,为先生任仓圣明智大学教授之职的直接证据。因此信未署日期,故判定其作于何时,即可推断先生的任职之期。中华书局本《王国维全集·书信》将此信系于"1917年末"[1],谢、房本《全集》卷十五《书信日记》则将之系于公历"1919年1月20日"(农历民国七年十二月十九日),二者相差一年。经过文献考辨,笔者以本之《全集》说为是,并为此观点补录证据一则。

据民国七年十二月二十一日(公历1919年1月22日)《申报》报道,仓圣明智大学将于次年(1919)开始设立预科。[2] 恰与先生信中所云"言及明年开办预科"相符。

是年,富冈谦臧殁,有诗挽之。

先生《哭富冈君扢》诗后小字注云:"去岁君游海上,东轩老人属访日本所传唐代乐谱。昨闻君讣,为之太息。"

学术著述

正月十九日,校定《净土三部经音义集》。

先生致罗振玉书信(民国七年正月十三日)云:"昨日始著手校《净土三部经音义》,杨本与公本各有佳处,亦以意是正,并将讹别之字改正,尽注于公本上。"(15卷,390页)又、先生致罗振玉书信(民国七年正月十九日)云:"《净土三部经音义》已以二本互校,以意是正各字。此书价值全在所引唐人诸韵书,幸僻字较少,拟付之排印矣。"(15卷,392页)按:《净土三部经音义集》(4

---

① 刘寅生、袁光英编:《王国维全集·书信》,中华书局1984年版,第230页。
② 详见《各学校消息汇录·仓圣明智大学》,《申报》1919年1月22日,第10版。

卷），〔日〕僧信瑞著，佛经注疏。

三月，以罗振玉藏宋福州本《一切经音义》校清乾隆刻本。

先生《〈一切经音义〉跋》云："戊午三月，以上虞罗氏所藏宋福州藏本校此卷。"又，"戊午春日遗书叔言参事，借此书一校。参事自海外携之来沪，留敝斋一月。因校于此本上。"又，"自三月初九日起至二十日，校毕宋本所有二十二卷，计日校二卷，十二日毕。"（14卷，563—564页）按：《一切经音义》（25卷），唐僧玄应著，训诂学著作。

四月，以富冈谦藏藏明刻本《释名》校清人毕沅《释名疏证》。

先生《〈释名疏证·续释名·补遗〉跋》云："明复刊宋陈道人本《释名》在日本友人富冈君扬家，戊午四月借校一过，并录储《序》、吕《跋》于右。"（15卷，566页）按：《释名》（8卷），东汉刘熙著，训诂释义著作。《释名疏证》（8卷）、《续释名》（1卷）、《补遗》（1卷），清毕沅著，注疏。

五月十五日，成《唐写本〈唐韵残卷〉校勘记》二卷并《唐韵佚文》一卷。

按：先生著此书，历时四月。写作过程兹按时序列出。

正月下旬，初别详略本之不同。

先生致罗振玉书信（民国七年正月二十三日）云："近日作《唐韵校记》，乃较原书为多，知蒋本《唐韵》乃略本，其注多为写官妄删，以《广韵》较之，删去之迹显然可寻，疑略本《广韵》或从此出也。此种拟以姬君出名，无足爱惜也。"（15卷，393页）

二月间，草成。

先生致罗振玉书信（民国七年二月初二日）云："近作《唐韵校勘记》垂成，写之可得百页，又拟并佚文集为一编。"（15卷，396页）

先生致罗振玉书信（民国七年二月二十二日）云："《唐韵校勘记》草稿已具，须得百数十叶，乃逾原书两倍以上，颇嫌冗赘，然非经此一番比校，乃不能知此残本之价值何如。"（15卷，404页）

五月初七日，校定上卷。

先生致罗振玉书信（民国七年五月初八日）云："昨日始作事，校《唐韵校记》上卷。"（15卷，419页）

五月十五日，校毕定稿。

先生致罗振玉书信（民国七年五月十四日）云："今日《唐韵校记》副本已钞成校好，连《佚文》《附录》共得百四五十页，明日可以缴卷，亦一快事也。"（15卷，422页）

同月，复校《净土三部经音义集》《流沙坠简》《雪堂校刊群书叙录》，作《匈奴相邦印跋》。

先生致罗振玉书信（民国七年五月初八日）云："今日以《翻译名义集》校《净土经音义》。"（15卷，419页）

先生致罗振玉书信（民国七年五月十三日）云："昨复取《流沙坠简》校之。"（15卷，421页）

先生致罗振玉书信（民国七年五月初八日）云："《雪堂诸书序录》下卷亦已送到，其上卷亦已于昨日取到矣。"又，"丁辅之前日来此，言此书一月可以印成。现不希望如此速，大约两月必成无疑。第二卷中古写本《史记》第一跋中漏叙第一种写本名目，观跋语当是《河渠书》，不知此外有他种否，祈示，以便加入。"（15卷，419页）按：《匈奴相邦印跋》，收密韵楼本《观堂集林》卷十五，未署作期。此跋系先生为五月十五日所见黄宾虹藏"凶奴相邦"印所作，姑系为五月之作，待方家评说。

六月十六日，序《雪堂校刊群书叙录》。

先生《〈雪堂校刊群书叙录〉序》落款云："戊午六月既望。"(8卷,612页)按:《雪堂校刊群书叙录》(2卷),罗振玉著,序跋集。

七月十六日,成《重辑仓颉篇》。次年十月自序,冠以姬觉弥之名刊行。

按:先生著此书,历时三月。写作过程兹按时序列出。

四月十六日着手。

先生致罗振玉书信(民国七年四月十六日)云："近日着手补辑《苍(仓)颉篇》,先从《急就》入手。"(15卷,409页)

五月十三日,以元应、慧琳本校书。

先生致罗振玉书信(民国七年五月十三日)云："今日始开工以元应、慧琳书校陈辑本《仓颉篇》,因以诸辑本互校实不胜其烦,且仍须时时检原书,不如此法之直捷也。"(15卷,421页)

六月五日,预设全书规模。

先生致罗振玉书信(民国七年六月五日)云："近日写《仓颉篇》辑本,上卷系《急就篇》字,乃须一百余页,然则全书当在二百页以外矣。近颇思以《尔雅》《急就》《方言》三书字注于《说文》上,除此三书字,又除其出于经典者,则所余之字必当无几,其中大半当是《苍(仓)颉》及《训纂》中字也。"(15卷,433页)

六月十七日,成上卷。

先生致罗振玉书信(民国七年六月十七日)云："《仓颉篇》上卷已成,专录成句与《急就》中字与杨、杜所解之字,得百二十页,下卷恐亦称是。"(15卷,438页)

七月十七日,成稿。

先生致罗振玉书信(民国七年七月十七日)云："《仓颉篇》重辑本昨日已写毕,共得二百三十纸,其与前辑本异者,彼以注为主,此则以仓颉字为主耳。尚须再校一过,并作一序耳。"(15卷,

445 页）

次年十月,作序刊行。

《重辑仓颉篇序》落款云:"己未冬十月。"(6 卷,328 页)又按:《重辑仓颉篇》(2 卷),广仓学窘民国七年(1919)印本,署名姬佛陀。

七月,整理去年冬所校《方言》校记,标于《方言疏证》上。

赵万里《王静安先生年谱》云:"(戊午四十二岁)七月二十七日,以去冬所校《方言》各条整理之,分注于戴氏《疏证》本上。复以李文授本校戴本,乃知戴本亦移音于本字上,因并正之。"(20卷,452 页)按:《方言疏证》(13 卷),清戴震著,经典注疏。

八月中下旬,先后作《释环玦》《释珏释朋》《释由》《书金王文郁新刊韵略张天赐草书韵会后》。同月,再跋校《水云集·湖山类稿·附录·亡宋旧宫人诗》,录旧作略论汪元量事迹。

先生致罗振玉书信(民国七年八月十四日)云:"昨作《释环玦》一篇,又作《释珏释朋》未成,成当写寄。"(15 卷,454 页)

先生致罗振玉书信(民国七年八月十六日)云:"《释环玦》及《释珏释朋》二篇写出呈教,其珏、朋之说,先生当更有以益之。"(15 卷,456 页)

先生致罗振玉书信(民国七年八月二十四日)云:"《释由》一篇已写出,奉呈教正。"(15 卷,458 页)

先生致罗振玉书信(民国七年八月二十四日)云:"顷借寐叟之金张天赐《草书韵会》,其书已并为一百六部,与今韵同,前乎平水刘渊韵者二十一年,又系用金人旧本,然则今韵之由来远矣。前人以为始于刘渊者,乃未见此书故耳。"(15 卷,450 页)按:先生为该书所作跋曰《书金王文郁新刊韵略张天赐草书韵会后》,收密韵楼本《观堂集林》卷八。按:《草书韵会》(5 卷),金张天锡编,草书字典。

先生《〈水云集·湖山类稿·附录·亡宋旧宫人诗〉跋》云:"汪水云以宋室小臣,国亡北徙,侍三宫于燕邸,从幼主于龙荒。其时大臣如留梦炎辈当为愧死,后人多以完人目之,然中间亦为元官,且供奉翰林,其诗具在,不必讳也。"又,"然水云本以琴师出入宫禁,乃倡优卜祝之流,与委质为臣者有别,其仕元亦别有用意。少帝西行之后,水云亦即南归,与方、谢、龚诸贤迹异而心则同,有宋近臣一人而已。戊午八月国维录旧作跋。"(14卷,543页)

九月,作《释觯觛巵觹》,成《急就篇校证》。

赵万里《王静安先生年谱》本年"编年文"部分,《释觯觛巵觹》下小字注云:"九月。"(20卷,453页)

赵万里《王静安先生年谱》云:"(戊午四十二岁四月)是月,以日本小岛知足手写颜本《急就篇》,校王应麟《补注》本。又以叶石林、宋仲温本校灵鹣阁刊钮匪石校定《皇象碑》本。六月十五日复以孙伯渊所称索靖本及《三希堂法帖》所刊俞紫芝本校之。七月十三日,又校以赵文敏章草本。由是传世《急就篇》异本,校得已逾半矣。"(20卷,450页)又,先生《〈急就篇校证〉序》落款云:"己未秋九月海宁王国维书于上海寓舍之永观堂。"(6卷,633页)

按:据赵《谱》和先生自序可知,此书耗时半载完成,共汇校了《急就篇》的11种版本。日敦煌出土的汉代隶书本、宋叶梦得临摹的松江石刻本、嘉兴沈氏藏重摹叶本、陈氏独抱庐覆刊松江本、赵文敏章草本、赵文敏正书本、岱南阁本、《玉海》附刊王伯厚补注本、小岛知足写本、宋太宗御书本、日僧空海临摹本。该书先由广仓学宭于民国八年(1919)刊行;后改名《校松江本急就篇》,收入《海宁王忠悫公遗书》。《急就篇》(4卷),汉史游著,童蒙识字读本。

七、八、九月间,以多种版本汇校《尔雅注疏》《尔雅》。

按:七月间,先后以雪窗书院本、蜀大字本《尔雅注疏》两校清嘉庆南昌府学刻《十三经注疏》本。八九月间,以江阴缪氏大德平水本、明嘉靖吴元恭仿宋本、日本松崎本、明黑口本四校清光绪湖北官书处刊《尔雅》。

先生《〈尔雅注疏〉跋》云:"戊午七月,以雪窗书院本校经注及音一过。国维。"又,"是月复以蜀大字本校经注一过,在行间者雪窗本,眉头者大字本也。"(14卷,568页)

先生《〈尔雅〉跋》云:"戊午八月,假江阴缪氏大德平水本校。"又,"越一月,又假明嘉靖间吴元恭仿宋原本校于书眉。"又,"是月(按:九月)又以日本松崎复刊北宋本校。"又,"越三日(按:九月)又以明黑口本校。"(14卷,569页)《尔雅》(19篇),无名氏著,辞书之祖。后经晋郭璞注、北宋邢昺疏,成《尔雅注疏》。

十月底,为徐乃昌作《随庵吉金图序》。同月,校《资暇集》。

先生致罗振玉书信(民国七年十月二十六日)云:"顷积余送铜器拓本六十余来,云其所撰《吉金图》久成,索一序即可付印。因为撰之,大约明日可成。"(15卷,469页)又,先生致罗振玉书信(民国七年十一月初一日)云:"为积余作《随庵吉金图序》约千言,居然一挥而就,然今日书之却需半日,因渠将以付石印。"(15卷,471页)

赵万里《王静安先生年谱》云:"(戊午四十二岁)十月,读《格致丛书本》李匡乂《资暇集》,改正误字十余处。"(20卷,452页)又,先生《〈新刻资暇集〉跋》云:"此本讹字颇多,戊午冬日阅一过,改正十余字。"(14卷,570页)按:《资暇集》(3卷),唐李匡乂著,笔记。

十一月中旬,合订《唐韵别考》《韵学余说》为《声韵续考》一卷,托沈曾植为之序,又欲托刘承干刊行,未果而手稿佚失。

先生致罗振玉书信(民国七年十一月十九日)云:"近日改定《唐韵别考》《韵学余说》二种为《声韵续考》一卷,以补东原先生之书,约得三十余叶。写成后拟属寐叟作序,此事乃所乐为,前日曾谈及,盖去年已有此约也。序成当托刘翰怡刊之。翰怡之《求恕斋丛书》专刊今人之作,此书在其丛书中当为压卷矣。"(15卷,474页)又,赵万里《王静安先生年谱》云:"十一月,改定前所撰《唐韵别考》《韵学余说》,二书合之,署曰《续声韵考》,盖以与戴氏《声韵考》体例正合。托沈乙庵尚书作序,后失其稿,至庚申夏,再录一本藏之。"(20卷,453页)按:该书先生自称《声韵续考》,后人称《续声韵考》,当以先生为是。

十二月初八日,将《尔雅注疏》校勘笔记录于《尔雅》之上。初八至初十日,作《书尔雅郭注后》。再校《方言疏证》,作《书郭注方言后》三篇。同月,校《文昌杂录》《匡谬正俗》。

先生《〈尔雅〉跋》云:"十二月初八日,复以前校复宋大字本元雪窗书院本录于此本上。昔人所见善本均未有若是之多者。"(14卷,570页)

先生致罗振玉书信(民国七年十二月初十日)云:"近二日内作《书郭注方言后》一篇,又《书郭注方言后》二篇,共五千言。"又,"今日作《书方言后》第三篇成,共订正本文及注十五处,余皆鳞爪,可弃之矣。"(20卷,475页)

先生《〈文昌杂录〉跋》云:"戊午腊月国维复读一过,订正十余字。"(14卷,580页)

赵万里《王静安先生年谱》云:"(戊午四十二岁十二月)又读

颜师古《匡谬正俗》，书中诸题，悉加校正。"（20 卷，453 页）

除夕，再校《封氏闻见记》。

先生《〈封氏闻见记〉跋》云："戊午除岁无俚，复检此书，又从《唐语林》补'风宪'及'石鼓'二条，此书缺处殆已补得三之二矣。"（14 卷，561 页）

是年，作《邾公钟跋》《邥钟跋》《女字说》《释宥》。

赵万里《王静安先生年谱》甲子年（1924）"编年文"部分，《邾公劢钟跋》下小字注云："戊午年作，是年重订。"（20 卷，472 页）按：该文收入《海宁王静安先生遗书·观堂集林》卷十八，此本名曰《邾公钟跋》。

按：赵万里《王静安先生年谱》本年"编年文"部分（20 卷，453 页），录有《邥钟跋》《女字说》《释宥》，分别收入密韵楼本《观堂集林》卷十五、卷三及《海宁王忠悫公遗书·观堂别集》卷一。

民国八年（1919），四十三岁。

事迹

二月二十九日，为沈曾植贺寿，以祝寿文及字画、书册相赠。

先生致沈曾植书信（民国八年二月二十九日）云："昨晚接益庵函，始知今日为岳降之辰。拟作《海日楼歌》为寿，已得起结而中间未成，恐午后奉祝时尚不以初稿就正也。明人无款《玉堂寿萱图》，其幅式素为鉴家所赏，前岁得之；又林博士昨赠《论语年谱》二册，中有各古本景片颇可观览，谨以为寿，伏乞哂收。"（15 卷，74—75 页）按：先生《沈乙庵先生七十寿序》，收密韵楼本《观堂集林》卷十九。

春，与伯希和、罗振玉会于上海。

先生译《近日东方古言语学上之发明与其结论》后记云："既而欧洲战事起，博士（按：指伯希和）从军达达尼斯海峡，既复有事西伯利亚，今（按：即 1919 年）春凯还过沪，遇参事剧谈，凡我辈所著新印之书，无不能举其名及其大略者。军旅之中其笃学如此。"（19 卷，672 页）

四月，长子潜明与罗振玉三女孝纯完婚。

甘孺《永丰乡人行年录（罗振玉年谱）》云："（中华民国八年己未，乡人五十四岁）四月，三女孝纯适海宁王氏，婿伯深（潜明），静安长子也。"①

闰七月，受聘为乌程蒋氏藏书校对编目。先是，此事于前年十一月已议定。为蒋氏校书间，亦偶代其应酬文字。

先生致罗振玉书信（民国六年十一月十八日）云："今日访孙益庵，谈及吴门曹君为蒋孟蘋编藏书目（月脩五十元），去岁不成只字，今年重申明约束，约每月至少作跋二篇，而至今仍无只字交卷。孟蘋藏宋本无多，然明刻善本及钞本诸本约在千部以上，即使某君能每月交卷二篇，至十年后亦不过成四分之一。某君之事，明年断不能连续，即使连续，意多增一人于孟蘋甚为有益，且工作能快意，薪水亦可增多。永意俟哈园明年事揭晓，当与益庵谋之。"（15 卷，365 页）

按：赵万里《王静安先生年谱》云："（己未四十三岁，九月）初，先生以诸子学费稍绌，谋兼一撰述事。闻乌程蒋孟蘋汝藻方拟撰所藏《密韵楼书目》，已聘吴县曹君直舍人元忠任其事。逾岁无以成，罗先生介人以先生荐。先生以曹君一旧识，不忍遽夺之，不欲往。至是曹君以事辞，先生乃应蒋君之聘。"（20 卷，455

---

① 甘孺：《永丰乡人行年录（罗振玉年谱）》，江苏人民出版社 1980 年版，第 76 页。

页)赵《谱》将先生校书时间系于"九月",后出年谱亦从之。然考先生与罗振玉书信,自闰七月中旬始,已为蒋氏藏书作跋。(参见下文"跋《曹夫人绘观音菩萨象》《于阗公主供养地藏王菩萨画象》"条引文)故本书将此事系于"闰七月",以待方家评说。

　　按:今存先生致蒋汝藻书信三通,言代其作挽联、《某君像赞》《徐母太□人像赞》事。一云:"挽联二拟就,请正。连日哈园有会,晚间又遇一旧友,顷归始撰就。"(15卷,712页)一云:"《徐母太□人像赞》像赞草草拟就,请察收。"(15卷,764页)一云:"某君像赞,率占数句,不成文理。然此等极无谓事,正如此乃可称耳。"(15卷,764页)因信件作期未详,姑系于此。

　　按:乌程蒋氏,书香望族,藏书巨富,曰"传书堂""密韵楼",位于浙江省湖州市南浔古镇(旧属乌程县)。蒋氏藏书自道咸间已小有名气,太平军战乱,藏书毁于一旦。至蒋汝藻一辈,重继家声,始筑密韵楼,为湖州四大藏书楼之一。后因家族经营不善,藏书转让商务印书馆。蒋汝藻(1877—1954),字元采,号孟蘋,吴兴南浔(今浙江省湖州市)人。光绪二十九年(1903)举人,经营实业致富,任浙江省军政府盐业局局长,兼任上海轮船招商局、中华书局董事等。

　　八月初,脚气病发。十九日,至天津罗振玉处修养。其间,罗氏为介绍遗老升允,遂订交。

　　先生致罗振玉书信(民国八年八月初七日)云:"维足疾虽不进,亦不见退,服药四五日尚未见效,尚拟觅他医决定何病,如系脚气,或须作津沽一行,藉图良晤。"(15卷,503页)

　　先生致罗振玉书信(民国八年八月十三日)云:"如病体有需北行之势头,则日日可行。内人分娩皆系顺产,可以无需照应。行止总俟节后一二日间身体如何定之。"(15卷,505页)又,先生

242

致王潜明书信(民国八年八月十九日)云:"我昨晨行后,于今日午后五时抵津,有君羽在车站相接,即至张庄。汝岳适至北京,约明日还津。"

赵万里《王静安先生年谱》云:"(己未四十三岁)先生在津,得谒蒙古升素庵允相国。"(20卷,454页)

九月十二日,返沪。二十三日,应编纂《浙江通志》聘。

先生致罗振玉书信(民国八年九月十七日)云:"十二日抵沪后,即寄一书,想达左右,比维起居多胜为颂。"(15卷,505页)

先生致罗振玉书信(民国八年九月二十三日)云:"近日拟作《宋元浙本考》,已从各家书目搜集材料。"(15卷,507页)又,赵万里《王静安先生年谱》云:"(己未四十三岁)是时浙省当局拟续修《浙江通志》,聘沈乙庵先生为总纂。沈先生聘吴子修、朱古微、金甸丞、叶柏皋、章一山、喻志韶、陶拙存、刘翰怡、张孟劬诸先生及先生为分纂。九月二十三日送聘约至。先生与张孟劬先生共任《寓贤》《掌故》《杂记》《仙释》《封爵》五门撰述。"(20卷,455—456页)

同月,六子登明生。

先生致罗振玉书信(民国八年九月十七日)云:"内人产后甚平安,请告府上。"(15卷,506页)又,赵万里《王静安先生年谱》云:"(己未四十三岁)九月,六子登明生。"(20卷,457页)

王登明(1919—1997),浙江海宁州城(今海宁市盐官镇)人,先生之六子。毕业于上海中法大学,医学教授,先后任教于杭州之江医学院、上海医科大学。

十一月下旬,参与梁鼎芬公祭,并作挽诗。

先生致罗振玉书信(民国八年十一月二十一日)云:"梁宫傅身后事,其葬以前事,自出之内帑;公所虑者,亦其家度日之资。

昨与乙老言及,乙谓沪上与节老有交谊而又有力者,惟刘翰怡一人;余则鄂人,在此者亦极少。此事京师及武昌鄂人必能为之计,以非巨款不济也。一山则阅公函后无他语。翰怡与节老至厚,此事盖不待人言,或能出一二千元。此事至少总须万金,方能岁得五百金之息。鄂人曾为之买宅。集众人之力当能为之,看来沪上不能集有大数也。此间于廿四日公祭节老,由乙老发起,共十四人,凡与节老有旧者均可往拜也。"(15卷,509页)又,先生《赠太子少保特谥文忠梁公挽歌词》,收密韵楼本《观堂集林》卷二十。

按:梁鼎芬(1859—1919),字星海、心海、伯烈,号节庵,谥文忠,广东番禺(今广东省广州市)人,"岭南近代四家"之一。光绪六年(1880)进士,历任知府、按察使、布政使,因弹劾李鸿章被贬谪,愤而辞官。后主讲广东广雅书院、江苏钟山书院,为《昌言报》主笔。辛亥革命后,任溥仪帝师。其人性格慷慨,忠于清皇室,得士林尊重。

十二月十九日,赴上海学者之东坡生日集会。

先生致罗振玉书信(民国八年十二月二十一日)云:"(前日)是晚梦坡处有东坡生日会之集,即行面交。"(15卷,512页)

是年,为罗振玉三子福苌四处求医。

按:时罗家居,而罗福苌独居上海,任教仓圣明智大学。其体素弱,疡生于胸,先生颇照看之。先生与罗振玉书信言及福苌病情者,则其要者摘录如下。

先生致罗振玉书信(民国八年二月十六日)云:"君楚乳旁之肿已作脓,势必出脓,然似无不易收口之理。"(15卷,485页)

先生致罗振玉书信(民国八年七月初三日)云:"君楚昨日已至康科医生处诊治,康科谓肋膜炎尚未痊愈,中有水颇多,而肿处大约须出脓,须用 X 光线透视骨之情状,再定办法。"又,"日本医生言此病绝无妨碍,殊可参照也。"(15 卷,493 页)

又按:罗福苌(1896—1921),字君楚,浙江上虞(今浙江省绍兴市)人,罗振玉三子①。曾任教于仓圣明智大学,精通法语、德语、梵文、西夏文。生病早夭。著有《西夏国书略说》《梦轩琐录》《宋史西夏传注》《华严经译文》《敦煌古写经原跋录存》等。

学术著述

新年间,批注《殷墟书契后编》上卷。

先生致罗振玉书信(民国八年正月十八日)云:"新年无成绩可言,仅写《殷墟书契后编》释文一卷耳。"(15 卷,480 页)

叶正渤《〈殷墟书契后编〉考释·前言》云:"对《殷墟书契后编》作隶定于研究的是王国维,据说王国维曾在他的书上写有眉批,并不是系统完整的考释研究。王国维眉批本现藏某大学古文字资料室,秘不示人,故未知其详。"②

正月,跋《悔庵学文·补遗》,并录作者手稿篇目;又跋齐侯壶。

先生《〈悔庵学文·补遗〉跋》云:"己未正月,余得先生手稿八篇:一、《寄许兵部内兄书》;二、《与汪选楼书》;三、其二;四、《与沈春泉书》;五、《伤寒答问序》;六、《书东迁甄文拓本后》;七、《书建安弩机后》;八、《秋堂延桂图记》。后二篇不见此集。又得一纸,则书王立甫遗文后及费君墓铭之半,均无题目,并记于此。"(14 卷,571—572 页)按:《悔庵学文》(8 卷)、《补遗》(1 卷),

---

① 罗振玉次子早夭,故后人亦以次子视之。
② 叶正渤:《〈殷墟书契后编〉考释》,商务印书馆 2019 年版,第 1 页。

清严元照著,文集。

先生《齐侯壶跋》落款云:"己未正月。"(14卷,418页)按:该文初名《齐侯二壶跋》,分为两篇。其一为《齐侯壶跋》,收入《海宁王静安先生遗书·观堂别集》卷二;其二民国十三年(1924)改订为《释天》,收入《海宁王忠悫公遗书·观堂集林》卷一。

三月十七日至四月十日,再校《一切经音义》。

先生《〈一切经音义〉跋》云:"己未三月,复取径山藏本校此本,因并录旧校宋本于行间,凡二十四日而毕。孟夏十日国维记。"(14卷,566页)

正二月间、五月,两校罗振玉撰《徐俟斋先生年谱》。

先生致罗振玉书信(民国八年二月初一日)云:"《徐俟斋先生年谱》已成廿页,其附录中维为增入张秋水《冬青馆乙集》中《徐昭法先生画象记》一篇。秋水此文实无聊已甚,然亦有一事足资考证者,故列于《陈仲鱼手札跋》后。"(15卷,483—484页)

先生致罗振玉书信(民国八年五月十五日)云:"近日细读《俟斋先生年谱》,似尚有小误须改正者。俟斋先生祖母朱孺人,注谓节孝先生之姊、柏庐先生之姑。案俟斋与柏庐为中表兄弟,则朱孺人当为节孝之姑、柏庐之祖姑,此种小误往往有之。"(15卷,488—489页)

六月,补录《老子化胡经》佚文五则,跋《音学五书》。

赵万里《王静安先生年谱》云:"(己未四十三岁)六月,据《笑道论道宣集》及玄嶷《甄正论》,补蒋伯斧辑《老子化胡经》佚文五则。"(20卷,454页)

先生《〈音学五书〉跋》云:"己未季夏,大雨时行,读先生文集,因考此书刊定及印刷时代,记之如左。"(14卷,419页)按:《音学五书》(38卷),明顾炎武著,音韵学著作。

夏秋间,校《蜃园诗续集》。

先生致罗振玉书信(民国八年约六七月)云:"此次校《蜃园诗续集》乃有两卷,原书皆题《蜃园诗续集》,而又不分上下,其后一卷乃其族曾孙锡祯凡例中所谓'七言杂咏'者(皆咏物诗),因改题为《蜃园七言杂咏》,以便书口有别。"(15卷,495页)

七月初一日,据沈曾植及伯希和所藏文献,辑出完整回鹘爱登里啰可汗碑文。同月,作《摩尼教流行中国考》,译《近日东方古言语学及史学上之发明与其结论》,校《和林金石录》。

先生致罗振玉书信(民国八年七月初一日)云:"伯希和君所撰《摩尼教考》,所搜集中土书籍材料略备,因录出之。中引和林所出回鹘爱登里啰可汗碑,询之乙老,乙老出一录文本相示,校以伯氏所引,则伯氏所见本校(按:较)乙老所录本每行多出二十余字。盖此碑断为三截,乙老所录者仅上二截,而伯氏所见多出下半截。此碑与突厥苾伽可汗不知近有新拓本否。乙老所录亦有苾伽可汗碑,每行俱无几字,且恐有误;其所录回鹘可汗碑亦然,其原本为俄人照相本。前志文贞所拓仅阙特勤一碑,不知三六桥所拓曾及此二碑否。阙特勤碑所记事罕出《唐书》外者,而回鹘可汗碑所记则多为史册所未及。"(15卷,492页)

赵万里《王静安先生年谱》本年"编年文"部分,《摩尼教入中国考》下小字注云:"七月,见《别集后编》。"(20卷,428页)按:该文本名《摩尼教流行中国考》,初刊《亚洲学术杂志》第2期,后收入《海宁王静安先生遗书·观堂别集》卷一。

先生译《近日东方古言语学上之发明与其结论》落款云:"己未孟秋"。(19卷,672页)按:《近日东方古言语学上之发明与其结论》,[法]伯希和著,[日]榊亮三郎译,王国维转译。初刊《国学季刊》第1卷第1期。

赵万里《王静安先生年谱》云:"(己未四十三岁)七月,以《蒙古图志》所载《苾伽可汗碑》校《和林金石录》本一过。"(20卷,454页)

同月,又见狩野直喜所录英藏敦煌写本诸篇,为之跋,总称《敦煌石室碎金跋尾》。

赵万里《王静安先生年谱》云:"(己未四十三岁,七月)是月得见狩野博士所录英伦博物馆藏敦煌唐写本书,因草《敦煌石室碎金跋尾》。"(20卷,454页)

按:诸跋文曰《唐写本残〈职官书〉跋》《唐写本〈食疗本草〉残卷跋》《唐写本〈灵棋经〉残卷跋》《唐写本失名残卷跋》《唐写本〈大云经疏〉跋》《唐写本〈老子化胡经〉跋》《唐写本韦庄〈秦妇吟〉残诗跋》《唐写本〈云谣集杂曲子〉跋》《唐写本残小说跋》《唐写本敦煌户籍跋》《宋初写本敦煌县户籍跋》,以上收密韵楼本《观堂集林》卷十七;《唐写本〈字宝〉残卷跋》《唐写本〈新乡众百姓谢司徒施麦恩牒〉跋》《唐写本〈季布歌〉〈孝子董永传〉跋》《唐写本回文诗跋》,以上收《海宁王忠悫公遗书·观堂别集》卷三。

闰七月中旬,成《西胡考》二篇及《西域井渠考》。下旬,跋《曹夫人绘观音菩萨象》《于阗公主供养地藏王菩萨画象》。同月,作《乐庵写书图序》。

先生致罗振玉书信(民国八年七月二十二日)云:"维因拟作《西胡考》,将古书所云胡者集为一书,亦快事也。"(15卷,496页)先生致罗振玉书信(民国八年闰七月十七日)云:"近日作《西胡考》二篇三千余言,又作《井渠考》一篇。"(15卷,498页)

先生致罗振玉书信(民国八年闰七月十七日)云:"前晚在蒋孟蘋处见敦煌所出画佛象二幅:一、乾德六年画,有《画象记》。一、地藏菩萨象,下署'故大朝大于阗金玉国大公主李氏供养'。

昨细考之,疑是于阗王李圣天之女嫁为沙州曹元深妻者所作也。"(15卷,498页)又,先生致罗振玉书信(民国八年闰七月二十一日)云:"敦煌二画,其一系于阗公主作者,维后考定为曹延恭之妻,已作一跋千余言。……其一乾德六年画观音香,亦曹氏物,乃曹元忠妻所作,有《画象记》。"(15卷,500页)

赵万里《王静安先生年谱》本年"编年文"部分,《乐庵写书图序》下小字注云:"闰七月,见《观堂集林》。"(20卷,458页)

八月,作《虢仲簋跋》。

赵万里《王静安先生年谱》本年"编年文"部分,《虢仲簋跋》下小字注云:"八月,见《别集补遗》。"(20卷,458页)

九月,作《高昌宁朔将军麴斌造寺碑跋》《书虞道园高昌王世勋碑后》。

先生《高昌宁朔将军麴斌造寺碑跋》落款云:"己未九月。"(8卷,500页)又,赵万里《王静安先生年谱》本年"编年文"部分,《高昌宁朔将军麴斌造寺碑跋》《书虞道园高昌王世勋碑后》下小字注云:"上二篇均九月作,见《观堂集林》。"(20卷,458页)

秋,作《唐李慈艺授勋告身跋》《北伯鼎跋》。

赵万里《王静安先生年谱》本年"编年文"部分,《唐李慈艺授勋告身跋》《北伯鼎跋》下小字注云:"以上均秋日作,见《观堂集林》。"(20卷,458页)

十一月,跋《九姓回鹘可汗碑》并写碑图。

赵万里《王静安先生年谱》云:"(己未四十三岁)夏日读伯希和教授所撰《摩尼教考》所引《九姓回鹘可汗碑》,与李文田《和林金石录》本异。乃假沈乙庵先生所藏拉特录夫《蒙古图志》中所载本校之,遂得通其读。十一月,写碑图,并为碑跋,以补沈先生跋文之未备。"(20卷,454页)

十二月上旬,以宋刊单疏本三校《尔雅注疏》、五校《尔雅》。下旬,为蒋氏校书间,发现万寿祺字画若干。

先生《〈尔雅注疏〉跋》云:"己未季冬三日,以乌程蒋氏所藏北宋刊单疏校。"又,"己未十二月初七日,以宋刊单疏本校毕。"(14卷,569页)又,先生《〈尔雅〉跋》云:"己未十二月,以乌程蒋氏所藏北宋刊单疏校一过。"(14卷,570页)

先生致罗振玉书信(民国八年十二月二十一日)云:"孟𬞟处万年少书画有《悬网图》立轴及扇面二,其一书、画皆具,其一诗。扇款具一'寿'字,而有'迈寿'二字朱文印,字复与年少先生相类,必为先生书无疑,另纸录呈(二诗皆集中所无),祈察入为荷。颂清为孟𬞟购一万年少册尚未到,此册至,必大有所裨,俟到后再录呈。"(15卷,512页)

按:万寿祺(1603—1652),字年少、介若、内景,入清以后改名慧寿,江西南昌(今江西省南昌市)人。明末清初文学家、书画家,曾参加抗清活动,兵败后隐居江淮一带。有《秋江别思图》《松石图》《山水图》等传世。

冬,为蒋氏校得《周礼》等书。

按:据先生致罗振玉书信,整理所校蒋氏藏书如下。

时间	书目
十月	嘉靖徐氏本、士礼居本、明翻宋相壹岳氏本《周礼》
十一月	嘉靖间复刊宋大字本、崇文书局翻张敦仁复宋抚州本《礼记》
十二月	北宋本《尔雅》、阮刻本《尔雅注疏》、戴氏《方言疏证》
	明覆宋本《春秋繁露》

是年,有《西域杂记》《〈元丰九域志〉跋》《秉中丁卣跋》,另有教案《经学讲义》。

按:赵万里《王静安先生年谱》本年"编年文"部分(20卷,458页),录有《西域杂记》《〈元丰九域志〉跋》《秉中丁卣跋》,分别收入《海宁王静安先生遗书·观堂别集》卷一、卷三、卷二。又按:《元丰九域志》(10卷),北宋王存、曾肇、李德刍著,地理志。

按:先生《经学讲义》(12章),教案。系作于仓圣明智大学经学教授聘期内。手稿原题《经学讲义》,二三十年代出现多种排印本,曰《经学概论鉴证》《经学概论讲义》等,谢、房本《全集》卷六重新点校收录,定名《经学概论》。

民国九年(1920),四十四岁。

事迹

去岁十二月至本年二三月间,与陈邦怀书信往来,授以治甲骨文之路径。

按:今存先生致陈邦怀书信五通,皆告以甲骨文研究所需书目,并寄送之。兹摘录一例如下。

先生致陈邦怀书信(民国九年正月二十二日)云:"拙著《殷先公先王考》及《殷商制度论》,弟所得数本早已转赠友人。昨日始从哈同花园售书处觅得载此文之《学术丛编》三册(另种无几,余皆订丛书矣),今以寄上。问其价,每册五角,八折。如欲留此,请将其价径寄哈园广仓学窘售书处收;如但欲一览,则阅后亦请将原书径寄该处可也。《书契后编》及《戬寿堂所藏殷墟文字》并《考释》,哈园亦有零售,如欲购亦可径向彼处购之(《后编》四元,《戬寿》二元),并以奉闻。《后编》精印而文字甚多,现在尚有存书,将来恐不易得。如《前编》存书无多,而现又不能再印,此书几在有无之间。兄既与研此学,故不能不劝兄购之也。"

又按：陈邦怀(1897—1986)，字保之，江苏镇江(今江苏省镇江市)人。曾任张謇秘书、南通女子师范学校教员等，新中国成立后任天津市文史研究馆馆员。著有《殷墟书契考释小笺》《甲骨文零拾》《殷代社会史料征存》等。

春，作《天宝韵英陈廷坚韵英张戬考声切韵玄武之韵铨分部考》《周玉刀跋》。

先生《天宝韵英陈廷坚韵英张戬考声切韵玄武之韵铨分部考》云："庚申春日，嘉兴沈乙庵先生举以示余，乃得记之。"(8卷，253页)

先生《周玉刀跋》落款云："春日"①。按：该文后修订为《陈宝说》，收《海宁王静安先生遗书·观堂集林》卷一。

五月初三日，应前诺为南皮张氏作二烈女诗。初五日，致书罗振玉，托转交二烈女诗歌，并建议罗福苌回津养病。

先生致罗振玉书信(民国九年五月初五日)云："筱帆中丞所索张烈女诗，至前日始就别纸录出，祈转交。"(15卷，514页)又，先生《张小帆中丞索咏南皮张氏二烈女诗(庚申)》云："中丞教作烈女歌，五年宿诺嗟蹉跎。"(8卷，655页)

先生致罗振玉书信(民国九年五月初五日)云："君楚恵处又将出胈。此次在哈园，学生皆甚佩之。惟只身在此，总觉无照应，于暑假回北后，告半年或一年之假，总觉无妨，届时公当度其身体及志意相机为之。"(15卷，514页)

本月二十日，以南方诸事杂冗婉辞京师大学堂第三次之聘请。

先生致罗振玉书信(民国九年五月二十日)云："马书翁及大

---

① 王国维：《观堂遗墨》卷上，民国十九年(1930)海宁陈氏影印本。

学雅意，与公相劝勉之厚，敢不敬承。惟旅沪日久，与各处关系甚多，经手未了之件与日俱增，儿辈学业多在南方，维亦有怀土之意，以迁地为畏事。前年已与马叔翁面言，而近岁与外界关系较前尤多，更觉难以摆脱。仍希将此情形转告书翁为荷。”(15卷，515页)

六月，读柳如是《湖上草》并题诗。

先生《高欣木舍人得明季汪然明所刊柳如是尺牍三十一通并己卯湖上草为题三绝句》后跋云：“庚申季夏，野侯先生归自虞山，得此秘帙，假读一过，漫赋三章。”(14卷，625页)

十二月二十九日，应京师大学堂马衡之邀，允以南方诸事毕后赴任。

先生致马衡书信(民国九年十二月二十九日)云：“来书述及大学函授之约，孟劬南来亦转述令兄雅意，惟近体稍孱，而沪事又复烦赜，是以一时尚不得暇晷，俟南方诸家书略整顿后再北上，略酬诸君雅意耳。”(15卷，800—801页)

按：马衡(1881－1955)，字叔平，别署无咎、凡将斋主，浙江鄞县(今浙江省宁波市)人，金石学家、考古学家、篆刻家。肄业于南洋公学(今上海交通大学)，曾任京师大学堂(今北京大学)研究所国学门考古学研究室主任、故宫博物院院长。著有《中国金石学概要》《凡将斋金石丛稿》等。

是年，有联挽缪荃孙。

赵万里《王静安先生年谱》云：“(庚申四十四岁)是年□月，缪艺风荃孙先生卒。先生挽以联曰：‘朴学抱经俦，钟山龙城，更喜百年开讲席；著录平津亚，图书金石，尚留二志重文林。’”(20卷，460页)

本年继续为蒋氏编书目，至经部、小学部、史部、子部，间以蒋氏藏本校自藏之文献,并撰跋文若干。

　　按:据先生跋文及致罗振玉、蒋氏父子书信等,整理所校蒋
氏藏书如下。

时间	书目
正月	《续古逸丛书》影内府藏宋刊大字本、《吉石庵丛书》刊日本复宋音注本《孟子章句》,《孟子音义》
	《鹿鸣鹰扬二宴乐章》
二月初四日	明万玉堂复宋本《佩》
二月初五日	明白鹿洞书院翻南雍本《史记集解索隐》
三月	汲古阁本《史记索隐》
	卢弓父校本、翟云升校注本《穆天子传》
四月	元刊胡三省音注《资治通鉴》
	刘履芬原藏元本、自藏刻本《东京梦华录》
五月	宋淳化本《史记集解》
七月二十四日	南监本、残宋本《三国志》
八月十五日	明嘉靖黄省曾本《列女传》,侯官陈氏家刊本《列女传集注》
九月	《东朝崇养录》
	士礼居旧藏宋本、渐西村舍刻本《景定严州续志》
十月二十二日至二十八日(两校)	汲古阁景宋钞本、清光绪《士礼居丛书》本、明成化彭华本、明嘉靖四年重刊彭华本《焦氏易林》
十月	明刊黑口本、上海涵芬楼影印明正德刻本《新书》

学术著述

二月,应陈叔通请,作《智鼎铭跋》。

先生《智鼎铭跋》云:"庚申仲春,叔通先生以所得智鼎未剔已剔二拓本属题,余曩曾依据此鼎文作《生霸死霸考》以补正德清俞氏之说,今复掇其要以跋此拓。"(14卷,427—428页)

陈叔通(1876—1966),名敬第,字叔通,号云麋,浙江杭州(今浙江省杭州市)人,近代实业家。光绪二十九年(1903)进士,次年留学日本法政大学,回国后任资政院议员、第一届国会众议院议员等。为商务印书馆、浙江兴业银行董事。新中国成立后,历任中央人民政府委员会委员、全国人民代表大会常务委员会副委员长、人民政治协商会议全国委员会副主席和全国工商联主任委员等。

三月初九日,跋《顾刻广韵》。同月,有《敦煌发见唐朝之通俗诗及通俗小说》刊于《东方杂志》。

先生《〈顾刻广韵〉跋》落款云:"庚申三月九日"。(14卷,428页)

按:《敦煌发见唐朝之通俗诗及通俗小说》,初刊民国九年(1920)《东方杂志》第17卷第8号。民国十三年(1924)修订后,收入罗振玉编《敦煌零拾》。

五月,跋《涧上草堂会合诗卷》、内府藏宋大字本《孟子》,并为罗振玉《徐俟斋年谱》补录材料一则。

先生《〈涧上草堂会合诗卷〉跋》落款云:"庚申夏五"。(14卷,430页)。

先生《内府藏宋大字本〈孟子〉跋》落款云:"庚申五月"。(14卷,429页)。

先生致罗振玉书信(民国九年五月二十六日)云:"前日在孟

蘋处见徐俟斋、朱柏庐诸先生会合诗卷,借归读之。俟斋诗一、序一,均《居易堂集》所未载,中有徐贯时诗一首,是岁为顺治己丑,时兄弟间尚未有意见也。今将此卷录出呈上,于《年谱》补一则,未识尊稿已刊定否?"(20卷,516页)

六月,再校《文昌杂录》。

先生《〈文昌杂录〉跋》云:"庚申六月朔又读一过,订正十余字。"(14卷,580页)

七月二十七日,作《随庵殷墟文字跋》。

先生《随庵殷墟文字跋》落款云:"庚申七月廿七日。"(14卷,197页)按:该文收入《海宁王静安先生遗书·观堂别集》卷四时,改名《随庵所藏甲骨文字序》。

八月二十八日,跋影宋本《孟子音义》。同月,作《魏曹望憘造象跋》。

先生《影宋本〈孟子音义〉跋》落款云:"庚申八月廿八日"。(14卷,432页)先生《魏曹望憘造象跋》落款云:"庚申八月"。(14卷,431页)

九月,补录《封氏闻见记》佚文。

先生《〈封氏闻见记〉跋》云:"庚申九月,读《诗话总龟》,补'高唐馆'一条。"(14卷,561页)

十月朔,跋校日本宽永本《孔子家语》,以之为佳本。

先生《日本宽永本〈孔子家语〉跋》云:"此本不知出何本,然佳处时出诸本上。"又落款云"庚申冬十月朔夕记"。(14卷,432页)

十二月,作《散氏盘跋》《克钟克鼎跋》。

先生《散氏盘跋》云:"庚申冬日,华阳王君文焘言:'顷闻之陕人言,克鼎出处在宝鸡县南之渭水南岸。'此地既为克之故虚,则散氏故虚必距此不远。"(8卷,450页)又,先生致马衡书信(民国九年十二月二十九日)云:"顷有一事足为兄陈者,华阳王君书牍言及克钟、克鼎出土之地乃在宝鸡县相对之渭河南岸(闻诸秦中旧人)。又其南即古大散关,而克鼎与散盘地理大有关系,可知散氏盘出土之处亦去彼不远,又可知散氏之'散'即后世之大散关矣。"(20卷,801页)

是年,另有《秦新郪虎符跋》《释□》《释脾》《诗齐风岂弟释义》《杨绍荊跋》《与友人论石鼓书》。

按:赵万里《王静安先生年谱》本年"编年文"部分(20卷,461页),录有《新郪虎符跋》(赵本作《郪虎符跋》)《释滕》《释脾》《与友人论石鼓书》《诗齐风岂弟释义》。《新》收入密韵楼本《观堂集林》卷十五,两《释》收卷六,《诗》收《海宁王静安先生遗书·观堂别集》卷一。

又,先生《杨绍荊跋》《与友人论石鼓书》,题目下均有小字注"庚申"(14卷,432、433页),收《海宁王静安先生遗书·观堂别集》卷二。

民国十年(1921),四十五岁。

事迹

四月,四女通明生。七月,夭折。

赵万里《王静安先生年谱》云:"(辛酉四十五岁)四月,四女通明生,七月殇。"(20卷,462页)

七月十三日,代蒋汝藻作联挽劳玉宣。

先生致蒋汝藻书信(民国十年七月十三日)云:"挽劳玉老联拟就,请酌之。"(15卷,713页)

九月,罗福苌殁,作《罗君楚传》悼之。

甘孺《永丰乡人行年录(罗振玉年谱)》云:"(中华民国十年辛酉,乡人五十六岁)九月,三子福苌卒,年二十有六。"[1]又,先生《罗君楚传》云:"君楚体素弱,重以力学,年二十二而病瘵生于胸,仍岁不疗,二十六而夭,时辛酉九月也。"(8卷,603页)

是年,继续为蒋氏编书目,至子部、佛经、集部,间以蒋氏藏本校自藏之文献,并撰跋文若干。

按:据先生跋文及致蒋氏父子书信等,整理所校蒋氏藏书如下。

时间	书目
正月初七日	《二十四史日月考》《长术辑要》
正月初八日	《文昌杂录》《雅雨堂丛书》
正月二十三日	残宋本、正德本《唐六典》
正月	冯己苍钞本《封氏闻见记》《雅雨堂丛书》
	天一阁旧藏明钞本、胡氏文会堂刻本《资暇集》
二、三月间	《帝王经世图》《藏经》《法华经》
四月末	明钞本《张说之文集》
五月初四日	《李长吉诗集》
五月	《元微之集》《元氏长庆集》
	《岑嘉州诗》
	《梁江文通文集》
	《妙法莲华经》

---

① 甘孺:《永丰乡人行年录(罗振玉年谱)》,江苏人民出版社1980年版,第80页。

时间	书目
六月	《小畜集》
七月二十六日	《韦苏州集》
七月晦	《韦江州集》
十月	明朱国祚手定《册立光宗仪注稿卷》
十二月初四日至十六日	明钞本《李义山文集》，《四部丛刊》影印明刻本《李文饶文集》，《唐文粹》
十二月十一日	宋刊《后汉书郡国志》残叶
十二月十五日	明洪武壬申遵正书堂本、《四部丛刊》影印明刻本《增修笺注妙选群英草堂诗余》

学术著述

春，作《与友人论诗书中成语书》二篇及《小盂鼎拓本跋》《敬业堂文集序》。

赵万里《王静安先生年谱》本年"编年文"部分，《与友人论诗书中成语书》下小字注云："春日，均见《观堂集林》。案：此二书，乃辑平时所撰经义杂记而成。其体裁托为书札，实非有友人某君其人也。"（20卷，464页）

赵万里《王静安先生年谱》本年"编年文"部分，《小盂鼎拓本跋》下小字注云："春日。"按：该文收《海宁王静安先生遗书·观堂别集》卷二时，名《小盂鼎跋》。

赵万里《王静安先生年谱》云："（辛酉四十五岁）春日，仁和姚君虞琴以邑人张渭渔茂才旧藏《查他山先生文集》请序于先生。"（20卷，462页）又，先生《敬业堂文集序》云："吾乡查他山先

生《敬业堂文集》二册,不分卷。"(8卷,616页)

四月十五日,辑数年文章,编定《观堂集林》二十卷。

赵万里《王静安先生年谱》云:"(辛酉四十五岁,四月)是月十五日,写定此数年所为文及旧作之刊于《雪堂》《广仓》二丛刊者,删繁挹华,为《观堂集林》二十卷。"(20卷,462页)

五月十七日,跋段懋堂手迹。

先生《段懋堂手迹跋》落款云:"辛酉长至日,付装成记。"(14卷,435页)

十月中旬,为陈乃乾《百一庐金石丛书》序。

先生致陈乃乾书信(民国十年十月十八日)云:"委撰尊辑《金石丛书序》顷始脱稿,附呈,请察收。"(15卷,697页)按:《百一庐金石丛书》,陈乃乾辑,民国十年(1921)海宁陈氏景印本,金石考古类。

九月至十一月间,手录《唐写本切韵残卷》三卷并刊行。先是,秋,罗振玉索得法国伯希和所摄唐写本《切韵》照片,欲印行而未果。

按:该书各版《王国维全集》均未收录,笔者于日本京都大学图书馆及东京古书肆见之。先生钞录刊印过程兹按时序列出。

九月朔至二十二日,手录、校定全书。

先生致马衡书信(民国十年十月初十日)云:"敦煌出唐写本《切韵》,巴黎所藏、伯希和教授所寄者计三种:⋯⋯原影本一时未能印行,弟故竭二十日之力,照其行款写一副本。"(15卷,802页)又,先生致罗振玉书信(民国十年九月初六日)云:"连日写《切韵》,已得十数纸,现均照原行款、原字句书。以每纸字数颇多,每日不过尽二三纸,须半月后方成。将来或改写正本,或作校记,再作后图。原写于唐讳皆不避(惟三'泯'者,避'泯'作

'泯'），然决非隋人书。盖唐人写书亦如宋人刊板，不能以讳字定之也。《切韵》三种与《唐韵》一种将来合为一书印行最善。惜蒋氏所藏原本无从再照，如何如何！"（15 卷，517 页）又，先生致罗振玉书信（民国十年九月二十二日）云："此次哈校秋祭，停课半月，维之《切韵》乃得早成，然每日之力，亦仅能尽三纸而已。"（15 卷，518 页）又，先生《唐写本切韵残卷》卷三后记云："巴黎国民图书馆藏唐写本《切韵》卷三。辛酉九月朔日写起。十九日写了共五十二页纸。国维。自二十日至二十三日以景照本校毕，又记。"①

十月上旬，补录《续声韵考》于其上。

先生致马衡书信（民国十年十月初十日）云："弟见此书后，已将前所撰《续声韵考》改削小半矣。"（15 卷，802 页）

十一月十日，作跋叙钞录之缘起，并与马衡商议印资事务。

先生《〈唐写本切韵残卷〉跋》云："光绪戊申，余晤法国伯希和教授于京师，始知伯君所得敦煌古书中有五代刻本《切韵》，嗣闻英国斯坦因博士所得更为完善，尚未知有唐写本也。辛壬以还，伯君所寄诸书写照本亦无此书。戊己间，上虞罗叔言参事与余先后遗书伯君索此书景照本，今岁秋伯君乃寄罗君于天津。罗君拟付工精印入《石室佚书》中，以选工集资之不易，余乃手写此本，先以行世。原本书迹颇草草，讹夺甚多，今悉仍其旧。盖其误处，世之稍读古书者，类能正之；至其佳处，后人百思不能到也。因记其大略如右。辛酉冬十一月初十日，海宁王国维书于海上寓居之永观堂。"②又按：跋文后改订为《书巴黎国民图书馆

---

① ［唐］陆法言著、王国维手录：《唐写本切韵残卷》，民国十年（1921）石印本，卷三。
② ［唐］陆法言著、王国维手录：《唐写本切韵残卷》，民国十年（1921）石印本，卷尾。

所藏唐写本切韵后》，收密韵楼本《观堂集林》卷八。上引一段跋文密韵楼本已删。

先生致马衡书信（民国十年十一月初十日）云："《切韵》事，前与商务印书馆商印，竟无成议，刻向中华局人商印书之价（此书共六十纸），据云印五百部不及二百元。因思大学人数既众，欲先睹此书者必多，兄能于大学集有印资，则当以四百部奉寄，余一百部则罗君与弟留以赠人（因思阅此书者颇多。如欲印，则二十日中可以告成）。如公以此举为然，则当令估印价奉闻。若印千部，则所增者仅纸费而已。请示。能于月内付印，则年内尚可出书也。"（15卷，803页）

次年正月印成。

先生致马衡书信（民国十一年正月十七日）云："《切韵》得兄纠资印行，得流传数百本以代钞胥，沪上诸公亦均分得一册，甚感雅意也。"（15卷，804页）

十二月二十四日，作《宋韶州木造象刻字跋》《唐吴郡朱府君墓志跋》。二十五日，作《兮甲盘跋》。二十七日，作《晋开运刻毗沙门天王象跋》。同月，作《唐吴郡朱府君墓志跋》《汉南吕编磬跋》《宋赵不渗墓志跋》。

先生《宋韶州木造象刻字跋》落款云："辛酉醉司命日装成，呵冻记。"（14卷，443页）

先生《唐吴郡朱府君墓志跋》落款云："辛酉季冬醉司命日，永观堂西窗炙砚书。"（14卷，444页）

先生《兮甲盘跋》落款云："辛酉季冬除夕前五日。"（14卷，446页）

赵万里《王静安先生年谱》本年"编年文"部分，《晋开运刻毗沙门天王象跋》下小字注云："岁不尽三日，以上均见《别集补

遗》。"(20卷,464页)

先生《汉南吕编磬跋》落款云:"辛酉季冬,展阅此拓,漫记所见如此。"(14卷,439页)

赵万里《王静安先生年谱》本年"编年文"部分,《唐吴郡朱府君墓志跋》《汉南吕编磬跋》《宋赵不泝墓志跋》下小字注云:"以上季冬。"(20卷,464页)

是年,作《唐写本〈摩诃般若波罗密经〉残卷跋》《明拓石鼓文跋》。著《联绵字谱》三卷。

先生《唐写本〈摩诃般若波罗密经〉残卷跋》《明拓石鼓文跋》题目下均有小字注"辛酉"。(14卷,436页)

赵万里《王静安先生年谱》云:"是岁,先生摘出经典中连绵字为《连绵字谱》,草稿粗具,计分三卷,上卷为叠韵连绵字,中卷为双声连绵字,下卷为非叠韵、非双声之古成语。"(20卷,463页)

民国十一年(1922),四十六岁。

事迹

正月初二日,罗福苌妻汪氏殁,作《罗君楚妻汪孺人墓碣铭》悼之。

先生《罗君楚妻汪孺人墓碣铭》云:"以壬戌正月二日卒,春秋二十有五,距君楚没,未百日也。"(158卷,605页)

二月,次子高明完婚。

赵万里《王静安先生年谱》云:"壬戌四十六岁,二月,归里,为次子高明完婚。"(20卷,464页)

五月,五女端明生。次年三月,夭折。

赵万里《王静安先生年谱》云："(壬戌四十六岁)五月,五女端明生。"(20卷,465页)

赵万里《王静安先生年谱》云："(癸亥四十七岁)三月,五女端明殇。"(20卷,467页)

六月,应京师大学堂国学门通讯导师聘,然退还其束脩。嗣后,参与研究事务。

先生致马衡书信(民国十一年六月初九日)云:"昨日张君嘉甫见访,交到手书并大学脩金二百元,阅之无甚惶悚。前者大学屡次相招,皆以事羁未能趋赴。今年又辱以研究科导师见委,自惟浅劣,本不敢应命,惟惧重拂诸公雅意,又私心以为此名誉职也,故敢函允。不谓大学雅意又予以束脩。窃以导师本无常职,弟又在千里之外,丝毫不能有所贡献,无事而食,深所不安;况大学又在仰屋之际,任事诸公尚不能无所空匮,弟以何劳,敢贪此赐,故已将脩金交张君带还,伏祈代缴,并请以鄙意达当事诸公,实为至幸。"(15卷,805页)

按:先生虽自谦,然数与京师大学堂研究事务,兹列举如下。

八月底,拟《研究发题》四则。

先生致沈兼士书信(民国十一年九月初一日)云:"前日辱手教,并属提出研究题目,兹就一时鄙见所及,提出四条。"(15卷,853页)

九月初五日,建议开设满蒙藏文、东方古文字讲座及留学培养计划。

先生致马衡书信(民国十一年九月初五日)云:"现在大学是否有满、蒙、藏文讲座?此在我国所不可不设者。其次则东方古国文字学并关紧要。研究生有愿研究者,能资遣法德各国学之甚善,惟须择史学有根柢者乃可耳。"(15卷,808页)

九月上旬至十月间,为学生答疑。

先生致何之谦、李沧萍、安文溥、郝立权、王盛英书信两通。(详见 15 卷,863—865 页)

八月初九日,与罗振玉书信,述董康私卖所借《盛明杂剧》事。

先生致罗振玉书信(民国十一年八月初九日)云:"闻授经将借去之《盛明杂剧》售出,吴梅以三百元自书坊购得之,可谓荒唐。俟其回国当索还,不知将何以为说也。"(15 卷,533—534 页)

十月初九日,沈曾植殁。有联挽之,并作《沈乙庵先生绝笔楹联跋》。

赵万里《王静安先生年谱》云:"(壬戌四十六岁)十月,沈乙庵先生病殁于沪寓,先生哭之恸,并挽以联曰:'是大诗人,是大学人,是更大哲人,四昭炯心光,岂谓微言绝今日。为家孝子,为国纯臣,为世界先觉,一哀感知己,要为天下哭先生。'"(20 卷,465 页)按:《沈乙庵先生绝笔楹联跋》,收《海宁王静安先生遗书·观堂别集》卷三。

十月至十一月间,与神田喜一郎会于上海,为其介绍密韵楼藏书。

神田《忆王静安先生》云:"大正十一年(按:1922 年)十二月我去上海旅游,见到了久违的先生。给我留下难忘回忆的是在他大通路吴兴里府上受到的热情招待和同他一番促膝畅谈。最令人难忘的是,在上海近一个月的逗留中,先生多次带我去蒋汝藻先生的密韵楼,从浩瀚的藏书里拿出许多珍贵的宋元本或旧钞本,为我作了很详细的讲解。"(20 卷,396 页)

是年,后辈顾颉刚、郑介石、唐兰先后问学。

顾颉刚

四五月间,答其问学。(详 15 卷,842—844 页)又,先生致罗振玉书信(民国十一年六月十六日)云:"又有顾颉刚者(亦助教)亦来,亦能用功,然其风气颇与日本之文学士略同,此亦自然之结果也。"(15 卷,529 页)按:顾颉刚(1893—1980),名诵坤,字铭坚,号颉刚,江苏苏州(今江苏省苏州市)人,历史学家。毕业于北京大学,历任厦门大学、中山大学、北京大学等校教授。新中国成立后,任中国科学院历史研究所研究员、中国民间文艺研究会副主席、民主促进会中央委员等。著有《古史辨》《当今中国史学》。

郑介石

先生致罗振玉书信(民国十一年六月十六日)云:"京师大学毕业生(现为助教)有郑介石者来见,其人为学问尚有条理。"(15 卷,529 页)按:郑介石(1896—1968),字介石,号石君,浙江诸暨人,语言学家。历任北京大学、浙江大学等校教授,新中国成立后任职于中国科学院语言研究所。著有《中国修辞学研究法》等。

唐兰

本年四月至民国十三年(1924)三月间,数答其问学。(详 15 卷,845—852 页)按:唐兰(1901—1979),原名张佩,字立厂,笔名曾鸣。浙江嘉兴(今浙江省嘉兴市)人,文字学家、历史学家。历任东北大学、北京大学等校教职,后任故宫博物院学术委员会主任、副院长,中国科学院历史研究所学术委员等。新中国成立后,数次将所收藏之文物捐献故宫博物院。著有《古文字学导论》《中国文字学》等。

本年继续为蒋氏编书目,至经部、集部,间以蒋氏藏本校自藏之文献,并撰跋文若干。

按:据先生跋文及致蒋氏父子书信等,整理所校蒋氏藏书如下。

时间	书目
二月十一日至十八日	《永乐大典》本、清戴震校本《水经注》
二月二十三日至三月初五日	明嘉靖间黄省曾刊本《水经注》
四月	《后汉书郡国志》
五月	结一庐刊本、《四部丛刊》影印明嘉靖本《张说之文集》
	宋刊抚州本《周易》
闰五月	《千顷堂书目》
七月	菉竹堂本《说学斋稿》
九月	惠定于鄂州本《公羊疏注》
十一月二十八日	《四部丛刊》影印明刻本《唐丞相曲江张先生文集》,明刊本《张文献集》
十二月下旬	清乾隆存恕堂刻本、宋刊本《宾退录》
本年	涵芬楼藏张敦仁钞本、长沙叶氏观古堂家刊本《元朝秘史》
	宋绍兴明州刊本《龙龛手鉴》

学术著述

二月,《两浙古刊本考》成,作序。

先生《〈两浙古刊本考〉序》落款云:"壬戌二月"。(7 卷,4 页)按:《两浙古刊本考》(2 卷),为《浙江通志》分册。

春夏间，作《显德刊宝箧印陀罗尼经跋》，冬改为《五代刻宝箧印陀罗经跋》。又有《宋钜鹿故城所出三木尺拓本跋》《宋三司布帛尺摹本跋》《元刊本资治通鉴音注跋》《元刊本西夏文华严经跋》。

赵万里《王静安先生年谱》本年"编年文"部分，《宋钜鹿故城所出三木尺拓本跋》《宋三司布帛尺摹本跋》《显德刊宝箧印陀罗尼经跋》《元刊本资治通鉴音注跋》《元刊本西夏文华严经跋》下小字注云："以上均春夏间作。"（20卷，466页）

先生《五代刻宝箧印陀罗经跋》落款云："壬戌冬日又记。"（14卷，453页）

五月初五日，作《明瞿忠宣印跋》。

先生《明瞿忠宣印跋》云："壬戌端午。"（14卷，449页）

六月，为蒋氏作《传书堂善本书志》。

先生《传书堂记》云："乌程蒋孟蘋学部落其藏书之室，颜之曰'传书堂'，盖其先德书箴先生书室之旧额也。"又，落款云："壬戌六月。"（8卷，627页、629页）按：《传书堂藏善本书志》为王国维先生为蒋汝藻家藏善本所写的目录，原书一函九册。先生稿本藏国家图书馆，2010年由国图影印出版。另有他人誊录的钞本，被蒋氏后人携至台湾，收入1976年台湾大通书局出版的《王国维全集》。全书按照经史子集分部，所录书目后附有提要、版本等详细信息，将目录与考证融为一体，兼具文献和学术价值。

六七月间，成《五代两宋监本考》三卷并刊行。

按：先生著、刊此书，过程如下。

六月十四日，作《古监本五代两宋正经正史考》一卷。

先生致王秉恩信（民国十一年六月十五日）云："顷拟作《古监本五代两宋正经正史考》，经一卷昨已脱稿。"（15卷，705页）

六月十五日，求索毛钞本以为增补。

先生致王秉恩信（民国十一年六月十五日）云："因思毛钞《五经文字》《九经字样》前有开运丙午田敏序，当是宋时重刊五代监本。此本现在海源阁，无由得见，赵意林所刊《九经字样》一种亦即此本。"又，"如插架有赵刊《字样》，即拟趋候起居并一观也。"（15卷，705页）

七月二日，以之应《国学季刊》索稿。次年刊行。

先生致马衡书信（民国十一年七月初二日）云："《国学季刊》索文，弟有《五代监本考》一篇，录出奉寄。"（15卷，807页）

按：该文刊于《国学季刊》第1卷第1期（1923年）。

七月上旬，为罗振玉作《库书楼记》。

先生致罗振玉书信（民国十一年七月初十日）云："前数日哈园大做寿，应酬数日，颇以为苦，而记库籍之文恰于此数日内成之。维意《库籍抱残图》题目似觉太小，因径作《库书楼记》，详记此事颠末。"（15卷，532页）

同月，与马衡论唐尺形制，改订《唐尺考》为《日本奈良正仓院藏六唐尺摹本跋》。

先生致马衡书信（民国十一年七月初二日）云："培老处之《东瀛珠光》已借得，其中有唐尺六，……皆彼邦天平胜宝八年东大寺献物账中之物，今在奈良正仓院。"又，"弟前者唐尺即隋尺之说，因此亦略得证明。"（15卷，807页）

八月上旬，见《式古堂书画汇考》，作《书式古堂书画汇考所录唐韵后》。二十日，为鲍昌熙藏金石文字作《书某氏所藏金石墨本后》，并题拓本跋文三篇。

先生致罗振玉书信（民国十一年八月初九日）云："近阅《式古堂书画汇考》（新石印本），著录项子京所藏《唐韵》全部，并载序目，知今《广韵》前所载《唐韵序》乃合二序为一。"（20卷，533

页)又,先生致沈兼士书信(民国十一年九月初一日)云:"前日寄上新作《书式古堂书画汇考所录唐韵后》一篇,由叔平兄转交,想蒙察入。"(15卷,853页)

先生《〈鲍少筠所藏金石文字〉跋》落款云:"壬戌八月廿日。"①按:《书某氏所藏金石墨本后》,收入《海宁王静安先生遗书·观堂别集》卷二。

按:先生另作《史颂敦拓本跋》《叔氏宝镈钟拓本跋》《嘉至摇钟拓本跋》,均收入《鲍少筠所藏金石文字》,皆作于同时。

十一月,作《明熊忠节题稿跋》。

先生《明熊忠节题稿跋》落款云:"壬戌十一月。"(14卷,453页)

十二月底,为南陵徐氏藏古器拓本作跋。

按:据《海宁王静安先生遗书·观堂别集》卷二载,先生所作跋计5篇。兹列其目并作期如下。

题目	作期
《敨卤跋》	十二月底
《弱父丁角跋》	十二月二十六日
《飞燕角跋》	十二月二十六日初跋,次日再跋,次年二月初八日三跋
《刺鼎跋》	十二月二十九日
《父乙卤跋》	十二月三十日

同月,作《肃忠亲王神道碑》。

先生致罗振玉书信(民国十一年十二月三十日)云:"慈护全

---

① 〔清〕鲍昌熙编纂、邹安整理:《鲍少筠所藏金石文字》,民国江骏书店石印本,卷首。

眷于二十一日返禾，维于溆行前往送之，并请其一检《肃亲王行状》，云恐夹在信函，想检得后必即行寄沪也。"（15卷，540页）

是年，作《梁虞思美造象跋》《跋乾隆诸贤送曾南村守郴州诗卷》《四部丛刻影宋本分类集注杜工部诗跋》《庚嬴卣跋》。

按：赵万里《王静安先生年谱》本年"编年文"部分（20卷，466—467页），录有上述诸篇。《梁虞思美造象跋》收入《海宁王静安先生遗书·观堂别集》卷二，两诗跋收同书卷三，《庚嬴卣跋》收《海宁王静安先生遗书·观堂集林》卷十八。

主要戏曲学术成果

《传书堂藏善本书志》载曲集目录七条。

按：笔者整理如下表：

书目	书志
《新刊张小山北曲联乐府》三卷、《外集》一卷、《别集》一卷（钞本）	张可久撰。 冯子振题词，高栻题词。 劳平甫手跋："咸丰丙辰九月朔，据蟫隐文房校本重录，十月初十日立冬写毕，丹铅精舍记。" 仁和劳平甫手写本，字迹精雅，并据诸本校正。传世元刊及旧钞本多缺《别集》，此本有之。末附嘉靖丙寅李开先《序》二首，则自李中麓所刊《张小山小令》录入。
《新刊张小山北曲联乐府》三卷、《外集》一卷（钞校本）	此先大父藏书，张君菊生所贻。卷末有"厚轩校"三字，乃先大父手笔，有先大父藏印及"荃孙""云轮阁""艺风审定"诸印。

续表

书目	书志
《乔梦符乐府》二卷（钞本）	文林郎双门吟隐拜校。 厉鹗《跋》(雍正壬子)、《又》(雍正三年)。 劳平甫手跋："咸丰丁巳正月蟫隐文房校本重录,丹铅精舍记。" 亦平甫手钞,与《小山乐府》同册。
《沜东乐府》一卷（明刊本）	明康海撰。 《自序》(正德八年),弟浩《跋》(嘉靖甲申)。 天一阁藏书。
《碧山乐府》一卷（明刊本）	明王九思撰。 沜东渔父《序》(正德十四年),韩询《序》(嘉靖乙卯)。 天一阁藏书。
《陶情乐府》四卷、《续集》一卷（明刊本）	明杨慎撰。 简绍芳《序》(嘉靖三十年)、又《续集序》(嘉靖乙未),王畿《续集跋》(嘉靖乙巳)。 天一阁藏书。
《朝野新声太平乐府》九卷（元刊本）	青城澹斋杨朝英集。 黄复翁手跋："此元刻本细字本《朝野新声太平乐府》九卷,休宁朱之赤藏书,余得诸郡中故家,珍秘之至。既收得钞本,止八本,两本并同,脱误亦相似,始知外间传本非足本也。因取是以校彼,实多是正。钞本间有改正字,如'裹'本作'里'、'教'或作'交',此元刻本如是,想系词典本相传旧例,余所藏元人杂剧刊本都有类此者,无足异也。惟钞本间有衍字衍句,不知其本云何。然通体刻自胜钞,当以元刻为准。余素不谙词,何论乎曲？兹因校勘粗读一过,其中用意之工,遣辞之妙,固称杰作,宜有元一代以此擅长也。丁卯秋霜降前一日秉烛书,复翁。" 又跋："庚辰冬孟,偶取翻阅,前跋有误书处,如'八本'当作'八卷'、'词典'当作'词曲',因复正之,复翁。"

书目	书志
《朝野新声太平乐府》九卷（元刊本）	每半页十四行，行二十四字，元明间刊本。常熟瞿氏所藏元刊本只八卷，与钞本同，当系钞本所自出。此本独九卷，乃明刊所自出也。钞本尚有至正辛卯巴西邓子晋《序》，此本夺。有"休宁朱之赤珍藏图书""卧庵所藏""寒士精神""黄丕烈印""莪圃""平江黄氏图书""秀水庄氏兰味轩收藏印"诸印。

另附先生自序：

乌程蒋孟蘋学部落其藏书之室，颜之曰"传书堂"，盖其先德书箴先生书室之旧额也。初，道咸之间，西吴藏书家数蒋氏。书箴先生尊人子厓先生与季父季卿先生，以兄弟相师友，专攻小学，兼精雠校。大江以南，精椠名钞麇走其门。子厓先生藏书之居曰"俪籝馆"、曰"茹古精舍"，季卿先生之居曰"求是斋"，皆有声吴越间。无何，赭寇乱作，两先生挟其书走海门，而季卿先生旋卒，书之厄于水火盗贼者几大半。比子厓先生殁，先生悉推家产于诸昆弟，而独取书籍二十篑，名其所居曰"传书之堂"，其风尚如此。孟蘋即先生长子也，幼传家学，能别古书真伪。自官京师、客海上，其足迹率在南北大都会。其声气好乐，又足以奔走天下。故南北故家，若四明范氏、钱唐汪氏、泰州刘氏、泾县洪氏、贵阳陈氏之藏，流出者多归之。其于先世遗籍求之尤勤，凡旧籍之有"茹古精舍""求是斋"图记者，估人恒倍蓰其直以相要市，孟蘋辄偿之。藏书家知孟蘋者，间得蒋氏故书，亦颇以相赠遗。故孟蘋所得先世遗书，虽经兵火转徙之后，尚不下百种。然以视其所自搜集者，劣足当其百分之一。顾取先人旧额，以"传书"名其堂。余谓为子孙者如孟蘋，始可谓之能传书矣。余闻之："百围之木，不生于堂密；寻长之鱼，不产于潢污。"西吴藏书盖有端绪：自宋初沈东老父子始以收书知名，南渡后叶石林退居弁山，复以藏书雄东南。其后若齐斋倪氏、月河莫氏、竹斋沈氏、直斋陈氏、随斋程氏、草窗周氏，藏书多者号十万卷，少者亦三四万卷，视行都蔑如也。有明一代，若茅顺甫之白华楼、沈以安之玩月楼、姚翔卿之玩书斋，并有薄录，犹有陈、程诸氏遗风。国朝自蠡舟董氏、疏雨刘氏、芳茮严氏后，尤不易更仆数，而姚彦侍方伯之咫进斋、陆刚父观察之皕宋楼，实为之殿。光绪之末，陆氏书流出海外，姚氏之藏亦归京师图书馆，浙西文献为之俄空。而孟蘋与其同里张石铭观察、刘翰怡京卿，崛起丧乱之际，旁搜远绍，蔚为大家，海内言藏书者推南浔。顾或举欧阳公语，谓"物聚于所好，而得于有力之疆"。然当世有力如三家者，无虑百数，而三家独以藏书名，则岂不以石林、直斋诸先哲之遗风所被者远，其源流清浊之所处，风化芳臭气泽之所及，固与他郡殊欤？一家之泽，犹一乡也。若孟蘋者，生于藏书之乡，又生于藏书之家，其于经籍，心好之而力赴之，固非偶然。是故书有存亡，惟此传书之精神则历千载而不亡。石林、直斋之藏，久为煨烬，而今有张、刘诸家；茹古精舍、求是斋之书，十不存一，而今有孟蘋。然则蒋氏三世之精神风尚，虽传之百世可也。《诗》云："贻阙孙谋，以燕翼子"，子垕、书箴二先生以之；又"昭兹来许，绳其祖武"，孟蘋以之。余既登孟蘋之堂而览其书，乐其搜讨之勤而又能道其先人之美也。故书而著之，俾后世知所自焉。壬戌六月王国维序。

（引文据国图影印版摘录，笔者重新标点。）

民国十二年(1923),四十七岁。

事迹

正月,回乡探亲,赵万里登门问学。

赵万里《王静安先生年谱》云:"(癸亥四十七岁,正月)是月先生因事返里,里于戚氏家谒见先生。先生以治学必先通《说文》,而后治《诗》《书》、三《礼》相诏。"(20卷,467页)

按:赵万里(1905—1980),字斐云,别号芸盦、舜盦,海宁盐官(今浙江省嘉兴市)人,文献学家、敦煌学家,先生同乡、门生。毕业于东南大学(今南京大学)中文系,任清华学校国学研究院助教,为王国维助手。后任北京大学、清华大学、中法大学、辅仁大学等校教授。新中国成立后,转入北平北海图书馆(今国家图书馆),历任中文采访组组长、善本部主任,兼中央研究院特约研究员、故宫博物院专门委员、第三届全国人大代表等。著有《校辑宋金元人词》《中国古代版本史讲义》《汉魏南北朝墓志集释》等。

三月初一日,得溥仪旨,入南书房行走。

《郑孝胥日记》云:"杨子勤来,言初一日奉上谕:杨钟羲、景方昶、温肃、王国维在南书房行走。"[1]

同月,回乡为岳母治丧。

赵万里《王静安先生年谱》云:"(癸亥四十七岁,三月)是月,岳母潘太夫人病卒,先生又返里。"(20卷,467页)

四月十日,北上。十六日,抵京。二十日,入南书房。

---

[1]　郑孝胥著、劳祖德整理:《郑孝胥日记》,中华书局1993年版,第1945页。

先生致徐乃昌书信（民国十二年四月二十四日）云："维别后于十三日抵津，十六日入都，二十日谢恩到差讫，现暂寓司法部街东华银行。现在不必每日入直，须俟四人再定入直办法也。"（20卷，597页）

五月中旬，宫中失火，痛文物之损毁。

先生致王文焘书信（民国十二年五月十八日）云："宫中失火，为近□未见之灾变。"又，"此次建福宫所藏书画，因检理故，已经取出，而陈设施亦稍抢出，然损失实不赀。即以建筑论，乃明代旧物，近更无由再建矣。"（15卷，601页）

同月十六日，定居北京后门织染局寓所，与马裕藻为邻。

先生致王文焘书信（民国十二年五月十八日）云："弟已于前日迁至后门织染局十号，现在整顿书籍，颇觉忙碌。"（15卷，601页）又，先生致蒋汝藻书信（民国十二年五月二十一日）云："邻居马幼渔藏普通书颇多，一瓻之借，反较沪上为便也。"（15卷，721页）

按：马裕藻（1878—1945），字幼渔，浙江鄞县（今浙江省宁波市）人。毕业于日本早稻田大学、东京帝国大学（今东京大学），北大教授。马裕藻与其弟马衡、马鉴、马准、马廉都为北大著名学者，时称"一门五马"。

四五月间，与陈乃乾两议戏曲著作出版事。

按：四月二十七日、五月初十日，以"听其自灭"复其重印《曲录》事。另寄《元刊杂剧三十种叙录》以应刊行之需。

先生致陈乃乾书信（民国十二年四月二十七日）云："拙著《曲录》当时甚不完备，后来久废此事，亦不复修补。弟意此书听其自灭，至为佳事，实不愿再行翻印。兄若不见告而径行翻印，则弟亦绝不干预也。弟意兄欲印曲本，可取日本京都大学所刊

《元刊杂剧三十种》放大印之。此书子敬前欲石印而未果,可与子敬一商也。弟有《叙录》一篇,其编次与倭本不同,如印时当检出奉寄也。"(15卷,699页)

先生致陈乃乾书信(民国十二年五月初十日)云:"拙撰《曲录》不独遗漏孔多,即作者姓名、事实可考者尚多。后来未能理会此事,故不愿再行刊印。兄如能补遗正误,并将作者事实再行搜罗,则所甚祷也。《元杂剧叙录》七纸检出送上,请察收。此文署年系乙卯,乃八年前作,亦不必改也。"(15卷,700页)

按:陈乃乾(1896—1971),名乾,字乃乾,海宁盐官(今浙江省嘉兴市)人,文献学家。先后任职上海进步书店、大东书局。新中国成立后,任上海市社会文化事业管理处编纂,后调任北京古籍出版社、中华书局。编有《清代学术丛书》《重订曲苑》等。

六月朔,授五品俸。中旬,向爱俪园索薪,并为哈同夫妇拟寿联。

赵万里《王静安先生年谱》云:"(癸亥四十七岁)六月初一日,奉谕旨:'加恩赏给五品衔,并赏食五品俸。'"(20卷,468页)

先生致蒋汝藻书信(民国十二年约六月中旬)云:"兹有恳者,顷接沪上家信,知哈园五月份薪水至此月十三四尚未送至敝寓(本以此月上旬送),拟请托欣木先生代为一询。此款固是交情上事,未便催询,但弟行时已计入预算中。现京寓亦无款可以寄家,故拟托欣木一探,如送薪至六月之说并未改变,则请其早送最好。"又,"哈园下月生日,弟拟送一寿联。"(15卷,723页)

本月下旬,借录罗振玉所藏王念孙稿本二种以消夏。又考元次山遗砚,本年十二月二十七日有跋。

赵万里《王静安先生年谱》云:"(癸亥四十七岁)长夏无事,赴津,于罗先生处假归王石臞先生《释大》及《方言疏证》稿,手自

录副藏之。"(20 卷,468 页)

甘孺《永丰乡人行年录(罗振玉年谱)》云:"季夏得古砚,形制古朴,背有'聱叟'二字,大径两寸许,识为元次山遗砚。王静安考次山称聱叟在宝应元年侍亲客樊上时。"①又,先生《元次山砚跋》落款云:"小除夕前二日。"(14 卷,470 页)

八月初七日,接家眷来京。

先生致蒋汝藻书信(民国十二年八月初九日)云:"敝眷已于初七日到京。"(15 卷,729 页)

九月二十三日始,整理景阳宫藏书。

赵万里《王静安先生年谱》云:"(癸亥四十七岁)九月二十三日,奉谕旨:'派南书房翰林清查景阳宫等处书籍。'"(20 卷,468 页)

十月底,《观堂集林》样书已印出,以之分送学人。书前有蒋汝藻、罗振玉二月间所为序。

先生致蒋汝藻书信(民国十二年十月二十九日)云:"敝集已见样本,更为欢喜。沪上欲赠书者,如雪老、古老、隘庵、孟劬等,均公至好,余亦不记有他人。惟此间需得三十五部方敷分送(内十部左右系客海外者),俱用普通本可也。其连史六开本,弟意欲乞二部,其一以进呈,其一自留。"(15 卷,737 页)

十二月初二日,许在紫禁城骑马,以为殊荣。

先生致罗振玉书信(民国十二年十二月初四日)云:"维于初二日与杨、景同拜朝马之赏。此事在康熙间乃时有之,《竹垞集》中有《恩赐禁中骑马》诗可证也,然此后则内廷虽至二品亦有不得者。辛亥以后,此恩稍滥,若以承平时制度言之,在杨、景已为

---

① 甘孺:《永丰乡人行年录(罗振玉年谱)》,江苏人民出版社 1980 年版,第 86 页。

特恩，若维则特之又特矣。"（15卷，550页）

年底，上《论政学疏稿》（又名《敬陈管见疏》）。

按：该文曾节录于罗振玉《海宁王忠悫公遗书·王忠悫公别传》。民国二十七年（1938），罗振玉编允升奏折为《津门疏稿》，附录此文，题曰《敬陈管见疏》。谢、房本《全集》考作期为本年末，从其说。又按：先生《论政学疏稿》云："皇上俯临天下十五年矣。"（14卷，215页）亦可知该文作于本年。

是年，为蒋氏编书目之聘，以入京任职乃止。然至京后，亦有助其编目、校书之举。

按：据先生跋文及致罗振玉、蒋氏父子书信等，整理所校蒋氏藏书如下。

时间	书目或编纂事务
正月二十八日	蒋氏藏残宋本、清光绪《古逸丛书》本、常熟瞿氏藏残宋本《杜工部草堂诗笺》
正月	明初黑口本、《四部丛刊》影印明初本《邓析子》，明嘉靖正学书院刻本《国语补音》
五月至八月二十日	《四部丛刊》影印刘履芬影写北宋本《淮南鸿烈解》，王念孙《读淮南杂志》
六月初七日	建议印行宋椠孤本书目
六月	《四部丛刊》影印明嘉靖鲁番承训书院刻本、六朝写本《抱朴子》
七月初五日至十二日	检《明进士及国朝进士题名碑录》，为编明人别集
十月十八至二十日	清陆心源校乾嘉间旧钞本、明钞本《北碉集》
十月至十二月	明万历间朱谋㙔《水经注笺》，全祖望七校本、江安傅氏藏残宋本、孙潜夫校残宋本、明新安吴琯《古今逸史》本、清戴震校本《水经注》

学术著述

二月初八日,作《商鞅量跋》。同月,作《高邮王怀祖先生训诂音韵书稿叙录》及《秦公敦跋》(八月重订)。

先生《商鞅量跋》落款云:"癸亥二月初八日,海宁王国维"。(14卷,459页)

先生《高邮王怀祖先生训诂音韵书稿叙录》落款云:"癸亥二月"。(14卷,207页)

按:《秦公敦跋》初收陈乃乾辑《观堂遗墨》卷上,云作于"癸亥仲春"。《海宁王静安先生遗书·观堂集林》卷十八亦收,落款云"癸亥八月"。二者文字稍异,盖八月修订之故。(详见14卷,461页)

春,作《与马叔平论石鼓书》。

赵万里《王静安先生年谱》本年"编年文"部分,《与马叔平论石鼓书》下小字注云:"春日。"(20卷,469页)

五月十九日,序《殷墟文字类编》。

先生《〈殷墟文字类编〉序》落款云:"夏至后十日,序于京师黄华门北之寓庐。"(14卷,208页)

六月十九日,作《梁伯戈跋》,至此集齐猃狁四器拓本。同月,作《颂壶跋》《唐贤力苾伽公主墓志跋》及《齐国差罉跋》二篇。

先生《梁伯戈跋》云:"今雪堂参事特为精拓,此本殆字字清晰,癸亥夏日携至京师,特装此幅,与虢季子白盘、兮甲盘、不毃敦合为猃狁四器,古器之纪北狄事者尽于此矣。六月十九日。"(14卷,466页)

先生《颂壶跋》落款云:"癸亥夏中伏。"(14卷,464页)

先生《唐贤力苾伽公主墓志跋》落款云:"癸亥长夏,记于京

师履道坊北之寓庐。"（14卷,461页）

先生《齐国差罎跋一》落款云："癸亥季夏。"（14卷,462页）

七月初三日,以陆续所见石经拓本为新材料,草成《魏石经续考》。

先生致罗振玉书信（民国十二年七月初四日）云："近作《魏石经续考》,昨日始成,尚未写清本。"（15卷,549页）又,先生《〈魏石经续考〉跋》云："癸亥春,乃闻洛阳复出《魏石经》残石一,……三月中,始得拓本,则已剖而为二矣。……比四月,予来京师,则见小残石拓片至多。……总今日所有残石,凡得二千零二十七字,除磨减不可见者,尚近二千字。视五代宋初人所见拓本字已逾倍,乃复为《魏石经残石考》,以补前考之未备焉。"（11卷,4页）

九月,作《古磬跋》

赵万里《王静安先生年谱》本年"编年文"部分,《古磬拓本跋》下小字注云："季秋。案:此即前所跋之南吕编磬也。盖彼则题于自藏墨本上,此题于罗先生藏本为异耳。"（20卷,469页）按:该文收《海宁王静安先生遗书·观堂别集》卷二时,名《古磬跋》。

九、十月之交,作《肃霜涤场说》。

先生《肃霜涤场说》云："九、十月之交,天高日晶,木叶尽脱,因会得'肃霜''涤场'二语之妙,因为之说云。"（14卷,211页）

秋,为罗振玉五子福颐之《待时轩仿古玺印谱》序。

先生《〈待时轩仿古玺印谱〉序》落款云："癸亥秋日。"按:该书后定名为《待时轩仿古印草》,1卷,民国十二年（1923）印行。又按:赵万里《王静安先生年谱》录此序名曰《罗子期仿古玺印谱序》。

八月至岁末，著《补高邮王氏谐声谱》一卷。

赵万里《王静安先生年谱》云："（癸亥四十七岁）先生疑其（按：指王念孙手稿）未辑，容有遗漏，乃自八月一日起，重读《外传》《繁露》及《逸周书》《山海经》等书一过，凡有韵处皆规之，窥其意似欲竟王氏之业，然迄未成书。先生又见王氏遗书中有《谐声谱》二册，乃以古音二十一部谱《说文》诸字，稿亦残缺。乃重草《说文谐声谱》一卷，以补王氏之阙，至岁终始写成。"（20卷，468页）

是年，作《鱼匕跋》《沈司马石阙朱鸟象跋》。

先生《鱼匕跋》《沈司马石阙朱鸟象跋》题目下均有小字注"癸亥"。（14卷，468、469页）

民国十三年（1924），四十八岁。

事迹

二月，蒋祖诒新婚，赠贺联。

先生致蒋汝藻书信（民国十三年二月初七日）云："谷孙兄吉期忆在此月，竟将日子忘却。拟制一小联奉贺。"（15卷，748页）

按：蒋祖诒（1902—1973），字谷孙，号显堂、岘翁，吴兴南浔（今浙江省湖州市）人，蒋汝藻长子。著有《思适斋集外书跋辑存》。

三月初三日，不愿为党派之争所染，婉辞北京大学国学门研究所主任聘。

先生致蒋汝藻书信（民国十三年三月初三日）云："东人所办文化事业，彼邦友人颇欲弟为之帮助，此间大学诸人亦希其意，推荐弟为此间研究所主任（此说闻之日人）。但弟以绝无党派之人与此事则可,不愿有所濡染,故一切置诸不问。大学询弟此事办法意见,弟亦不复措一词。观北大与研究系均有包揽之意,亦互相恶,弟不欲与任何方面有所接近。"又,"弟去年于大学已辞其修,而尚挂一空名,即以远近之间处之最妥也。"(15卷,751页)

四月十五日,上《筹建皇室博物馆折》。下旬,整理景阳宫藏书事毕,改为每周日入值。

先生《筹建皇室博物馆折》落款云:"宣统十六年四月十五日。"(14卷,218页)

先生致蒋汝藻书信(民国十三年四月二十三日)云:"前此检书,三日一值,至午后二时始出,自本月起检书事毕,改为七日一直,正午即出。弟直日正值星期,此外非有他事不入也。"(15卷,754页)

五月初二日,入内廷谢恩。同月,上《劾大臣不明事理疏》,弹劾郑孝胥。

先生致罗振玉书信(民国十三年五月初一日)云:"节赏已下,明晨须入内谢恩。"(15卷,563页)按:中华书局本《王国维全集·书信》将此书信系于本年正月初一日(公历2月5日),即谢春节之赏。① 学者多转引之,未予辨别。谢、房本《全集》则考之为五月初一日(公历6月2日)书信,即谢端午节之赏。并以信中所述时事证之,从其说。

按:该折收入罗振玉编《津门疏稿》。谢、房本《全集》考作期为公历1924年6月(14卷,220页注释),从其说。

六月中旬,代溥仪拟《谕葬张勋碑文》。

---

① 刘寅生、袁光英编:《王国维全集·书信》,中华书局1984年版,第389页。

先生致罗振玉书信(民国十三年六月十二日)云:"忠武碑文已缴,闻紫阳意,亦不以维文为然。维本附函言,如有违碍及须改易处,请其签出掷下,然未得其覆,大约须由他人再拟矣。"(15卷,566页)

七月初十日,怒谴北京大学考古会公开指斥皇室变卖文物事,并辞与大学之一切联系。

先生致沈兼士、马衡书信(民国十三年七月初十日)云:"昨阅报纸,见北京大学考古学会《保存大宫山古迹宣言》,不胜骇异。"又,"今日宫中储藏与夫文华、武英诸殿陈列诸物(此二殿物民国尚未缴价以前),以古今中外之法律言之,固无一非皇室之私产,此民国《优待皇室条件》之所规定,法律之所保护,历任政府之所曾以公文承认者也。"又,"弟近来身体孱弱,又心绪甚为恶劣,二兄前所属研究生至敝寓咨询一事,乞饬知停止,又研究所国学门导师名义亦乞取销。又前胡君适之索取弟所作《书戴校水经注后》一篇,又容君希白钞去金石文跋尾若干篇,均拟登大学《国学季刊》,此数文弟尚拟修正,乞饬主者停止排印,至为感荷。"(15卷,859、860、861—862页)按:该书信,《海宁王静安先生遗书·观堂别集》卷一收录,名曰《与某教授书》。

八月初四日,罗振玉进京入值南斋,遂寓居王宅。二十二日,为郭曾炘作寿序。

甘孺《永丰乡人行年录(罗振玉年谱)》云:"(中华民国十三年甲子,乡人五十九岁)八月四日,乡人被召直南书房。八日入都面谢,赐对,赐餐,命检宁寿宫藏器。……时暂住静安家。"[1]

---

① 甘孺:《永丰乡人行年录(罗振玉年谱)》,江苏人民出版社1980年版,第87—88页。

先生《郭春榆宫保七十寿序》云："甲子八月二十二日为宫保七十生辰,上赐御笔书画及彩缎等物以荣之,内廷同直诸人亦谋所以寿宫保者,而属国维缀其辞。"(14 卷,226 页)

按:郭曾炘(1855—1928),原名曾炬,字春榆,号匏庵、福庐山人,福建侯官(今福建省福州市)人。光绪六年(1880)进士,累官户部侍郎。宣统元年(1909)为《清史稿》总纂。著有《匏庵诗存》《楼居茶记》等。

十月逼宫事起,溥仪播迁,几欲自沉御河以殉。以时变纷乱,辞谢清华研究院院长之聘。

先生《乐庵居士五十寿序》云："逾年而遘甲子十月十日之变,自冬徂春,艰难困辱,仅而不死。"(14 卷,308 页)又,罗振玉《海宁王忠悫公传》云："甲子秋,予继入南斋,奉命与公捡定内府所藏古彝器。乃十月值宫门之变,公援主辱臣死之义,欲自沉神武门御河者再,皆不果。"(20 卷,230 页)

赵万里《王静安先生年谱》云："(甲子四十八岁,十月)时清华学校当局拟创办研究院,欲聘海内名宿为院长,绩溪胡适之适先生以先生荐。主其事者亲往致辞,先生以时变方亟,婉辞谢之。"(20 卷,470 页)

十一月初七日,上《敬陈管见折》,以慰溥仪。

先生《敬陈管见折》云："今幸上天垂祐,皇上得安抵日使馆。……皇上出潜邸时,未及携带书籍,臣谨呈《后汉书》及唐陆贽《奏议》各一部,用备御览。"又,落款云："宣统十六年十一月初七日。"(14 卷,226—227、227 页)

是年,陈守谦合葬父母,为作《诰封中宪大夫海宁陈君暨妻邹太淑人合葬墓志铭》。

先生《诰封中宪大夫海宁陈君暨妻邹太淑人合葬墓志铭》

云:"守谦将以甲子厶月葬君于长安镇厶厶之原,属其友王国维铭其墓。"(14卷,238页)

学术著述

正月初二日,作《旗爵跋》。晦,作《殷墟文字拓册跋》。

赵万里《王静安先生年谱》本年"编年文"部分,《旗爵跋》下小字注云:"岁朝后一日"。(20卷,472页)

先生《殷墟文字拓册跋》落款云:"甲子正月晦,国维记。"(14卷,472页)

正月,伯希和寄敦煌《秦妇吟》影本至,即与伦敦博物馆藏本互校。二月初七日,再为一跋。

先生《韦庄〈秦妇吟〉跋二》云:"余曩考日本狩野博士所录伦敦博物馆残本,据《北梦琐言》定为韦庄《秦妇吟》。后阅《巴黎国民图书馆敦煌书目》有《秦妇吟》一卷,署'右补阙韦庄撰',因移书伯希和教授,属为写寄。甲子正月,教授手录巴黎所藏天复五年张龟写本以至,复以伦敦别藏梁贞明五年安友盛写本校之。"(14卷,480页)又,先生致罗振玉书信(民国十三年二月初七日)云:"《秦妇吟》末云……此诗当于前跋后加一跋也。"(15卷,554—555页)按:该文初刊《国学季刊》第1卷第4号;后收《海宁王静安先生遗书·观堂集林》卷二十一,改名《唐写本韦庄〈秦妇吟〉又跋》。

二月中旬,《甘陵相碑跋》。同月,作《古瓦灶跋》。另有《古匋文字拓册跋》,或作于此时。

先生《甘陵相碑跋》落款云:"甲子花朝后一日。"(14卷,474页)

先生《古瓦灶跋》落款云:"甲子二月。"(14卷,474页)

按:先生《古匋文字拓册跋》,未署作期。罗振玉同作二跋,落款曰"甲子春""甲子二月",谢、房本《全集》据此考为同时(14卷,473 页)。从其说。

自去岁入都以后,以积年所见多种《水经注》互校。至二月,总成跋文七篇。其时致力《水经注》最勤且深者,当以先生为冠。

先生《聚珍本戴校〈水经注〉跋》落款云:"壬戌春,余于乌程蒋氏传书堂见《永乐大典》四册,全载《水经注·河水》至《丹水》二十卷之文,因思戴校聚珍板本出于《大典》,乃亟取以校戴本。颇怪戴本胜处全出《大典》本外,而《大典》本胜处戴校未能尽之。疑东原之言不实,思欲取全、赵二家本一校戴本,未暇也。既而嘉兴沈乙庵先生以明黄省曾刊本属余录《大典》本异同,则又知《大典》本与黄本相近。先生复劝余一校朱王孙本,以备旧本异同,亦未暇也。癸亥入都,始得朱王孙本,复假江安傅氏所藏宋刊残本十一卷半、孙潜夫手校残本十五卷,校于朱本上,又校得吴琯《古今逸史》本。于是于明以前旧本沿袭得窥崖略。乃复取全、赵二家书,并取赵氏《朱笺刊误》所引诸家校本以校戴本,乃更恍然于三四百年诸家厘定之勤。"(14 卷,475—476 页)

按:先生所撰诸种《水经注》跋文,计曰《〈水经注〉释跋(按:全祖望校本)》《聚珍本戴校〈水经注〉跋(按:戴震校本)》《宋刊〈水经注〉残本跋(按:沈曾植校宋刊残本)》《〈永乐大典〉本〈水经注〉跋》《明钞本〈水经注〉跋》《孙潜夫校〈水经注〉残本跋》《朱谋㙔〈水水经注笺〉跋》。

又按:诸跋中,惟《聚珍本戴校〈水经注〉跋》《明钞本〈水经注〉跋》落款云"甲子二月"(14 卷,480、497 页),其余皆不署作期。考先生集中校书之举,当出于同时。赵万里《王静安先生年谱》将此事系于本年十一月(20 卷,470—471 页),后世学者多从此说。然本书独将之定于"甲子二月",证者有三:一为先生跋文作期昭然;二为去岁冬,先生与蒋汝藻书信若干,言及校《水经注》之事(详见本书"民国十二年·事迹"末条),时间切近吻合;三为本年十月、十一月间,先生随侍溥仪迁宫,心绪悲闷(详见本书"民国十三年·事迹·十月逼宫事起"条),以人情常理度之,断无安心校书之可能。综上种种,以待方家评说。

三月,校诸种明内阁书目。二十八日,成《明内阁藏书目录跋》。

先生《明内阁藏书目录跋》云:"以此目与《文渊阁书目》比校,所亡之书以笔记、诗集为最多,而《地志》一门所储者,皆嘉靖以后新修之本,旧目中之旧志、新志两目乃无一存者。"又,"竹垞跋《文渊阁书目》,谓'以此目校之,十不一存'。"又,落款云:"甲子三月廿八日记。"(14卷,482页)

四月,见养心殿散氏盘拓本,作《散氏盘考释》并《跋》。是时,另有《以五介彰施五色说》。

赵万里《王静安先生年谱》云:"(甲子四十八岁)四月,养心殿库中发见散氏盘,有旨摹拓六十本,以赐臣工。先生亦与此赏,因草考释长篇,以补前跋之未备。"(20卷,470页)

先生致马衡书信(民国十三年四月二十三日)云:"近日作《散盘考释》,比前所考者略有进步。又排比魏石经行款,知尊藏'介退'一石竟是《皋陶谟》'以五介彰施于五色'及'退有后言'之文,'介'字右旁一笔乃是'予'字末笔,此三字皆在行末,以行款定之,别无可疑。"(15卷,817页)

五月初五日,为容庚《金文编》序。同月,作《攻吴王大差鉴跋》。

先生致容庚书信(民国十三年五月初五日)云:"前奉手教并

纸,属书《金文编序》,项已书就。"(15 卷,880 页)

先生《攻吴王大差鉴跋》落款云:"甲子五月。"(14 卷,483页)

七月中旬,作《〈雪岩吟草〉跋》。同月,作《伪齐所刊〈禹迹〉〈华夷〉两图跋》。

先生致蒋汝藻书信(民国十三年七月十三日)云:"《雪岩吟草》一跋,此次兄带去之目业加修改,但尚须请谷孙兄将宋本与潘氏所钞三卷本一校篇数多寡写示(否则将钞本目录写示亦可),乃可定稿。"(15 卷,756 页)

先生《伪齐所刊〈禹迹〉〈华夷〉两图跋》落款云:"甲子孟秋"。(14 卷,484 页)

八月二十一日,跋王念孙补残稿本《方言疏证补》。二十一日至二十四日,对校日钞本《论语义疏》《论语集解》。

先生《輶轩使者绝代语释别国方言疏证补残稿》云:"甲子长夏,检定大云书库所藏高邮王氏稿本,得石臞先生《方言疏证补》手稿八纸,草书荒率,殆不可读。乃竭三日之力写定之,得十九页纸有寄。越三月,叔言先生又检得先生手书清稿,携以见示,又增得二纸。并以朱笔校其异同。合二种手稿,并不及一卷,盖所撰止于此也。"又,落款云:"八月廿一日海宁王国维记"。(14卷,602 页)

赵万里《王静安先生年谱》云:"(甲子四十八岁,八月)是月二十一日,以日本旧钞本皇侃《论语义疏》校正平本《论语集解》。二十四日,复以《注疏》本勘之,又以阮氏《校勘记》检补一过。"(20 卷,470 页)

九月初九日,作《汉王保卿买地券跋》。

先生《汉王保卿买地券跋》落款云:"甲子重阳日记"。(14

卷,485 页)

是年,作《羌伯敦跋》《高宗肜日说》《陈宝说》《书顾命同瑁说》《古画砖跋》《周莽京考》《遹敦跋》《王子婴次卢跋》,重订《邾公钟跋》。

先生《羌伯敦跋》题目下均有小字注"甲子"(14 卷,487 页),收《海宁王静安先生遗书·观堂别集》卷二。

按:赵万里《王静安先生年谱》本年"编年文"部分(20 卷,472页),《羌伯敦跋》《高宗肜日说》《陈宝说》《书顾命同瑁说》《古画砖跋》《周莽京考》《遹敦跋》《王子婴次卢跋》,均收入《海宁王静安先生遗书·观堂集林》各卷。

赵万里《王静安先生年谱》本年"编年文"部分,《邾公钟跋》下小字注云:"戊午年作,是年重订。"(20 卷,472 页)

主要戏曲学术成果

本年六月至九月间,胡适数以词曲之学请教。先生之回复甚为详备,为多年学术心得之总结。兹摘录如下。

其一,胡适询问刘克庄《贺新郎》词"鸡坊拍衮"是什么?①

先生致胡适书信(民国十三年六月初六日):"承询后村词中'衮遍'之义,此句忆曩所见《后村别调》(毛本)。作'笑煞街坊拍衮',而尊函中作'鸡坊',不知弟误忆,抑兄误书也。'衮'字不见《宋史·乐志》,实是大曲中之一遍。唐人大曲遍数虽多,然只分为排遍、入破、徹三大节,至宋则名目至多。沈存中《梦溪笔谈》谓,大遍有序、引、歌、㽑、嗺哨、催攧、衮破、行、中腔、踏歌之类。

---

① 马奔腾辑注:《王国维未刊来往书信集》,清华大学出版社 2010 年版,第 50页。

王灼《碧鸡漫志》谓，大曲有散序、靸、排遍、撷、正撷、入破、虚催、实催、衮遍、歇拍、杀衮。今以现存宋大曲证之，胥与王灼说合。惟撷后尚有延遍，虚催后尚有衮遍。宋无名氏《草堂诗余》(卷四东坡《水龙吟》)注云：'今乐府诸大曲凡数十解，于撷前尚有排遍，撷后则有延遍。'然史浩《采莲》大曲(《鄮峰真隐漫录》卷四十五)延遍在撷遍前，则次序殆无定矣。实催之前尚有衮遍，则董颖《薄媚》(《乐府雅词》卷首)、史浩《采莲》皆然，张炎所谓'前衮'也。实催后之衮遍，则炎所谓'中衮'并'煞衮'而已。王灼记王平《霓裳》亦有三衮，则《漫志》虚催、实催之间脱'衮遍'二字无疑。至其名义，多不可解：排遍以其非一遍，故谓之排；撷或取撷掷；入破则曲之繁声处也(《近事会元》卷四)。虚催、实催均指催拍言之，故董颖《薄媚》实催作催拍。衮义亦不详，后村谓之拍衮，疑亦拍之一种也。

大曲虽多至数十遍，亦只分三段：散序为一段，排遍至正撷为一段，入破至煞衮为一段。宋仁宗语张文定、宋景文曰：'自排遍以前，声音不相侵犯，乐之正也；自入破以后，侵乱矣，至此郑、卫也。'(王巩《随手杂录》)宋人于大曲，往往取其中之一遍或数遍用之。(《梦溪笔谈》五)《董西厢》有伊州衮、长寿仙衮、降黄龙衮，皆大曲中之一遍也。'衮'字无意义，即'滚'字之省耳。弟旧有《宋大曲考》，以其未备，故久在箧中，后亦未曾增补，兹摘出一段奉答，请教之。"(15 卷，889—890 页)

其二，胡适疑崔令钦《教坊记》之曲目尚未足证教坊早有《菩萨蛮》等曲调。①

---

① 马奔腾辑注：《王国维未刊来往书信集》，清华大学出版社 2010 年版，第50—51 页。

先生致胡适书信（民国十三年九月十一日）："尊说表面虽似与紫阳不同，实则为紫阳说下一种注解，并求其所以然之故，鄙意甚为赞同。至谓长短句不起于盛唐，以词人方面言之，弟无异议；若就乐工方面论，则教坊实早有此种曲调（《菩萨蛮》之属），崔令钦《教坊记》可证也。"（15卷，890—891页）

先生致胡适书信（民国十三年约九月中旬）："弟意如谓教坊旧有《望江南》曲调，至李卫公而始依此调作词；旧有《菩萨蛮》曲调，至宣宗时始为其词，此说似非不可通，与尊说亦无抵牾。"（15卷，891页）

民国十四年（1925），四十九岁。

事迹

正月间，胡适以清华研究院教授任殷勤相邀。下旬，奉溥仪命，乃允。二月中旬，决定就任。三月二十五日，入住清华园西院，并参与校中事务。

胡适致先生书信（约民国十四年正月）云："清华学校曹君已将聘约送来，今特转呈，以供参考。约中所谓'授课拾时'，系指谈话式的研究，不必是讲演考试式的上课。"又，胡适致先生书信（民国十四年正月二十一日）云："顷已打电话给曹君，转达尊意了。一星期考虑的话，自当敬遵先生之命。但曹君说，先生到校后，一切行动均极自由；先生所虑（据吴雨僧君说）不能时常往来清室一层，殊为过虑。鄙意亦以为先生宜为学术计，不宜拘泥小节，甚盼先生早日决定，以慰一班学子的期望。日内稍忙，明日或能来奉访。"①

　　赵万里《王静安先生年谱》云:"乙丑四十九岁,正月,先生被召至日使馆,面奉谕旨命就清华学校研究院之聘。"(20卷,472页)

　　先生致蒋汝藻书信(民国十四年三月初二日)云:"数月以来,忧惶忙迫,殆无可语。直至上月,始得休息。现主人在津,进退绰绰,所不足者钱耳。然困穷至此,而中间派别意见排挤倾轧,乃与承平时无异。故弟于上月中已决就清华学校之聘,全家亦拟迁往清华园,离此人海,计亦良得。数月不亲书卷,直觉心思散漫,会须收召魂魄,重理旧业耳。"(15卷,757页)

　　先生致蒋汝藻书信(民国十四年三月二十一日)云:"弟定于廿五日移居清华园,园中房屋不及城内宽畅,且两所隔离,想去逾百步,然别无他屋可觅,只得暂行数衍。"(15卷,758页)又,赵万里《王静安先生年谱》云:"(乙丑四十九岁)三月,以院长须总理院中大小事宜,先生辞不就,专任教授。主其事者,改聘泾阳吴雨僧先生宓为主任。……时院务草创,陈诸先生均未在校,一切规画均请示先生而后定。"(20卷,473页)

　　同月底,青木正儿来访,与谈明清戏曲。

　　青木正儿《中国近世戏曲史序》云:"大正十四年春,余负笈于北京之初,尝与友相约游西山,自玉泉旋出颐和园,谒先生于清华园。先生问余曰:'此次游学,欲专攻何物欤?'对曰:'欲观戏剧,宋元之戏曲史,虽有先生名著,明以后尚无人着手,晚生愿致微力于此。'先生冷然曰:'明以后无足取。元曲为活文学,明

　　① 马奔腾辑注:《王国维未刊来往书信集》,清华大学出版社2010年版,第53页。

清之曲，死文学也。'余默然无以对。"（20卷，390页）按：青木正儿《王先生的辫子》亦谈及此事，云其时为"大正十四年四月"（20卷，387页），可知其来访在春三月末，先生定居清华园以后。

六月下旬，参与清华研究院首届招生，并发表演讲，论最近二三十年我国新发见之学问。二十八日，贺罗振玉六十寿，为作贺诗二首。

先生致马衡书信（民国十四年六月二十三日）云："此次考试均用糊名法，因清华夙办留学考试，函托甚多，竞争甚烈，故采用此法。故弟知考取人名单，亦仅较外间早一日也。"（15卷，820页）

赵万里《王静安先生年谱》云："（乙丑四十九岁）六月，为清华学校暑期学校演讲《中国近二三十年来新发见之学问》一题。"（20卷，473页）按：该文收入《海宁王静安先生遗书·静庵文集续编》时，题曰《最近二三十年中中国新发见之学问》。

赵万里《王静安先生年谱》云："（乙丑四十九岁，六月）是月赴津，祝罗先生六十寿，并以诗贺之。"（20卷，474页）按：先生有《罗雪堂参事六十寿诗（乙丑）》二首，收《海宁王静安先生遗书·观堂集林》卷二十四。又按：据《永丰乡人行年录》，罗振玉生于"六月廿八日子时"[①]。

七月十一日，应陈乃乾重刊《人间词话》之请。八月朔，校订寄送。

先生致陈乃乾书信（民国十四年七月十一日）云："《人间词话》乃弟十四五年前之作，当时曾登《国粹学报》。与邓君如何约束，弟已忘却，现在翻印，邓君想未必有他言。但此书弟亦无底

---

① 甘孺：《永丰乡人行年录（罗振玉年谱）》，江苏人民出版社1980年版，第1页。

稿,不知其中所言如何,请将原本寄来一阅,或有所删定再行付印如何?"(15卷,702页)又,先生致陈乃乾书信(民国十四年八月初一日)云:"前日接手书,并《人间词话》一册,敬悉一切。《词话》有讹字,已改正,子行寄上,请察入。但发行时,请声明系弟十五年前所作,今觅得手稿,因加标点印行云云为妥。"(15卷,703页)

七月,赵万里馆于王宅,任清华研究院助教,为检校书籍文稿。

赵万里《王静安先生年谱》云:"(乙丑四十九岁)七月,里北来受业于先生之门,先生命馆于其家。会研究院原聘助教陆君以事辞,主任吴先生命里承其乏,日为先生检阅书籍及校录文稿。"(20卷,474页)

八月十一日,与学校拜师茶话会。十二日,正式授课,任经史小学导师,改旧作为《古史新证》讲义。同月,与狩野直喜晤于北京。

姚名达《哀余断忆》云:"名达始识静安先生,以乙丑八月十一日,即一九二五年九月二十八日。午后四时,清华研究院第一次师生茶话会开,出席者达五十余。"又,"又明日,午前九时,受先生课《说文》,始惊其妙解,而有从学之心。"(20卷,315页)又,赵万里《王静安先生年谱》云:"(乙丑四十九岁)八月开学,先生任经史小学导师。并为诸生演讲《古史新证》每周一小时,《尚书》二小时,《说文》一小时。《古史新证》即改订旧著《殷先公先王考》《三代地理小记》等篇而成。"(20卷,474页)

狩野直喜《回忆王静安君》云:"我和王君的最后见面是在前年(按:即民国十四年)。当时在北京召开东方文化事业大会,为此我到中国,顺便去北京郊外西山的清华学校拜访了王君。"(20

卷,374—375 页)又,赵万里《王静安先生年谱》云:"(乙丑四十九岁,八月)是月,日本狩野子温博士直喜来京师,与先生相见,博士出彼邦新刊宋本《尚书正义》为赠。"(20 卷,474 页)

嗣后三载,数答京中诸生问学。

按:先生于清华研究院执教以来,作育英才无数,京中诸校学子登门求教者亦夥。兹略举数例如下。

徐中舒

徐中舒《追忆王静安先生》云:"研究院于公共课堂之外,每教授各设一研究室。凡各教授所指导范围以内之重要书籍皆置其中,俾同学辈得随时入室参考,且可随时与教授接谈问难。"又,"先生家居清华园西院,余曾数谒先生于寓所。先生会客即在其书室中。"(20 卷,307 页)按:徐中舒(1898—1991),初名道威,安徽怀宁(今安徽省安庆市)人,历史学家、古文字学家。毕业于清华国学研究院,师从王国维、梁启超。先后任复旦大学、暨南大学、北京大学、四川大学教授等。著有《氏编钟图释附考释》《史学论著辑存》等。

蔡尚思

先生致蔡尚思书信(民国十四年约七八月间)云:"前日枉顾,便知足下志趣不凡。昨日接手书,并读《文稿》,如《陈玄传》等,具有思致笔力,亦能达其所欲言,甚为欢喜! 年少力富,来日正长,固不可自馁,亦不可以此自限。"[1]按:蔡氏《自传》署该书信日期为"民国 14 年 9 月 14 日(按:农历七月二十七日)"。蔡氏《中国学术大纲·念五自序》云公历"9 月 24 日(按:农历八月初

---

① 蔡尚思:《蔡尚思学术自传》,巴蜀书社 1993 年版,第 65 页。

七日）"①。谢、房本《全集》则系为公历"7月14日（按：农历五月二十四日）"（15卷，895页）。据蔡氏《自传》所述，是时其北上求学，而误清华考期，特向清华诸教授问学云云，故时在六月之后，排除《全集》之说。而公历9月14日与9月24日，日期近似，未知何为笔误、何为正期。姑系于农历七八月之交，以待方家评说。又按：蔡尚思（1905—2008），号中睿，福建德化（今福建省泉州市）人，历史学家。毕业于孔教大学国学研究科、国立北京大学研究所国学门哲学组，历任上海大夏大学讲师，复旦大学、沪江大学、光华大学、东吴大学、无锡国学专修学校教授，沪江大学代校长，复旦大学历史系主任、副校长。著有《中国文化史要论》《孔子思想体系》《王船山思想体系》等。

储皖峰

储皖峰《问学的回忆》云："我在去年（民国十五年，西一九二六）过阳历年的时候，邀北大同学何子星、张骥伯、林召伯、黄纫勤四人到了清华园，下午三时许，由挚友陆侃如介绍见静安先生。由园向西行，至近春园先生门首，见院中一人着淡色蓝衣，腰加束带，徘徊闲眺，见余辈至，遂同至书室围坐，首由何、张诸友发了好些个问题，有关于金石学上的，有关于经小学方面的，也有关于学术史及文学史方面的，先生均加推阐判定。"又，"最后，我向先生说：'我处在城内，不能随时就教，关于《水经注》上的问题，或函达或托友人转问，还要请先生赐教。'先生均一一首肯。"（20卷，322、323页）按：储皖峰（1896—1942），字逸安，安徽潜山（今安徽省安庆市）人。毕业于南方大学、清华研究院，先后任复旦大学、浙江大学、辅仁大学教授等。著有《莲社考》《建安

---

① 蔡尚思编：《中国学术大纲》，启智书局1931年版，第16页。

文学年表》《白居易、沈约年谱》《杜牧年谱》等。

十二月十三日,为袁励准五十岁生辰作贺寿诗。

先生致罗振玉书信(民国十四年约十二月中旬)云:"中舟生日,维往祝之。"(15卷,577页)又,先生有《袁中舟侍讲五十生日寿诗》,收《海宁王静安先生遗书·观堂别集》卷四。

按:袁励准(1876—1935),字珏生,号中舟,别署恐高寒斋主,顺天宛平(今北京市)人。光绪二十四年(1898)进士,官至翰林院。民国间,任清史馆编修、农工商部工业学堂监督、辅仁大学教授等。工书画,以收藏古墨知名。

学术专著

正月晦,作《拜经览古图跋》。

先生《拜经览古图跋》落款云:"乙丑正月晦,观堂王国维记于京师履道坊北之寓庐。"(14卷,500页)

三月,校《重详定刑统》《广雅》。

先生《〈重详定刑统〉跋》云:"壬戌年曾假乌程蒋氏所藏天一阁明钞原本校首数卷,因首数卷明钞残缺,此刊乃用《唐律疏议》补其缺字,殊未尽善故也。乙丑三月观堂补记。"(14卷,606页)按:《重详定刑统》(30卷),全称《宋建隆重详定刑统》,宋窦仪主持编修,官方法典。

先生《〈广雅〉跋》云:"乙丑三月,自京师履道坊移居西郊之清华园,部署略定,因以《疏证》本校改误字。"又,落款云:"晦日铺时永观翁记。"(14卷,606页)按:《广雅》(10卷),魏张揖著、隋曹宪音解,词典。

四月,整理蒙元史料七种。

赵万里《王静安先生年谱》云:"(乙丑四十九岁)是岁春日,

始拟治西北地理及元史学。四月，从《通典》内抄出杜环《经行记》，而以《太平寰宇记》所引者校之。又从《五代史》抄出高居诲《使于阗记》。从《宋史·外国传》抄出王延德《使高昌记》，并以王明清《挥麈前录》所引校之。又从《吴船录》抄出继业《三藏行记》。从《庶斋老学丛谈》抄出耶律文正《西游录》。从陶九成《游志续编》抄出刘祁《北使记》。又从明刊《秋涧大全文集》卷九十四《玉堂嘉话》中，抄出刘郁《西使记》，并以《四库》本校之。共得古行记七种，装为一册，以备参阅。"（20卷，473页）

五月，跋蒙古刊《李贺歌诗编》。

先生《蒙古刊〈李贺歌诗编〉跋》落款云："乙丑夏五又记。"（14卷，501页）

四五月间，草《长春真人西游记校注》，期年乃定。

按：先生自四月手录原书，后广征文献以校注，期年始定。本年进度如下。

四月十九日起，十日录毕全书。

赵万里《王静安先生年谱》云："（乙丑四十九岁，四月）十月十九日起，从《连筠簃丛书》内抄出《长春真人西游记》，凡十日而毕。"（20卷，473页）

闰四月朔，以《南村辍耕录》文献二则补录。

赵万里《王静安先生年谱》云："（乙丑四十九岁）闰四月朔，又从陶南村《辍耕录》补录诏书及表二篇，其所注释，均笺识于眉端。"（20卷，473页）

五月初，校注草稿略备。

先生致蒋汝藻书信（民国十四年五月初三日）云："近作《长春真人西游记注》，大略可以脱稿，唯尚有书须查，定稿尚待数月也。"（15卷，759页）

次年四月,写定。

先生《〈长春真人西游记校注〉序》云:"国维于乙丑夏日始治此书,时以所见疏于书眉,于其中地理、人物亦复偶有创获。积一年许,共得若干条,遂尽一月之力,补缀以成此注。"又,落款云:"丙寅孟夏,海宁王国维。"(11卷,536页)

六月,跋《元遗山诗注》及古彝器十种。

先生《公违鼎跋》落款云:"乙丑长夏。"(14卷,502页)又,《𫄧父丁鼎跋》《姬鼎跋》《杞伯鼎跋》《般作父己甗跋》《𩰥从簋跋》《公违敦跋》《召尊跋》皆云:"乙丑六月。"(14卷,502—506页)《史颂敦跋》云:"乙丑季夏。"(14卷,505页)《□侯戈跋》云:"乙丑荷花生日。①"(14卷,506页)

夏,《学衡》转载旧作《书辜氏汤生英译〈中庸〉后》,又附记之。

先生附记云:"此文对辜君批评颇酷,少年习气,殊堪自哂。案辜君雄文卓识,世间久有定论,此文所指摘者,不过其一二小疵。读者若以此而抹杀辜君,则不独非鄙人今日之意,亦非二十年前作此文之旨也。②"按:该文原载于《教育世界》第160、162—163期(详见本书"光绪三十三年·学术著述"末条),本年转载于《学衡》时附记此段说明。

五月至七月,著《耶律文正公年谱》。

按:先生著书经过如下。

五月间,考耶律楚材事迹。

先生致罗振玉书信(民国十四年五月十七日)云:"《耶律年

---

① 荷花生日:民俗农历六月二十四日。
② 王国维:《书辜氏汤生英译〈中庸〉后》,《学衡》1925年第43期,第158页。

谱》其中人物与事迹考出者已不少,所难者,在集中所见最要数人姓名无从考。又各诗年代大略可定,不能确指为某年,将来只可于数年中录一次耳。文正墓在万寿山,今尚存,又以'玉泉'自号,稍凉后当往访其墓也。"(15卷,571页)

七月,略备。

先生致马衡书信(民国十四年七月二十七日)云:"夏间无事,作《长春真人西游记注》并《耶律文正年谱》,虽具大略,然尚未能定稿也。"(15卷,823页)

又按:该书另附《耶律文正公年谱余记》一篇,刊于《清华周刊十五周年纪念增刊》(1926年4月15日,农历三月初四)。

中秋,作《书番禺商氏所藏散氏盘墨本后》。下旬,作《西辽都城虎思斡耳朵考》为内藤虎次郎寿。

赵万里《王静安先生年谱》本年"编年文"部分,《书番禺商氏所藏散氏盘墨本后》下小字注云:"中秋日。"(20卷,475页)

先生致神田喜一郎书信(民国十四年约八月下旬)云:"内藤博士华甲之寿,凡在知好,同深祝贺。兹寄上近作《西辽都城虎思斡耳朵考》一篇,敬以奉献博士,祈察收转致为荷。"(15卷,867页)

九月初九日、十月初四日,两校《蒙古源流》。九月,作《元朝秘史地名索引》,

先生《〈(钦定)蒙古源流〉跋》云:"乙丑重九,假沈庵宫保所藏艺楷书室钞本比勘竟。钞本亦有脱落,然文字颇胜于此本也。"又,"十月初四日细读一过,尚多未详之处,其纪阿鲁台与达赖喇嘛事,干支尤为舛驳。"(14卷,610页)

赵万里《王静安先生年谱》云:"(乙丑四十九岁,九月)是月,草《元朝秘史地名索引》成。"(20卷,475页)

十月十一日，校《元朝秘史注》。十五日，跋《蒙文元朝秘史》。同月，作《鄂侯驭方鼎跋》《秦瓦量跋》《鞑靼考》并《年表》，跋《蒙鞑备录》。

先生《〈元朝秘史注〉跋》落款云："乙丑十月十一日夕永观堂阅毕书。"（14卷，612页）按：《元朝秘史注》（15卷），清李文田注，史籍注疏。

先生《〈蒙文元朝秘史〉跋》落款云："乙丑十月望日。"（14卷，509页）按《元朝秘史》，无名氏著，原著为蒙古文、后有汉文译本。

先生《鄂侯驭方鼎跋》落款云："乙丑十月。"（14卷，507页）

赵万里《王静安先生年谱》本年"编年文"部分，《秦瓦量跋》《鞑靼考·附年表》《蒙鞑备录跋》下均有小字注云："十月。"（20卷，475—476页）

十一月初七日，《月氏未西徙大夏时故地考》，代蒋汝藻作《重刻施国祁〈元遗山诗笺注〉序》。同月，作《辽金时蒙古考》，手录《塞北纪行》《黑鞑事略》。

先生《月氏未西徙大夏时故地考》落款云："乙丑冬日。"（14卷，284页）

赵万里《王静安先生年谱》本年"编年文"部分，《辽金时蒙古考》下小字注云："十一月。"（20卷，476页）

赵万里《王静安先生年谱》本年"编年文"部分，《重刻施国祁〈元遗山诗笺注〉序》下小字注云："冬日，代蒋孟蘋作"。（20卷，476页）

赵万里《王静安先生年谱》云："（乙丑四十九岁）十一月，从《秋涧大全集》《玉堂嘉话》中，录出张德辉《纪行》。是月，又从上虞罗氏假录《黑鞑事略》一过。"（20卷，475）按：张德辉《纪行》，即《塞北纪行》。

十二月下旬,跋校《湛然居士文集》。

先生《〈湛然居士文集〉跋》云:"乙丑冬十二月下旬校读。"(14卷,613页)按:《湛然居士文集》(14卷),元耶律楚材著,别集。

民国十五年(1926),五十岁。

事迹

六月十三日,贺蒋汝藻五十岁寿,为作寿序、横卷。十七日,于燕京华文学校演讲《中国历代之尺度》。

先生致蒋汝藻书信(民国十五年六月十三日)云:"月之廿二日为吾兄五十华诞,因以所欲覆兄之语,制为一文,用横卷写之,即以寿兄(甫于今日写成,匆匆未及付裱),另挂号寄上。"(15卷,763页)按:先生所作祝寿文即《乐庵居士五十寿序》,收陈乃乾辑《观堂遗墨》卷上。

先生致马衡书信(民国十五年六月初九日)云:"允赐仿制铜斛尺,请于阴历十七(阳历廿六)晨(于前一日送往亦佳)饬人送至东四头条五号燕京华文学校冯友兰先生交弟收,缘弟是日九时、十时间在该校讲演,题目即为《中国历代之尺度》也。"(15卷,826页)

七月,陈寅恪来清华任教,与之订交。

先生致罗振玉书信(民国十五年七月三十日)云:"顷陈散原之幼子名寅恪者已至学校,此人学东方言语学,言欧洲学问界情形甚详,言伦敦有汉文摩尼教赞颂一卷,已印行,此卷甚有关系。"(15卷,580页)

八月开学,授《仪礼》《说文》,并理院中事务。

赵万里《王静安先生年谱》云:"(丙寅五十岁)八月,研究院开学,先生每周讲授《仪礼》二小时,《说文》一小时。是时院中采购中文书籍,均由先生审定。"(20卷,477页)

八月二十日,长子潜明在沪病殁,大恸。治丧期间,罗振玉先携女(潜明遗孀)归,遂相交恶。

甘孺《永丰乡人行年录(罗振玉年谱)》云:"(中华民国十五年丙寅,乡人六十一岁)八月廿日,王婿伯深病卒于沪。乡人痛女孝纯不幸,赴沪视之。伯深与弟高明贞明皆静安原配莫出,莫殁继潘。而孝纯为长子妇与继姑有违言,仆媪复从中构之。静安虽家督而平日家政皆潘主之,己不过问,与乡人事无巨细皆过问不同。至是伯深卒,静安夫妇莅沪主丧,潘处善后或失当,孝纯诉诸乡人,乡人迁怒静安听妇言,而静安又隐忍不自剖白,乡人遽携孝纯大归(孝纯惟生两女,俱夭,静安以其弟高明子庆端嗣,后庆端亦夭)。自是遂与静安情谊参商。京津虽密迩,迄静安之逝未再觌面,函札亦稀通矣。"[1]

九月十一日,回京。中下旬,与罗振玉交接潜明遗款。罗氏拒纳,至此绝交。

先生致蒋祖诒书信(民国十五年九月十七日)云:"弟于重阳日早动身,十一日抵京寓。途中平安,可慰远注。"(15卷,791页)

先生致罗振玉书信(民国十五年九月十八日)云:"维以不德,天降鞠凶,遂有上月之变。于维为冢子,于公为爱婿,哀死宁生,父母之心彼此所同。不图中间乃生误会,然此误会久之自释,故维初十日晚过津,亦遂不复相诣,留为异日相见之地,言之惘惘。初八日在沪,曾托颂清兄以亡儿遗款汇公处,求公代为令

---

① 甘孺:《永丰乡人行年录(罗振玉年谱)》,江苏人民出版社1980年版,第95页。

媛经理。今得其来函,已将银数改作洋银二千四百二十三元汇率,目下当可收到。而令媛前交来收用之款共五百七十六元(镯兑款二百零六元五角,海关款二百二十六元五角,又薪水一个月一百四十三),今由京大陆银行汇上,此款五百七十七元,与前沪款共得洋三千元整,请公为之全权处置。"(15卷,581—582页)又,先生致罗振玉书信(民国十五年九月十九日)云:"令媛声明不用一钱,此实无理,试问亡男之款不归令媛,又当谁归? 仍请公以正理谕之。"(15卷,582页)又,先生致罗振玉书信(民国十五年九月二十五日)云:"亡儿遗款当以令媛之名存放,否则照旧时钱庄存款之例,用'王在记'亦无不可。此款在道理、法律,当然是令媛之物,不容有他种议论。亡儿与令媛结婚已逾八年,其间恩义未尝不笃,即令不满于舅姑,当无不满于其所天之理,何以于其遗款如此之拒绝? 若云退让,则正让所不当让。以当受者而不受,又何以处不当受者? 是蔑视他人人格也。蔑视他人人格,于自己人格亦复有损。总之,此事于情理皆说不去,求公再以大义论之。"(15卷,583页)

十月二十九日,京中师生、亲友为贺五十岁寿。二十三日,于历史社会学会演讲《宋代之金石学》。

姚名达《哀余断忆》云:"(一九二六年)十二月三日,即夏历十月二十九日,实为先生五秩初度之辰。先生方以理长子丧事自南方归未久。仝人展拜于堂,未暇有以娱先生,仅倩贵阳姚茫父绘画为寿。又七日,先生招仝人茶会于后工字厅,出历代石经拓本相示。仝人啧啧嗟赏,竞提问语。先生辨答如流,欣悦异昔。"(20卷,317—318页)

先生致马衡书信(民国十五年十月二十七日)云:"弟上星期六曾至历史学会演讲一次"。(15卷,835页)又,赵万里《王静安先生年谱》本年"编年文"部分,《宋代之金石学》下小字注云:"十月,乃历史社会学会讲演稿。后别出为《书宣和博古图跋》,今补入《观堂集林》。"(20卷,477—478页)

七月、十二月,为神田喜一郎先后前后钞定《大诰》三编,并为作跋。十二月十二日,寄往日本。

先生致神田喜一郎书信(民国十五年七月十七日)云:"洪武《大诰》,京师图书馆藏明刊《初编》《续编》二部,系内阁大库书。今已托馆中影印,钞成当寄上。"(15卷,873—874页)又,先生致神田喜一郎书信(民国十五年十二月十二日)云:"前所钞京师图书馆《大诰》本仅有《初编》《续编》,后徐君森玉鸿宝又代从京师人家借得《三编》,遂并《大诰武臣》一并影写。今已钞竣,共四册,另由小包寄上,请察收为荷。弟有跋在第一册,请正之。"(15卷,875—876页)

学术著述

正月间,新撰并改订彝器考释五种,成《观堂古金文考释》五卷。跋校《蒙鞑备录》。

按:《观堂古金文考释》收录作品曰《毛公鼎铭考释》《散氏盘考释》《不娶敦盖铭考释》《盂鼎铭考释》《克鼎铭考释》。前三种为旧作修订,后二种为新作之文。

赵万里《王静安先生年谱》云:"(丙寅五十岁,正月初三日),据《说郛》本《蒙鞑备录》校《古今逸史》本。"(20卷,476页)

去岁十月至本年二月二十三日,成《圣武亲征录校注》。

按:该书以校何秋涛《校正元圣武亲征录》始,后独立成书。过程如下。

去岁十月,以蒙文《秘史》校何秋涛校正本《圣武亲征录》。

先生《〈校正元圣武亲征录〉跋》云:"乙丑十月,用蒙文《秘史》补校一过。"(14卷,611页)。

正月,数校。

先生《〈校正元圣武亲征录〉跋》云:"丙寅新正三日,从傅沅叔借明弘治钞《说郛》本校勘一过。""上灯日,在天津复借武进陶氏万历钞《说郛》本校数字。"(14卷,612页)又,先生《〈圣武亲征录校注〉序》云:"江南图书馆有汪鱼亭家钞本,亦移书影钞得之。合三本互校,知汪本与何氏祖本同出以源,而字句较胜,夺误亦较少。《说郛》本尤胜,实为今日最古最备之本。"(11卷,410页)

二月,写定《圣武亲征录校注》。

先生《〈圣武亲征录校注〉序》云:"因思具录其异同,为校记以饷读者。"又,落款云:"丙寅二月清明日,海宁王国维。"(11卷,410、411页)

四月,将所著蒙古校注编订结集,名曰《蒙古史料校注四种》,六月刊印。

先生致蒋汝藻书信(民国十五年六月十三日)云:"弟半年中在鼙鼓声中成《皇元圣武亲征录校注》一卷,《长春真人西游记注》二卷,《蒙鞑备录》《黑鞑事略笺证》各一卷,又有《鞑靼考》《辽金时蒙古考》两短篇,共六种,合印一小丛书,于月内可以印成,当奉寄请教。"(15卷,763页)赵万里《王静安先生年谱》云:"(丙寅五十岁)四月中,《西游记注》整理一过,而《蒙古源流》又无佳本可校,满、蒙文原本,仓卒亦无由通其读,乃将《蒙鞑备录》《黑鞑事略》眉注录为笺证,合《西游记》《亲征录》注刊之,署曰《蒙古

史料四种校注》》①。由研究院以活字版印行,自夏徂秋,校刊始毕。"(20卷,476页)

八月,作《新莽嘉量跋》。

赵万里《王静安先生年谱》本年"编年文"部分,《新莽嘉量跋》下小字注云:"八月。"(20卷,477页)

九月,作《桐乡徐氏印谱序》。

先生《桐乡徐氏印谱序》云:"今世谱录,不过上虞罗氏、皖江黄氏、钱塘陈氏数家。罗氏所藏,屡聚屡散。黄氏物亡于肮篋。而陈氏之藏,则归于桐乡徐君楸斋。楸斋复汰而益之,丙寅秋日,出其所为新谱,索序于余。"(14卷,314页)又,先生致蒋祖诒书信(民国十五年九月二十七日)云:"印谱序已草就,兹将油印本寄上(因此文有关系,故付油印,以供诸生参考)。文字尚有冗长处,俟缓缓改之,并将印谱名及徐君名加入。"(15卷,792页)

秋,作《书影印内府所藏王仁昫〈切韵〉后》《六朝人韵书分部说》。

赵万里《王静安先生年谱》本年"编年文"部分,《书影印内府所藏王仁昫〈切韵〉后》《六朝人韵书分部说》下均有小字注云:"秋日。"(20卷,477页)

去岁八月至本年十月,校定《元朝秘史》并《续集》。

先生《〈元朝秘史·续集〉跋》落款云:"(卷一)乙丑八月观翁识。"又,"九月朔日又记。"又,"(尾)丙寅十月从涵芬楼借校一过,改正若干字。廿二日灯下国维记(凡改正一百廿九处)。"(14卷,607、608、610页)按:《元朝秘史》(10卷),《续集》(2卷),无名

---

① 清华研究院印行本、罗、赵各辑《遗书》本均作《蒙古史料校注四种》。"四种校注",当系赵《谱》笔误。

氏著,原著为蒙古文,后有汉文译本,此本为清光绪间叶氏观古堂刻本。

十一月朔,作《蜀石经拓本跋》。同月,作《书影明内府刊本〈大诰〉后》,跋元刊《伯生诗续编》。

先生《蜀石经拓本跋》落款云:"丙寅仲冬朔。"(14卷,522页)

先生《书影明内府刊本〈大诰〉后》《元刊〈伯生诗续编〉跋》落款皆云:"丙寅仲冬。"(14卷,518、519页)

十二月十一日,成《南宋人所传蒙古史料考》。二十四日,作《周之琦鹤塔铭手迹跋》。

赵万里《王静安先生年谱》本年"编年文"部分,《南宋人所传蒙古史料考》下小字注云:"十二月十一日写成,今补入《观堂集林》。"(20卷,478页)

先生《周之琦鹤塔铭手迹跋》落款云:"丙寅祀灶后一日。"(14卷,523页)

民国十六年(1827),五十一岁。

事迹

正月中旬,赴天津谒溥仪。

先生致际彪书信(民国十六年正月十五日)云:"弟于十二日赴津,十三日午后本拟趋谒师座,因在客寓稍感寒疾,是以即行回京,歉悚无似。"(15卷,900页)又,赵万里《王静安先生年谱》云:"(丁卯五十一岁)新正赴津觐见,见园中夷然如常,亦无以安危为念者,先生睹状至愤。"(20卷,479页)

四月十二日,出席研究院史学会成立活动。同月,神田喜一郎以新印日藏耶律文正《西游录》寄赠,手录并跋。

姚名达《哀余断忆》云:"(一九二七年)五月十二日史学会之成立亦足以纪述者焉。"又,"是日也,梁任公先生、陈寅恪先生与静安先生皆出席而各致己见于众。"(20卷,318页)

神田喜一郎云:"大正十五年(按:1926)春,我在宫内省图书寮的书库里偶然发现了耶律楚材的《西游录》足本。我将这一发现告诉先生,他十分高兴,立刻给我回了很长的信,劝我迅速付梓。可是由于各种原因,印刷被耽误了很久。虽然先生几次催促,但当我终于完成此事业并将书寄给先生时,已是离我告诉他差不多一年之后的昭和二年(按:1927)四月二十日了。"(20卷,397页)先生《〈西游录〉跋》云:"足本《西游录》,日本宫内省图书寮藏旧钞本,丁卯春日,神田鬯庵学士录以见示,因手钞此本。"(14卷,615页)

五月初二日,与研究院师生午宴,是夜作遗书。

姚名达《哀余断忆》云:"最堪永远纪念者,莫如一九二七年六月一日之师生叙别会。"又,"餐前聚坐,谈笑不拘形迹。有与众谈蒙古史料者,则静安先生是也。"(20卷,318、319页)

先生致王贞明书信(民国十六年正月十五日)云:"五十之年,只欠一死,经此世变,义无再辱。我死后当草草棺敛,即行藁葬于清华茔地。汝等不能南归,亦可暂于城内居住。汝兄亦不必奔丧,因道路不通,渠又不曾出门故也。书籍可托陈、吴二先生处理。家人自有人料理,必不至不能南归。我虽无财产分文遗汝等,然苟谨慎勤俭,亦必不至饿死也。"(15卷,908页)

初三日上午,自沉颐和园昆明湖。初六日,谥忠悫。七月十七日,葬于清华园。

赵万里《王静安先生年谱》云:"(丁卯五十一岁)五月初二日,夜阅诗卷毕,草遗书怀之。是夜熟眠如常,翌晨盥洗饮食、赴

310

研究院视事亦如常，忽于友人处假银饼五枚，独行出校门，雇车至颐和园。步行至排云殿西鱼藻轩前。临流独立，尽纸烟一枝，园丁曾见之。忽闻有落水声，争往援起，不及二分钟已气绝矣。时正巳正也。"又，"初六日诏曰：'……孤忠耿耿，深恻朕怀，著加恩予谥"忠悫"。'"又，"七月十七日，诸子遵遗命，葬先生于清华园附近西柳村七间房之原。"（20 卷，479—481 页）

按：先生之殁，为 20 世纪一大公案。世人蠡测其因果，则"殉清""逼债""惊惧""殉文"众说纷纭。长者仙游，后人仰止，何敢妄议？故谨摘前人文献以叙先生行迹，以供方家检阅之便耳。

学术著述

正月，作《元朝秘史之主因亦儿坚考》，以应日本《史学杂志》索文。两补《长春真人西游记校注》。

先生致藤田丰八书信（民国十六年正月三十日）云："近作《元秘史中主因考》，此事与纠军大有关系。前先生曾代《史学杂志》索文，寄上请。"（15 卷，901 页）

赵万里《王静安先生年谱》云："（丁卯五十一岁）正月，以正统《道藏》本《西游记》校先生校注本，得订正伪夺数十处。是月，检《道藏》姬志真《云山集》、尹志平《葆光集》，据以订补《西游记》注凡三则。"（20 卷，478 页）

二月，作《金界壕考》，跋赵万里《水经注笺》。

赵万里《王静安先生年谱》本年"编年文"部分，《金界壕考》下小字注云："二月，初名《金长城考》。"（20 卷，481 页）

先生《〈水经注笺〉跋》云："门人赵斐云酷嗜校书，于厂肆访得朱本，借余校本临校一过，并属记其颠末。"又，"余近年方治他业，又未能用力于此书。斐云力学，必能补校以成此书之善本。

然则斐云以四阅月之力,为余校本留此副墨,亦未始非尘劫中一段因缘也。丁卯二月。"(14 卷,524 页)

三月,译日本学术研究报告三篇。

按:先生译文曰《室韦考》、《辽代乌古敌烈考》([日]津田左右吉著)、《靺鞨考》([日]箭内亘著),原文载日本东京文科大学(今东京大学)刊《满洲朝鲜历史地理研究报告》。赵万里《王静安先生年谱》本年"编年文"部分,此三篇下小字注云:"以上均三月译。"(20 卷,481 页)

四月初八日,修订《辽金时蒙古考》。十四日,修订《靺鞨考》。同月,作《蒙古札记》《黑车子室韦考》《〈尚书核诂〉序》。

先生《萌古考》落款云:"丁卯四月八日改正。"(14 卷,300页)又,赵万里《王静安先生年谱》云:"(丁卯五十一岁)四月,改定《蒙古上世考》(即《辽金时蒙古考》)为《萌古考》,至初八日写毕。"(20 卷,479 页)

赵万里《王静安先生年谱》云:"(丁卯五十一岁,四月)继又改定《靺鞨考》,至十四日写毕。"(20 卷,479 页)

赵万里《王静安先生年谱》云:"(丁卯五十一岁,四月)复摘录《元朝秘史》眉端笺识之可存者凡七则(中有刘郁《西使记》札记一则)为《蒙古札记》。"(20 卷,479 页)

先生《〈尚书核诂〉序》云:"筠如英年力学,异日更深造自得,著为定本,使千载而下读商周人之书,若闻乡人之相余,而所谓难读者日以鲜焉。则亦将夺孔、蔡二传之席而代之矣。丁卯首夏。"按:《尚书核诂》,杨筠如著,作者为先生之学生。

补:先生遗跋,尚有《王子甲簠跋》《明熊襄愍公书颠倒行卷跋》二种,作期待定,姑系于书末。

王国维戏曲论著表

一、著述

1.《曲录》(六卷)

2.《新编录鬼簿校注》(二卷)

3.《戏曲考原》(一卷)

4.《优语录》(一卷)

5.《唐宋大曲考》(一卷)

6.《录曲余谈》(一卷)

7.《曲调源流表》(一卷)(佚)

8.《古剧脚色考》(一卷)

9.《宋元戏曲史》(十六章)

二、散论

1.《教育世界》载西方戏剧论文两篇及《自序》二则

(1)戏曲大家海别尔

(2)自序

(3)自序二

(4)莎士比传

2.《庚辛之间读书记》载戏曲题跋四则

(1)董西厢

(2)元郑光祖王璨登楼杂剧

(3)元人隔江斗志杂剧

(4)盛明杂剧初集

3.《盛京时报》(《东山杂记》《二牖轩随录》)载戏曲札记二十则

《东山杂记》

(1)姐即母

(2)俄藏不知名戏曲一种

（3）罗振玉藏元刊杂剧三十种

（4）元刊小张屠焚儿救母杂剧

（5）元刊本霍光鬼谏杂剧

（6）元剧曲文之佳音

（7）通俗小说源出宋代

（8）升官图始于唐

（9）士人家蓄声伎

《二牖轩随录》

（1）曲录序

（2）关汉卿之时代

（3）元剧之三期

（4）杂剧之作者

（5）杂剧发达之因

（6）关马白郑

（7）写定元本元杂剧序

（8）新刊关目严子陵垂钓七里滩（写定元本元杂剧第一）

（9）新刊关目闺怨佳人拜月亭（写定元本元杂剧第二）

（10）古杭新刊的本尉迟恭三夺槊（写定元本元杂剧第三）

（11）古杭新刊关目的本李太白贬夜郎（写定元本元杂剧第四）

4.《传书堂藏善本书志》载曲集目录七条

5.《观堂别集》载戏曲序跋七则

（1）元刊杂剧三十种序录

（2）曲品·附新传奇品跋

（3）罗懋登注拜月亭跋

（4）元曲选跋

（5）杂剧十段锦跋

（6）雍熙乐府跋

（7）吴起敌秦挂帅印杂剧跋

6.其他序跋三则

（1）新编张天师明断辰钩月跋

（2）梨园按试乐府新声跋

（3）译本琵琶记序

图书在版编目(CIP)数据

王国维戏曲学术年谱 / 袁睿著 . —杭州:浙江大
学出版社,2021.6
ISBN 978-7-308-20441-5

Ⅰ.①王… Ⅱ.①袁… Ⅲ.①王国维(1877－1927)
－戏曲－学术研究－年谱 Ⅳ.①K825.4

中国版本图书馆 CIP 数据核字(2020)第 146631 号

王国维戏曲学术年谱

袁　睿　著

责任编辑	胡　畔	
责任校对	赵　静	
封面设计	项梦怡	
出版发行	浙江大学出版社	
	(杭州市天目山路 148 号　邮政编码 310007)	
	(网址:http://www.zjupress.com)	
排　版	浙江时代出版服务有限公司	
印　刷	浙江新华数码印务有限公司	
开　本	880mm×1230mm　1/32	
印　张	10.125	
字　数	280 千	
版印次	2021 年 6 月第 1 版　2021 年 6 月第 1 次印刷	
书　号	ISBN 978-7-308-20441-5	
定　价	68.00 元	